JN091718

ガールズ・アーバン・スタディーズ

大貫恵佳
ONUKI Satoka

木村絵里子
KIMURA Eriko

田中大介
TANAKA Daisuke

塚田修一
TSUKADA Shuichi

中西泰子
NAKANISHI Yasuko

編著

「女子」たちの遊ぶ・つながる・生き抜く

Girls
Urban
Studies

Hanging out, Connecting,
Surviving in Gendered City

法律文化社

はしがき

　私たちはこんにち，都市と切り離せない生活を送っています。都市に住んだり，都市で学んだり，都市を移動したりすること，そうでなくても都市的な生活様式を送ることと無縁な人はいないでしょう。それはもちろん，若い女性たちにとっても同様です。いや，もしかしたら，若い女性たちの方が，SNSで都市での流行を察知したり，都市で見知らぬ男性に絡まれたり，都会的なものを楽しんだり，それに苦しんだりしているかもしれません。

　本書の編者たちは首都圏の女子大学で社会学を教えており，編者の一部は都市をフィールドにした研究も行っています。授業をしながら感じるのは，学生たちが都市と深い関わりを持って生きているにもかかわらず，そのリアリティにフィットした都市論のテキストがなく，授業内容もどこか芯を外しているかもしれないということです。むしろ，学生たちが選択する卒業論文のテーマや報告を見たり，聞いたりしていると，「あぁ，そういうふうに都市が見えているのか」，「これはまだまだ掘り下げられていない都市のリアリティだな」と教えられることが多々あります。そう考えると，これまでの「都市論」そのものが，かなり男性中心的に構成されてきたのではないかと反省することもしばしばです。

　こうした気づきが本書の出発点です。そこから，若年女性たちの都市経験に照準を当て，「女性にとって都市とはなにか」，そして「都市にとって女性とはなにか」を考える本書の企画ができあがりました。それは2021年の夏，新型コロナウイルスの影響下でオンライン授業が続いていたものの，多くの大学で対面授業も再開され，大学で日常的に学生たちと会うことが叶い始めた頃のことでした。学生たちは素晴らしい柔軟性で状況に対応していましたが，しかし，話を聞けば，家計が急変したり，アルバイト収入が減ったり，就職活動に苦戦したり，イベントごとが減ったりするなかで，孤独と不安を抱えている様子も見てとれました。国内でも国外でも，引き続き女性たちが仕事を失ったり，孤立した家庭内でDV被害に遭ったりしている実情が明らかになり，さらには女性の自死者の増加も報じられました。パンデミックはこの社会で「女性」と

して生きることの不安定さを可視化したのです。

　本書は，パンデミックと女性の関係について直接的に論じたものではありません が，この時代状況とやはりどこか不可分だろうと思います。編者たちは，オンラインで13回のミーティングの機会を設け，議論を重ねてきました。どのようなテーマやアプローチが必要なのか，編者ら自身が学生時代から学んできた都市文化論と現在の学生たちの関心がズレているとしたら，何が原因なのかなどを真剣に考えたり，学生たちが教えてくれる最近の都市の遊び方などを雑談がてらに情報交換したりしながら，ミーティングは時には深夜まで及びました。執筆者の方々にも草稿を持ち寄ってご参加いただいて，みんなで議論しながら原稿を仕上げることもありました。

　本書は一貫して，現代社会を「女性」，とりわけ「若年女性」として生きる人々（ガールズ）のことを考えながら作られました。したがって，トランスジェンダーやシスジェンダーの女性たち，そしてジェンダー・アイデンティティにかかわらず，この社会を「女性」として生きたり，生きざるをえなかったりする／したことのあるみなさんに本書が届くことを願っています。さらに，これまでの都市論にジェンダーバイアスがあるとすれば，本書の提示するいくつかの視点は，都市そのものの捉え方に変更を迫るはずです。その意味では，都市について考えようとするすべての人々に読んで，考えていただきたいと思っています。

　以下，序章では本書の目的やこれまでの都市文化論との相違点などを概略的に論じています。その後に続く各章はすべて女性たちの具体的な都市経験について論じています。そしてそれらの章は，都市で「遊ぶ」「つながる」「生き抜く」の３部に分けられています。みなさんの関心に従って，あるいは読みやすそうな順で，お好きなように読んでください。本書が，ジェンダーの視点から都市を考えるための一助となりましたら幸いです。

　本書刊行までには多くの方々の支えがありました。まず，編者らの勤務先である，学習院女子大学，駒沢女子大学，相模女子大学，日本女子大学のゼミや講義で出会った学生たち。学生たちがいなければ本書の企画自体が生まれませんでした。それだけでなく，授業内外での発言などを通して，今の「若年女性」として経験する都市について，具体的に教えてくれました。

　2022年9月には，駒沢女子大学，慶應義塾大学，相模女子大学，中央大学，日本女子大学の学生に参加してもらい，合同ゼミを実施しました（コラム3参照）。学生たちには「ガールズ×都市」をテーマにグループワークを行ってもらいましたが，みんなで「ガールズ」について議論ができたことに，編者一同，たいへん勇気づけられました。関わってくれた学生たちに，心より感謝しています。

　そして，ご多忙のなか原稿をお寄せいただいた執筆者の皆さまのご尽力なくして，本書は完成しませんでした。また編集にあたっては，法律文化社編集部の田引勝二さんに，たいへんお世話になりました。長時間にわたるミーティングにも何度もお付き合いいただきました。どうもありがとうございました。

　　2023年1月

編 者 一 同

目　　次

第Ⅰ部　都市で「遊ぶ」

第Ⅲ部　都市で「生き抜く」

女性の都市論に向けて
——「ガールズ×都市」でなにがみえてくるか

編 者 一 同

1　本書の目的

　都市には「女性たちが生きる」領域が——別の性の領域と重なり／絡まり合いながら——広がっている。「女性」から見える，あるいは「女性」を通して見える都市の様々なトピックを取り上げながら，「女性にとって都市とはなにか」，そして「都市にとって女性とはなにか」を考えるのが本書の目的である。

　これまで多くの都市論の中で，ジェンダーの視点は軽視されてきた。南後由和は，都市における「ひとり空間」——単身世帯の住宅や，一人カラオケ，半個室型ラーメン店など——について論じる文脈で，そこに生きる様々な人々を「ひとり」と名指してしまうことのリスクについて述べている。

　　「ひとり」のなかに，年齢，階層，ジェンダー，人種などの属性によって，さまざまな差異があることに留意する必要がある。「ひとり」のなかには，学生もいれば，中高年もいるし，高齢者もいる。〔中略〕「ひとり空間」についても，「ひとり」の属性の差異に着目しながら分析，記述する方法がとられてしかるべきかもしれない。
　　　　　　　　　　　　　　　　　　　　　　　　　　　（南後 2018：42-43）

　「ひとり」と名指される人々の中には，実際には様々な差異がある。しかし都市論の多くは，「男性」あるいは「勤労男性」を「ひとり」や「個人」のモデルとして想定してきたのではないか。そうだとすれば，いまの都市の特性や抱えている課題を把握しようとする際には，そのような偏りに留意して従来の議論を再検討する必要があるだろう。

　もちろん，「女性」，あるいは「男性」を含めて「性のあり方」は多様であ

る。トランスジェンダーとシスジェンダーの人々では経験が異なるであろう
し，また性自認そのものとの距離感も人それぞれである。その意味でいかなる
性も一枚岩的に語ることは不可能だ。しかし，性のあり方が多様であることを
認めることと，性別二元主義的な前提のもとに設計されてきた都市や社会にお
いて「女性」として生きることの独自性を描き出すこととは両立可能である。
いやむしろ，より多様な生き方を可能にするためにこそ，現行の社会の偏りに
意識的になることが必要なのだ。

　都市研究にとっても，女性の視点から都市を再考することはとりわけ重要で
ある。一般に都市の特徴のひとつに，様々な職業・階層・エスニシティの人々
が集っている状態としての「社会的異質性」が挙げられるが，その意味すると
ころはなんだろうか。20世紀前半，都市社会学者のルイス・ワースがこの「異
質性」を問題にした背景には，移民や移住者が大量に流入し，急激な都市化が
進むことで，種々の社会問題が生じた当時のアメリカ・シカゴの状況があっ
た。そのため，「異質性」は既存のコミュニティを壊し，都市を不安定で危険
にするとの議論が主流であった。一方，現代ではそうした異質性は，多様な他
者との共存・共生を実現する「多様性」として，そのポジティブな可能性が強
調されている。都市における異質性と多様性とはなにか，両者はいかなる関係
にあるのか，これらの論点についてすぐに結論づけることは困難である。

　ただしここで言いたいのは，こうした都市の特徴について理解するために
は，ジェンダーの視点を欠かすことはできないということである。なぜなら，
女性たちは，「異質性」の高い都市に脅かされやすい一方で，「多様性」を目指
す現代都市において自由を獲得しつつある存在でもある。都市における「異質
性と多様性」の関係は一筋縄ではないが，女性であることは，そのジレンマや
バランスにひときわセンシティブであることを要求されることなのではないだ
ろうか。そう考えると，「都市とはどのような場所なのか」を考えるうえで，
女性たちの経験や視点は決定的に重要だろう。

2　「ガールズ」という語をめぐって

　本書の書名は『ガールズ・アーバン・スタディーズ』である。ここで「ガー
ルズ」という言葉の意味について簡単に述べておきたい。ガールの複数形であ

るこの語は，一般に若年女性たちを指す言葉である。本書の企画も，女子大学の教員である編者らが10代後半から20代前半の学生たちと対話する中で生まれたものだ。都市論がジェンダーの視点を欠いてきたことは先述した通りだが，特に若い女性たちに着目した研究はほとんどなかったといっていいだろう。彼女たちは，学校か家庭の中の存在として，学校や家庭生活との関連でしか注目されてこなかった。本書はそうした若年女性たちの経験から都市を捉え直したいと考えている。

　しかし，「ガールズ」はたんに年齢のみによって定義されるものでもない。田中東子が整理するように，「ガールズ」という語はこんにち，若い女性たちによって作り上げられてきたライフスタイルや文化にアクセスする広い年齢層の女性たちを含む（田中 2021：167）。たとえば本書「第5章 「遠征」が日常化する社会」では，いわゆる「推し活」（ファン活動）からガールズの都市経験を描き出しているが，こうした都市経験は若年女性だけのものではないだろう。

　さらに「ガールズ」には複雑な含意がある。日本語では2000年頃から「女子」という語が「ガールズ」に相当する言葉として使われ始めた。「女子会」や「女子旅」という時，そこでの「女子」は若年女性のみを指すのではない。そこには，年齢を問わず，女性同士が集まったり，遊んだり，自由に移動したりすることへのタブー視を打ち破ることの革新性や，女性たちが自らのカルチャーやライフスタイルを作っていくことの能動性が表されてきた。

　他方で，その語は，年齢を問わず多くの女性たちをターゲットに，商品やサービスを売りたい企業等の思惑の中で，女性たちを偏った「女子」イメージに縛りつけもした。ここでは，メイクやファッションで外見を整える力や，家父長制的な規範において女性に期待される「受動性」や「保守性」が背負わされてもきた。

　「女子」という語は，このように，革新性と保守性，能動性と受動性，自由さと不自由さという両義性をもったものであった。「女子力」という語をめぐって二分される評価にそのことが端的に示されている。「女子力」は，「新たな良妻賢母規範」（菊地 2019：125）の表現といわれることもあれば，「妻や母といった女性的役割，良妻賢母思想までも軽やかに脱ぎ捨て」「「女子」として生きていくための原動力」（米澤 2014：191）として称賛されることもある。それはとりもなおさず，2000年代以降の現実の女性たちの立ち位置そのものとパ

ラレルであったように思われる。

　そのため本書では，こうした「ガールズ」や「女子（たち）」という語をめ
ぐる一連の議論を参考にしつつも，それらに一貫した定義を与えることはして
いない。「ガールズ」や「女子（たち）」という語の受け止め方は，各章の執筆
者によって様々であり，それらの語が使用されている章もあれば，いっさい使
われていない章もある。というのも，本書の各章は女性たちの具体的な都市経
験を対象としており，それぞれの場面に応じて，「女子（たち）」や「ガール
ズ」といった言葉もまたその意味を変化させるからだ。むしろ，そうしたそれ
ぞれの使用法を含めて，女性たちが都市の中で経験する自由と不自由の間の揺
れ動きそれ自体が浮かび上がってくるだろう。

3　都市論におけるガールズ

　ところで，この「ガールズ」の生活様式や価値観は，しばしば「かわいい」
「オシャレ」といった言葉で表現される。都市論のみならず広く文化を論じる
際に，女性が言及される時，これらの言葉は多用されてきた。「かわいい」「オ
シャレ」と形容される時，女性たちのライフスタイルや価値観は，あくまでも
社会にとって本質的ではないもの，重要ではないもの，「飾り」のようなもの
として捉えられてきたように思われる。女性たちの力が社会を変革しうると称
揚される時でさえ，彼女たちの「かわいい」「オシャレ」への志向性はキー
ワードになってきた。本書は，そうしたフワフワした言葉でひとまとめに説明
されてしまう女性たちの経験や欲望をひとつひとつ解きほぐしたいと考えてい
る。

　たとえば，近年，日本の都市文化論において主要なテーマとされる都市の
モール化について考えてみよう。若林幹夫は，都市が巨大な商業施設のように
均質化されていくこの現象について，次のように述べる。

　　どこにいてもモールの中にいるような快適性と，サンプル化されダイジェス
　　ト化された消費社会の夢が都市や地域を希薄に被っていくとき，かつて私た
　　ちが馴染んでいた街や都市や地域のリアリティのある部分が，私たちが生き
　　る街や都市や地域から消えてゆく。
　　　　　　　　　　　　　　　　　　　　　　　　　　　　（若林 2013：224）

4

　ここでの「私たち」とは誰のことなのだろうか。「馴染んでいた街や都市や地域のリアリティ」は誰にとってのものなのか。「どこにいてもモールの中にいるような快適性」が，地域の個性や面白みに欠けるにもかかわらず広まったのは，消費社会と巨大資本の都合だけに起因するのだろうか。かつての「街や都市や地域のリアリティ」において不自由さや困難を感じてきた人々――そこには女性が含まれるだろう――のニーズがそこに反映された結果とも考えられるのではないのだろうか。

　一方で，モール的な快適性によって排除されてしまう人々もいる。吉見俊哉は，1970年代後半に西武グループという巨大資本によって，地域の持つ歴史性を排して，閉じられた都市空間として作り上げられた渋谷を事例に，その空間がもつ「排除の構造」を論じている。渋谷的空間は「ある排除の構造，「かわいくない」ものや「ダサい」ものや「キタナイ」ものに対する排除の構造を内包している」という（吉見 1996：69）。たとえば，東京の発展を支えた国内外の労働者たちは，「かわいい」「オシャレ」な空間の外部へと排除される。私たちの多くは，これらの「無数の収奪と排除の結果」として「豊かさ」を享受しているのだが，吉見が正しく指摘するように，私たちは「そうしたことをしつづける何ら正当な権利を持ってはいない」（吉見 1996：70）。

　こうした都市に存在する「排除の構造」についての吉見の指摘は，渋谷的な都市空間のみならず，その後に日本社会を席捲するショッピング・モールなどの巨大複合商業施設に対しても有効な批判だろう。というよりもそれは，拡大する資本主義社会そのものに対する批判として，的確で鋭い。だからこそ私たちは，現在のショッピング・モールのような快適性を甘受している人々や，「かわいい」「オシャレ」な空間を欲望する人々が，かつての街や都市（たとえば市場労働の場など）からは排除されてきた可能性についても思いを馳せなければならないはずだ。それらの人々にはおそらく，障がいをもった人，高齢者，子ども連れの人，女性，そしてとりわけ若い女性たちが含まれる。彼女／彼たちは，モール的な快適性を希求せざるを得ない，それなりの理由があるのかもしれない。また，「ガールズ」は，きわめて切実な事情から「かわいくない」ものや「ダサい」ものや「キタナイ」ものを排除し，「かわいい」「オシャレ」な空間に拘泥せざるを得ないのかもしれないのだ。これまでの日本の都市文化論は，このような可能性について十分に考えてきたとはいいがたい。

欧米の研究に目を向けると，都市におけるガールズの経験が扱われ始めている。たとえば，ジェンダー論やフェミニスト地理学の観点から著された『フェミニスト・シティ』の「ガールズタウン」という一節では，女子生徒や学生たちが都市で安全に楽しもうとしても，それがいかに制限されてきたかが指摘されている（Kern 2020=2022）。また，フェミニスト社会学者ビバリー・スケッグスは，若い女性たちが「女らしく」着飾って集団で夜の街に出かけ楽しむ経験を紹介しながら，彼女たちは女らしい外見（ファッションや化粧など）を装いながらも，それとは一見矛盾した「女らしくない」行動（酒場で酔っ払ったり騒いだりして楽しむこと）をとることで「女らしさ」に挑戦していると指摘している（Skeggs 1997）。とはいえ彼女たちの挑戦は，暴力の危険にも晒されている。それゆえに，夜の繁華街に男性の同伴なしに出かけたりすることは，女性を性犯罪から守るため，そして家庭や地域の秩序維持のためという建前のもとで注意や批判の対象となってきた。必要なのはむしろ，女性がそうした危険に晒されないような都市設計なのだが，ジェンダーの視点は，都市設計の理論と実践において看過されてきたと指摘されている（Beebeejaun 2017）。

「安全」を考える際には，ジェンダーのみならず，階層やエスニシティ，年齢等のインターセクショナルな視点が欠かせない。女性たちがそうした多様性を含みながら，どのようなリスクを背負ってきたのか，そしてどのように対応してきたのかについての研究が必要となる。

欧米の都市とは具体的な状況は異なるが，日本のガールズも同様に様々なリスクに晒されている。それはもちろん，彼女たちの都市経験を制限しているが，その制限があるからこそ彼女たち独自の都市での遊び方や楽しみ方，サバイバル方法が生み出されてきたのだろう。

安全でいたければ不自由さに耐え，自由になるなら自己責任としてリスクを引き受けなければならない。そのような社会からのメッセージを，彼女たちはどのように受け止め，それに挑戦しているのか。不自由さの中で見出す楽しみ，自由を求めて活用する「女らしさ」，強者による排除であるとともに，弱者による防御でもある「かわいい」「オシャレ」。本書が迫りたいのはまず，彼女たちのそうした具体的な都市経験である。

4　本書の構成

　本書は3部構成で全15章からなっている。「第Ⅰ部　都市で「遊ぶ」」では，買い物をしたり，イルミネーションを見に行ったり，オタク趣味に興じたりする女性たちの経験に焦点を当てている。一般に，消費主義的な都市の遊びは，男性よりも女性が特権的に享受していると考えられているが，具体的にその経験はいかなるものなのか。第Ⅰ部の各章からは，女性たちの自由な楽しみとともに彼女たちが受ける制限も明らかになる。

　「第Ⅱ部　都市で「つながる」」では，親密な関係性を築いたり，女性同士で連帯したり，誰かと食事をしたり，SNS上でフォローしあったりといった，都市的生活様式の中での人間関係に着目している。特に2020年からの新型コロナウイルス禍を経た現在，つながりは，私たちにとってより差し迫った問題となっている。物理的な都市空間とネットワーク上のつながりの双方を用いて，女性たちがどのようにつながっているのか（もしくは，つながっていないのか）をみることもまた都市と女性の関係を考えるうえで欠かせない視点だろう。

　「第Ⅲ部　都市で「生き抜く」」では，都市で働き，生計を立て，住居を構え，移動するといった女性たちの都市経験を支える基盤のようなものを中心に論じている。そこでは主として，労働の不安定性，性暴力，性別役割分業という女性にかかる負担が扱われている。第Ⅰ部や第Ⅱ部と比べるとよりシビアな内容となっているが，都市で遊び，都市でつながる女性たちは，都市を日々生き抜いてもいる。生き抜くためにつながったり，遊ぶために生き抜いたり，生き抜くことに必死で遊べなかったりしながら，女性たちは都市に存在しているのだ。

　各章で扱うのは，もちろんそれぞれに異なる経験であり，すべての女性が本書で扱うような経験をしているわけではない。たとえば，ひとりの女性を想定してみた時，彼女は，イルミネーションを見に行ったこともなく，SNSもしておらず，しかし都市で働き，買い物をするのが好きかもしれない。したがって本書の各章は基本的に独立したものとして構成されている。

　だが，複数の章を組み合わせることで見えてくる問題もある。たとえば「第10章　都市に生きる「女子」と労働」では，女性が男性と比して，賃金が低

く，労働者として安定した地位を得づらい実態が論じられる。一方で，「第7章 「女子」たちの食」からは，女性が安全に外食を楽しむためには経済的なコストがかかることが指摘され，「第14章 東京の一人暮らし女子の住まい」では，女性の一人暮らしには，安全のために最新の施錠システムや監視システムなどを備えた住宅が望まれていることなどが言及されている。これらの章からは，労働者としての不安定な地位と，都市生活において女性にかかるコストの不均衡が明らかになる。また「第3章 わたしに"ちょうどいい"エキチカ消費」では，労働者であったり学生であったりする女性たちが，そうした忙しい日常のあいまに，安全に消費活動を行う場として，駅に隣接した商業施設を位置づけている。さらに「第15章 都市の暴力性をサバイブする」では，女性が都市で安全に出歩くためには消費者になるしかなかったという歴史的経緯が指摘される。こうしたことからは，現代都市において女性に振り分けられた特権と考えられてきた消費活動が，女性たちの生存戦略のひとつであった可能性が見えてくる。女性たちには，都市の「遊歩者」や「労働者」としてはマージナルな位置しか与えられてこなかったからこそ，彼女たちの周りに独自の消費文化が形成されてきたともいえるのだ。そこからまた，「第12章 まちを縫う「ママチャリ」」で描かれるように，マージナルな存在でありながらも，消費者であったり，労働者であったり，母親であったり，学生であったりと複数の役割をやりこなす現代女性たちの姿が立ち現れても来るだろう。

　もちろん，現代女性の都市経験は，本書で扱った領域にとどまるものではない。本書で扱えなかった問題も，見過ごしてしまった論点も多くあるだろう。そうした批判的検証を含めて，「ガールズ・アーバン・スタディーズ」が今後さらに積み上げられていくことを願っている。

参考文献

菊地夏野，2019，『日本のポストフェミニズム――「女子力」とネオリベラリズム』大月書店。

田中東子，2021，「女の子による，女の子のためのメディア研究に向けて」田中東子編著『ガールズ・メディア・スタディーズ』北樹出版。

南後由和，2018，『ひとり空間の都市論』ちくま新書。

吉見俊哉，1996，『リアリティ・トランジット――情報消費社会の現在』紀伊國屋書店。

米澤泉，2014，『「女子」の誕生』勁草書房。

若林幹夫, 2013, 『モール化する都市と社会――巨大商業施設論』NTT 出版。

Beebeejaun, Yasminah, 2017, "Gender, Urban Space, and the Right to Everyday Life", *Journal of Urban Affairs*, Vol. 39, No. 3.

Kern, Leslie, 2020, *Feminist City : Claiming Space in a Man-made World*, London and New York: Verso.（東辻賢治郎訳, 2022, 『フェミニスト・シティ』晶文社。）

Skeggs, Beverley, 1997, *Formations of Class & Gender : Becoming Respectable*, London, Thousand Oaks and New Delhi: Sage.

第 I 部

都市で「遊ぶ」

第1章	# かわいい化する都市
	──ガールズ的都市風景の広がり

楠 田 恵 美

1 「かわいい」産業の萌芽

ためしに一日，あなたの身のまわりからスタートして，家の中，そして家の外でどれだけ「かわいい」ものを見つけられるか，意識する日をつくってみてほしい。おそらく，発見できる「かわいい」ものの数は予想を上回るはずだ。家の中では小物や雑貨，外に出るとすれ違う人のファッション，バスや電車の掲示物，さらにはスーパーやショッピングセンターでは大量の「かわいい」ものや商品を見つけられるはずだ。ある人は「かわいい」もので周囲を固めているかもしれない。ある人は「かわいい」ものに無関心かもしれない。どちらにせよ，様々な「かわいい」ものたちが様々な濃淡で私たちの生活の構成要素となっていることを改めて発見することになるはずだ。なければなくても生活に支障のないはずの付加要素であるにもかかわらず，なぜこうまでも「かわいい」ものたちは私たちの生活の中に溢れる存在となったのだろうか。

神野由紀は，「かわいい」デザインの起源に関する考察の中で，その担い手としての少女の誕生を1899年の高等女学校令により編成された女学校に見ている。そして彼女らを個性ある1つの共同体にまとめ上げる役割を果たしたのが『少女界』（1902年創刊）に始まる少女を対象とした雑誌メディアだという。少女たちはまずもって「かわいい」イメージを雑誌の中にのぞき込み，そしてその付録で「かわいい」ものを現実世界で手にした。その後，竹久夢二による港屋絵草子店（1914年開店）や中原淳一によるひまわり（1940年開店）などの人気挿絵師らによる雑貨店がオープンしたのを契機として，「かわいい」ものは雑誌という文脈から離れ，商品として自立して存在するようになった。

戦後高度経済成長とともに産声を上げたのは，「かわいい」の代名詞でもあ

るキャラクターたちを世に送り出したサンリオである。サンリオの前身，山梨
シルクセンターの設立は1960年。山梨県の物産である絹織物やブドウ酒の販売
からスタートした。その後，不二家や森永の菓子箱やおまけのカード類の下請
け製造を行った後に，独自の商品としてゴムぞうりに花柄をつけて販売したと
ころ大ヒットしたのをきっかけに，水森亜土らのイラストをプリントした小物
類，そして同社にとって初のキャラクターとなるいちご柄をプリントした小物
類を製造販売することになる。67年にはブランド名をサンリオに変更，71年に
は初の直営店，ギフトゲートを新宿アドホックビル内にオープン，そして74年
にはハローキティがデビューした。

　新宿ギフトゲートの開店と同年の日本橋三越本店でのサンリオコーナーの開
設を筆頭に，全国の百貨店や量販店にはサンリオコーナーが，そして各地の街
中にはサンリオショップが次々に誕生した。1990年までにサンリオのギフト雑
貨のシェアは80％に，取扱店は直営ギフトゲート139店，デパート330店，量販
店1000店，小売店1200店にのぼった（西沢 1990：127）。都市・地方，都心・郊
外といった立地の別，直営店・百貨店・量販店・小売店といった店舗形態の別
を問わず，どこでも容易にサンリオ商品の入手が可能となった。「かわいい」
ものは，少女という限られた共同体だけのものではなくなり，より幅広い社会
層に共有されることになったのである。

2　都市の中のテーマパーク／テーマパークの中の都市

都市に「かわいい」を　「かわいい」アイテムで日常生活や他者とのコ
もたらしたサンリオの歩み　ミュニケーションに彩りを添えるというささやか
な楽しみのステージは，1980年代に建築物やパークなどの空間造形の段階まで
達した。83年の東京ディズニーランド（以下 TDL と略）開園がまさにそのメル
クマールであるが，サンリオも同年にいちごのお家・つみきのお家をオープン
し（2011年閉店），都市のかわいい化の幕開けとなった。
　いちごのお家・つみきのお家は，当時新興住宅地であった田園調布に突如と
して登場した（図1-1）。サンリオ社はいちごのお家をソーシャル・コミュニ
ケーション産業のモデル店舗として，つみきのお家をギフトゲートの郊外型モ
デル店舗として位置づけた。いちごのお家は4階建てで，1階ではサンリオ

キャラクター商品，キャンディー，クッキー，ジャムなどの販売を行い，2階にはパーラー，3階にはレストラン，4階には多目的ホールがそれぞれ配置された。パーラーとレストランはテナントで，多目的ホールはコミュニケーションの場所として地域に無料で提供された。ここではもちろんサンリオ主催のイベントも催され，サンリオのコアなファンの交流センターとしても機能した。なお，地方都市モデルとして，同様のコンセプトでレストランやホールを備えた直営ビル，ラッキーフライデーが1984年の小倉以降，九州の各都市の繁華街にオープンしている。

図1-1　いちごのお家
出所：サンリオ展製作委員会『60th ANNIVERSARY SANRIO EXHIBITION: THE BEGINNING OF KAWAII』TM エンタテインメント，2021年，112頁。

　1987年には銀座2丁目中央通りにサンリオギャラリーがオープンした。岩崎ビルの1〜2階に構えた全面ガラス張りの店舗がそれで，「ディズニーランドが街にやってきた」と話題となり，修学旅行の行き先にもなったという。1階は Village of Dreams, 2階は Fairy Land というテーマで，具体的には「1階の Musicians' Tree ではサンリオ・キャラクター（のロボット）たちが演奏を繰り広げ，飛行船 Sunshine Express 号がレジカウンターの役割を果たしており，2階では Hello Kitty Castle，美しい白鳥の姿をした華麗な客船 Friendship 号，ふくろう博士が魔法の黒板で教えてくれる Schoolhouse，井戸に向かって話しかけるとこだまが返ってくる Echo Well，ふだんは眠っているが時々目を覚ましておしゃべりをする魔法の木 Mr. Tree，そして色鮮やかな回転木馬など」（尾上 2009：23-24）から構成されていた。まさにテーマパークさながらテーマショップを体現し，キャラクター商品の購買行為をエンターテインメントとして演出した。

　次いで翌年には，船橋ららぽーとの一角にサンリオファンタージェンがオープンした。円錐状のテント屋根をもつ円形の城のような外観で，内部にはドイツの古都ローテンブルグをイメージした街並みが再現された。中央の時計台を

中心にして「キティグッズばかり扱う「キティハウス」やお菓子のお家「ヘンゼルとグレーテル」，世界のおもちゃをそろえている「ワーカーズ・サンタクロース」，子ども服専門の仕立て屋さん「ポケットキッド」」（LittleTwinStars Official ★ Blog）などの売り場が設けられた。ここにきて，ショップの大きさは実物大の都市をも包み込んでしまう規模にまで拡大した。

　そしていよいよサンリオのテーマパークであるサンリオピューロランドが1990年に東京都多摩市に，ハーモニーランドが91年に大分県速見郡日出町にそれぞれオープンの日を迎えることになるのだが（以下前者をPL，後者をHLと略），すでにお気づきのように，PLやHLの登場を待つ80年代中に，テーマパーク型のショップおよびショップ型の街が街中に作り出されていたことが分かる。

「かわいい」空間と
テーマパークの親和性　　以上の1990年代までに至るサンリオの展開を整理すると，まず60年代には地域に根差した物産の販売から「かわいい」に根差すキャラクター商品の販売への転換があった。そして70年代にはキャラクター商品を取り扱う店の全国的な普及を通じて，「かわいい」の大衆化がもたらされた。そして80年代には，ショップ内外の空間演出により先取り的に都市のテーマパーク化を成し遂げた。このような過程を，女学校から始まった「かわいい」ものの物的，空間的，イメージ的広がりであるという意味で，都市のかわいい化と捉えることができるだろう。

　日本におけるテーマパークブームは80年代以降に起きており，各地にTDLやPL・HL，ユニバーサル・スタジオ・ジャパン（2001年開園）などのファンタジーに依拠するテーマパークのほか，歴史や未来，外国や宇宙などをテーマとする様々なテーマパークが生み出された。90年代にはバブル崩壊の余波を受けながらもテーマパークブームは頂点に達し，そしてすぐさまに厳しい時代を迎え，00年代には閉園に追い込まれるテーマパークも少なからずでてきた。テーマパーク化とは，こうしたテーマによって彩られた空間がテーマパークの外部であるはずの都市の中に増殖することをいう。以下の節では，このようなテーマパーク化を背景に据えて，都市のかわいい化の動向について検討したい。

＊80年代から00年代にかけての日本国内テーマパークの開園・閉園の一例として，長崎オランダ村（1983年開園，92年ハウステンボスのサテライト化，2001年閉園，ハウステンボスは継続），日光江戸村（1986年開園），グリュック大国（1989年開園，2007年閉園），スペースワールド（1990年開園，2018年閉園，跡地はアウトレット

として22年開設), レオマワールド (1991年開園, 2000年閉園, 04年ニューレオマ
ワールドとして再開), 新潟ロシア村 (1993年開園, 2004年閉園), 志摩スペイン村
(1994年開園), 富士ガリバー大国 (1997年開園, 2001年閉園) などが挙げられる。

3　テーマパークのリゾート化とニュー・アーバニズム運動

テーマパークの都市化を
夢見たウォルト・ディズニー　テーマパークの登場とその都市への浸透がもた
らした影響について考えるために, ここではフ
ロリダ州オーランドのウォルト・ディズニー・ワールド・リゾート (1971年開
園, 以下 WDWR と略。構想段階では DW, マジックキングダム開園時には WDW, そ
の後のリゾート化により WDWR) の動向を追っていこう。

カリフォルニア州アナハイムのディズニーランド (1955年開園, 以下 DL と略)
を成功に導いたウォルト・ディズニー (1901~66, 以下ウォルト) は, それが理
想的なテーマパークとして完成したにもかかわらず, それをとりまく外部環境
をコントロールできないことに不満をもった。この不満を次なる地で解消しよ
うと試みたウォルトは, 65年までにフロリダ州に DL の150倍以上に相当する
1万1000ha に及ぶ土地を入手し, その翌年には DW 構想を収録した。ところ
がその構想収録からわずか2ヵ月ほど後のウォルトの死により, ウォルトの手
による DW は実現を見ないままとなった。

ウォルトの DW 構想とは, 複数のテーマパークやリクリエーション施設を
備えたツーリストエリア, EPCOT（エプコット）(Experimental Prototype Community of To-
morrow＝明日の実験的コミュニティの原型), 産業パークエリア, 空港, 複合入場
施設に加え, これらの各エリアを結ぶ高速移動システムから成るものであった
が (EPCOT 1966), 後継者らによって実現したのは, 主にツーリストエリア構
想に基づく巨大リゾートであった。その内容は, 1971年にオープンを飾ったマ
ジックキングダムを含み, それ以降順次開設された「四つの主要なテーマパー
ク, 複数のウォーター・パークに加えて, ナイトクラブ・エリア, ホテル, レ
ストラン, 教育施設, スポーツ・エリア, そしてショッピング地区」(ブライマ
ン 2008：119), そして住宅エリアである。

一方で, ウォルトの DW 構想の中で最も重要で中心的位置づけを与えられ
ていたのは, EPCOT であった。それは, 最新のアイデアとテクノロジーに

よって創られる実験型未来都市であり，常に新しい資材やシステムを導入，試験，実証し続けるがゆえに常に未完成であり続けるコミュニティであり，創意工夫とイマジネーションの展示場であった。ウォルトは，病理を抱える現状の都市を切り捨て，ゼロから新しいコミュニティのあり方を模索した。その結果として EPCOT 構想が生み出されたのであるが，それは「犯罪も交通渋滞もなく，人々は顔見知りで構成され，和気あいあいと暮らすことができる場所」（速水 2012：90-93）という理想に基づくものであった。

「かわいい」空間とニュー・アーバニズムの親和性　ウォルトの EPCOT 構想は既述の通り実現に至らなかったが，交通渋滞や交通事故をもたらしただけでなく，都市を無作為に拡大し，ダウンタウンの荒廃やコミュニティの崩壊を導いたモータリゼーションや郊外化に対する問題意識をウォルトと共有する人々がいた。彼らは，ウォルトと同じように新たなコミュニティのあるべき姿を探り，ニュー・アーバニズムと呼ばれる運動を展開した。その初の実践例が，1981年にまち開きを行ったフロリダ州のシーサイドである。徒歩 5 分圏内で日常生活を満たせることをコンセプトに計画設計された人口2000人規模のコミュニティで，350戸の住宅，300戸のホテルや離れを含む集合住宅に加えて，学校，町役場，市場，テニスクラブ，劇場，郵便局，商店，オフィスなどから成る。そして，このコミュニティ内に建設される建築物はすべて統一したデザインコードに従うことが条件づけられた。

　パステルカラーの家々が整然と立ち並ぶシーサイドの街並みは，どこかディズニーランドを彷彿させ，「現実離れ」した様相を呈している。実際に「かわいすぎる」「ホンモノのまちではない」といった批判も浴び（Katz 1994：3），映画『トゥルーマン・ショー』のロケ地にもなった。アラン・ブライマンが，シーサイドの街並みを「ある時代と生活様式に対するノスタルジアのナラティブにもとづいている点でテーマ化され」（ブライマン 2008：103）ていると指摘するように，この町の完璧までのテーマ化，すなわちテーマに沿わない事物の徹底的な排除が，この町を表層レベルにとどまらず，その成立条件それ自体としてテーマパーク的あり方に符号させるのだ。

　なお，EPCOT 構想から30年後の1996年には WDWR に隣接する約2000 ha の土地にディズニー社による人口規模7500人程のセレブレーションと呼ばれるコミュニティが誕生した。そして2010年には WDWR 内にゴールデン・オーク

と呼ばれる住宅エリアが誕生した。また最近では，カリフォルニア州でディズ
ニー社が住宅地設計を手掛けるとの発表があった。不動産開発会社や住宅建設
会社と提携して一戸建て住宅やコンドミニアム，店舗やホテル，55歳以上のシ
ニア向けの住宅用区画も設けるという（ロイター 2022. 2. 17）。

　複数の模範的なテーマパークを完成させ，次いで多様な娯楽施設や消費施設
を包括的にプロデュースしてリゾートとしてまとめ上げ，さらには日常生活の
営まれるコミュニティの建設にまでに手を広げていったディズニー社の歩み
は，その方向性においてテーマパークを出発点として都市の創造につながって
いくものであった。そしてテーマパークという特異な空間生産手法は，一方で
普遍性をもち，あらゆるアクターによりあらゆる場所で応用されていくことに
なった。能登路雅子が正確に見極めていたように，「ディズニーランドの非日
常世界は，次第に虚構世界ではなくなっている。我々の住む現実の空間の方
が，いまや確実にディズニーランドに近づいてきている」（能登路 1990 : 81）と
いう事実は，時の経過とともにますますあらゆる場面で確認できるようになっ
ている。

4　テーマパーク化する都市／都市化するテーマパーク

テーマパークの
外もテーマパーク
　スケール感やスピード感では WDWR に及ばずとも，リ
ゾート化の動きは2000年以後，各国のディズニーランド
でも追随された。日本の場合には2001年のディズニーシー（以下，TDS と略）
の開園に先駆けて2000年に「リゾート宣言」が行われ，複数のホテルをはじ
め，ショッピングセンターのイクスピアリ，ディズニーショップのボン・ヴォ
ヤージュがオープンし，そしてリゾート内の各施設をつなぐディズニーリゾー
トラインが運行を開始し，東京ディズニーリゾート（以下，TDR と略）を形づ
くった。

　TDL から TDR へのリゾート化は，グローバルに進展する余暇産業の拡大
に伴う世界の均質化の傾向としても捉えられるが，もう一面では，個別地域の
個性化の傾向としても捉えられる（新井 2016）。後者において，TDL と TDS
が好対照である。80年代に DL あるいは WDW のマジックキングダムの忠実
なコピーとして登場した TDL は，外部を強固に遮断し，訪れる者にフラット

ですべすべとした映画の世界に入り込む感覚を与えた（吉見 2016：308）。それに対して00年代にオリエンタルランド社が独自に開発した TDS では，外部が所々で開放され，特に東京湾はテーマそのものであり積極的な借景がなされている。そしてその内部には世界各地の街並みやアップダウンを伴う地質学的世界が再現され，来園者に世界を旅する感覚を与える。

　2023年現在，TDS における最新のアトラクションは，2019年にオープンしたソアリン・アラウンド・ザ・ワールドというフライトシミュレーション型アトラクションである。フライト・シミュレートするのは実写による地球の光景だ。スクリーン上では地球上の数々の自然や街並みの映像がドラマチックに切り取られ，それとともに演出される風やにおいなどとともにリアルでスリリングな飛行旅行を体験できる。TDS においてのソアリンは，「脱ディズニー」なうえ「脱シー」である点で異色であるにもかかわらず，絶大な人気を誇る。ソアニンは，かつてテーマパーク内に内包されていたまなざしをテーマパークの外へ解放し，テーマパーク内外を「俯瞰するまなざし」（吉見 2016：302-306）を提供することでテーマパークの内外の差異をとりもつ境界線を融解していくのだ。

　　　　消費空間としての　　テーマパークの内外の差異の無効化の問題は，その内外
　　　　テーマパーク　　　　を貫く消費文化の側面から検討すべき問題として立ち上がってくる。もともと日本において特に顕著であったのは，TDL での消費行為において物販の占める割合が高かったことである。お土産文化がそれであり，TDL に行ったことは記念すべき出来事であると同時に積極的に外部に発信すべき出来事として受け止められてきた。くわえてもう1つの日本における特徴は，それが東京駅からたった15分程度で行ける都市型テーマパーク（リゾート）である点である。この交通の便の良さは，リピーター率を高め，長期滞在というよりも，気軽な遊び感覚で TDL（R）に訪れることを可能にした（奥野 2003：55-72）。

　これまでの DL，WDW ならびに TDL は，一歩足を踏み入れれば楽しい一日が約束されるファミリーレジャー空間とされ，そこにはアトラクションやショーを楽しむ観客としてのゲストの姿があった。それとは一線を画したゲストの姿が上述の2つの特徴の相乗効果により TDR では確認される。それは，ヲタ活，ぽっちディズニー，同行者とのリンクコーデ，SNS での映え発信，あるいは，通過儀礼としてのディズニーランドデビュー，誕生日や記念日ディ

ズニー，プロポーズや結婚式などであり，どれも十全な情報や知識に基づく入念な計画と目的攻略的な行動によって達成される楽しみ方である。

　TDRがこうした多層的な欲望を喚起するとともに充足させる装置であることは，そこがディズニーという趣味で演出された消費空間でもあるという性質と深く関わっている。パークでは絶え間なく季節や周年イベントが催され，定期的に装いを新たにする。フード・ドリンクを含む物販においても期間限定や数量限定のアイテムが高頻度でリリースされ，流行現象がつくりだされる。そこには，ディズニーという統一したコードの中で，自らのサブテーマを掲げ，どのように着飾り振る舞うか，何を食べ何を買うか，そしてどのように楽しむかさえも自分好みにカスタマイズする消費者としてのゲストの姿がある。このようなゲストの姿は，ファッションに身を包んでまち歩きをしたり旅行にでかけたりするという，70年代以降の少女雑誌がつくり上げ，発信してきた消費スタイルに重なる（吉見 2016：326）。

5　かわいい化する都市と社会

　TDSでは，もちろん依然としてディズニーの物語やキャラクターたちの存在が重要な要素を占める。しかしそこではなんといってもダッフィーの存在感が大きくなるところにその特徴がある。ダッフィーはディズニーのアニメーションに由来するキャラクターではなく，「航海にでるミッキーにミニーがプレゼントしたテディベア」という設定でTDSのためにつくられたキャラクターだ。そのため，ディズニーの物語世界において，ダッフィーはミッキーの持ち物の「物言わぬぬいぐるみ」にすぎない。

　しかしながら，この設定こそがダッフィーを純粋に「かわいい」キャラクターとして立ち上げることを可能にしている。それは，ディズニー化（Disneyfication）の手法によりすでに「かわいい」化されたディズニーの世界に，異なる水準の「かわいい」を持ち込んだという意味で革新的である。すなわち，「かわいい」ディズニーキャラクターが所有する「かわいい」キャラクターがそれであり，最低限の設定を除けば物語や文脈を欠き，「かわいい」キャラクターとして自己完結しているのがダッフィーなのである。

　ダッフィーのぬいぐるみを携えてTDS園内を歩き回ることは，それのもと

もとの持ち主であるミッキー（擬人化されたキャラクター［ディズニー化による「かわいい」の水準］）と，ゲストである私（擬キャラ化された人間［ディズニー化による「かわいい」の水準］）を限りなく対等化させ，「かわいい」キャラクターや「かわいい」私たちにかわいがられる，より「かわいい」存在としてのダッフィー（［ディズニー化による「かわいい」の水準］を超越する［純粋な「かわいい」の水準］）が成立する。ダッフィーは都市化するテーマパークとテーマパーク化する都市を貫く共通項としての「かわいい」を立ち上げる。

　ダッフィーの純粋な「かわいさ」はサンリオキャラクターの「かわいさ」に通じるものの，TDR 限定という点では流通の仕方としてほど遠くもある。90年代以降，サンリオはさらなる「かわいい」の大衆化と差別化を進展させている。たとえば，90年代にはサンリオとともに育った世代が高校生になり，高校生向けサンリオショップ，Vivitix が新宿や原宿，池袋に登場した。そして00年代には訪日観光客向けのサンリオショップ，Hello Kitty Japan がお台場や羽田空港，ソラマチにオープンした。そして東京を代表する観光地である浅草や上野のギフトゲートは，キャラクターを前面に張り出した店構えに模様替えをした。

　こうしたターゲット層や都市の文脈に応じて細分化される新たなショップ形態に加え，これまではサンリオ商品の取り扱いのなかった100円ショップをはじめ雑貨・アパレルショップ，ハイブランドショップなどでもサンリオのライセンス商品やコラボ商品が取り扱われるようになった。また，サンリオキャラクターは，官民問わず様々な組織のイメージキャラクターとしても起用されている。

　このようなサンリオキャラクターの変幻自在な現れ方は，他の様々なキャラクターの現れと相まって，私たちの生活世界に「かわいい」のあふれる状況を生み出している。各団体組織ではくまモンやピーポくんなどのゆるキャラを設け，街頭やショッピングセンターでは多くのキャラクター専門店が見られる。

　私たちの生活世界に溢れるように存在する「かわいい」ものたちは，たんに消費の対象や結果としてそこにあるのみならず，私たちが営む社会生活に入り込み，組織や人間に代わって情報伝達を行い，人々を結びつけ，今やキャラクターとの共生なくしては成り立たないかのような日常風景を生み出している。

　非日常に由来するテーマパークとテーマパーク化する都市はこれまで，楽しさや安心，安全と引き換えに都市のリアリティを包み隠したり排除したりする

その人工的で偽物的なあり方のために批判的に語られてきた。それに対して，かわいい化する都市は，ガールズの美意識や価値意識の発露としてソフトに，断片的に都市風景を構成している。それは都市のリアリティと折り合いをつけながら理想や欲望を追求するガールズの日常的な実践が作り出す都市風景の広がりであると言えるだろう。

参考文献

新井克弥，2016，『ディズニーランドの社会学——脱ディズニー化するTDL』青弓社。

上前淳一郎，1982，『サンリオの奇跡——夢を追う男たち』角川文庫。

奥野一生，2003，『日本のテーマパーク研究』竹林館。

尾上典子，2009，「辻信太郎とSanrio Puroland——文化産業としてのサンリオが創造した屋内型theme park」『経営学紀要』16巻2号，亜細亜大学短期大学部学術研究所。

株式会社サンリオ監修，グラフィック社編集部編，2019，『'70s＆'80s サンリオのデザイン』グラフィック社。

サンリオ，2011，「サンリオファンタージェン」『LittleTwinStars Official ★ Blog Kiki&Lala Dreamy Diary』2011年11月26日（https://ameblo.jp/kikilala2011/entry-11088909792.html）。

商店界社，1984，「こりゃ楽しいお家だね！——サンリオの「いちごのお家」「つみきのお家」」『商店界』第65巻第2号（通巻800号），商店界社。

神野由紀，2012，「表象としての少女文化——「カワイイ」デザインの起源に関する一考察」『デザイン学研究特集号』第19巻4号，日本デザイン学会。

西沢正史，1990，『サンリオ物語——こうして一つの企業は生まれた』サンリオ。

能登路雅子，1990，『ディズニーランドという聖地』岩波新書。

速水健朗，2012，『都市と消費とディズニーの夢——ショッピングモーライゼーションの時代』角川oneテーマ21。

松永安光，2005，『まちづくりの新潮流——コンパクトシティ／ニューアーバニズム／アーバンビレッジ』彰国社。

松葉一清，1988，「建築時評　天蓋をもつお祭り広場——「東京ドーム」と「ファンタージエン」」『東京人』3巻，都市出版。

吉見俊哉，2016，「シミュラークルの楽園」『視覚都市の地政学——まなざしとしての近代』岩波書店。

ロイター，2022，「米ディズニー，カリフォルニア州で住宅地開発へ」『REUTERS』2022年2月17日（https://jp.reuters.com/article/usa-walt-disney-realestate-idJPKBN2KM0C9）。

Bryman, Alan, 2004, *The Disneyization of Society*, London: Sage Publications.（能登

　　路雅子監訳, 2008, 『ディズニー化する社会——文化・消費・労働とグローバリゼーション』明石書店。)

Katz, Peter, 1994, *The New Urbanism : Toward an Architecture of Community*, New York: McGraw-Hiss, Inc.

EPCOT, 1966=2004, Walt Disney Treasures – Tomorrow Land: Disney in Space and Beyond, Walt Disney Pictures（DVD）[1966 EPCOT Film – The Florida Project – Restored, YouTube, https://www.youtube.com/watch?v=UEm-09B0px8。

🖋 おすすめ文献・映画

中川理, 1996, 『偽装するニッポン——公共施設のディズニーランダゼイション』彰国社。

＊日本全国各地に氾濫するディズニーランド化した公共デザインの数々を多くの事例写真とともに解説・考察した本。コンパクトながらも情報量の多さに圧倒される。公共デザインに欠かせない「親しまれる」デザインの手法と「かわいい」の関係についても言及されている。

古賀令子, 2009, 『「かわいい」の帝国——モードとメディアの女の子たち』青土社。

＊「かわいい」の誕生から「kawaii」の登場までの変遷を追う中で, その普遍性とその特殊性の両方を浮き彫りにした「かわいい」の入門書。「かわいい」とされるものの多元的なあり方を切り口とした日本文化論, メディア論として読むのも興味深い。

ショーン・ベイカー監督, ショーン・ベイカー／クリス・バーゴッチ脚本, 2017, 『フロリダ・プロジェクト　真夏の魔法』（*The Florida Project*）〈映画〉。

＊ディズニー・ワールドのすぐ近くにあるモーテルを住まいとする隠れホームレスたちの日常を描いた作品。夢の世界を享受することから取りこぼされた人々のリアルな姿からは, テーマパーク化する都市や社会をその裏側から改めて見つめ直すためのヒントをもらえる。

✿ 調べる・考える

・テーマパークを中心として, 日本の産業構造の変容について調べてみよう。
・かわいい化する都市はガールズにとって生きやすい都市だろうか, それとも生きづらい都市だろうか。

第2章　画素化する街
ピクセル
画素化する街
──「イルミ」化と脱「イルミ」化の間

近森高明

1　冬の定番イベント…？

イルミネーション
を 見 に 行 く　　冬の定番イベントの1つにイルミネーションがある。SNSで誰かが投稿している写真や動画に「いいな」と思ったり，テレビの情報番組で流れて「もうそんな季節か」と思ったりして，自分もちょっと見に行きたくなる。ひとりではさすがにキツいので，恋人や恋人候補と，あるいは友達と一緒に。

　さてどこに行こうか。丸の内や表参道など，定番の街なかイルミもあれば，ちょっと遠出をして，郊外アミューズメントパークの本気度の高いイルミネーションに出かける手もある。ネットで検索すると，「イルミネーションガイド」というものが出てくる。何だか妙に充実したガイドで，エリアから探すこともできるし，「人気ランキング」から選ぶこともできる。やはり12月25日のクリスマスまでの開催が多いが，1月や2月までなんとなく継続しているものもあり，年明けという謎のタイミングで，とつぜん無性にイルミを見たくなったとしても，まだ十分に間に合ったりする。

　いざ出かけると，やはりイルミネーションは，いい。ただ見ていられる。とにかく寒いのが難点だけれど，「おー」「きれい，きれい」「こっちすごいよ」などといいつつ，スマホ片手に，歩いたり立ち止まったりして，片っ端から写真や動画におさめていく。そして，いい感じの写真や動画をセレクトして，帰りの電車内でやおらSNSにアップ。「あー，今年もイルミネーション見たな」と，小さな達成感と満足感を覚えつつ帰宅する。

　こんな感じで「イルミを見に行く」というのは，いまではごく普通の，当たり前のことに見えるだろう。春に「花見に行く」とか，夏に「花火に出かけ

る」とかと，ほぼ変わらない季節ごとの定番イベントとして，「イルミを見に行く」が成立している。けれども歴史を振り返ってみれば，こういう形で「イルミを見に行く」ことが，季節イベントとして定着したのは，じつはここ20年くらいのことだ。

**「イルミを見に行く」
ことの「普通さ」を問う**　それ以前には，イルミネーションといっても，デパートなど商業施設にある大きなツリーと，その周辺のちまちました装飾だけだったし，イルミネーションだけを見に行くという感覚も薄かった。どちらかと言うと，カップルを前提としたクリスマスにまつわる（80年代末～90年代初期のバブル期に典型的な）重量級のイベント群——高級ディナーとか，高額のプレゼントとか，高級ホテル宿泊とか——の隅っこに，ツリーのイルミネーションを眺める，という行為が付帯的に収まっていた。また「イルミネーション」という呼び方にしても，現在では光のイベントを総称して「イルミネーション」と普通に呼ぶけれども，以前には，小さな電球を連鎖させる演出技法——いわゆる電飾——のことをピンポイントに「イルミネーション」と呼び，それを含めた光による演出の総称には（「イルミネーション」ともいうが）「ライトアップ」という言葉を使ったりしていた。

　というわけで「イルミを見に行く」というのは，かつては「普通」ではなかった。では私たちはいつから「イルミを見に行く」ことを，「普通」にやり出したのだろうか。「イルミを見に行く」の「普通さ」は，どんな条件のもとに成り立っているのだろうか。「イルミを見に行く」という都市経験とは，いったいどのような経験なのだろうか。以下で考えてみたいのは，このような一連の問いについてである。

**イルミネーション
の　現　象　学**　そもそもイルミネーションとは，いかなる特徴をもつ現象であり，イルミネーションを眺めるというのは，どういう都市経験なのだろうか。まずは「イルミを見に行く」ことの「普通さ」を宙づりにして，その現象や経験がもつ特徴について——いわば「イルミネーションの現象学」として——あえて細かく深掘りしてみよう。

　イルミネーションの楽しみは，まず何よりも，それがもたらす特別感にあるだろう。イルミネーションは，ごく平凡なありふれた街の姿を，非日常的な光のスケープに変換してくれる。それは冬の，クリスマスを終極とする限定された期間の，夕方から夜という限定された時間帯に，都心部の街なかの，限定さ

れたおしゃれなエリアで催される。イルミネーションを見に行くという経験
は，まずもって，こうした何重もの「限定性」によって特別感を付与されてい
る。

　イルミネーションは何かを「表現」してはいない。それは表現的ではなく，
「現前」的である。光をメディアとして，何かしらのコンテンツを表現するの
ではなく，光の集積自体がコンテンツをなす。それは喩えるなら，ディスプレ
イ上の写真や動画を眺める経験ではなく，ディスプレイに限りなく近接し，そ
の画素（ピクセル）の集積の光りかた自体に感嘆し，それを愛でるのに近い。イルミネー
ションによって，街はいわば光る画素（ピクセル）の集合体に変換される。それを私たちは
スマホで撮影し，SNSにアップしたりする。これはつまり画素（ピクセル）化された街を，
さらにスマホで画素（ピクセル）化してデータ化し，それをSNSを介して誰かのスマホに
画素（ピクセル）として表示する営みである。ひたすら連なってゆく画素（ピクセル）の連鎖のもとで，
私たちは，イルミネーションの灯った街を経験しているのだ。

　表層の楽しみ　イルミネーションが何かを「表現」してはいない，というの
　　　　　　　　　は，言い方をかえれば，光の集積の向こう側に読み取るべき
「意味」や「物語」はない，ということだ。キラキラした光の表層の向こうに，
何かしらじっくり味わうべき深層があるわけではない。ただ，キラキラしてい
る光の表層そのものを楽しむのが，イルミネーションである。それは言葉を介
さないし，それを楽しむのに背景知識や教養はいらない。その点，まさに「花
見」や「花火」と一緒である。さらに言えば，同じように見に行くものでも
「絵画」や「映画」や「音楽」とは違っている。それらは多かれ少なかれ，楽
しむのに背景知識や教養が必要であり，作品について，その気になれば一晩中
語ることだってできる。しかし，あるイルミネーションのすばらしさについ
て，5分だって語り続けることは難しいだろう（だからダメだというわけではな
く，イルミネーションは「きれい」と「すごい」だけで感想が済んでしまうからこそ楽
しい，というのがポイントである）。

　さてここまでは，「イルミを見に行く」ことの「普通さ」を一時停止するこ
とで見えてくる特徴を探ってきた。その結果，(1)「限定性」による特別感の演
出，(2)「表現」ではなく「現前」，(3)画素（ピクセル）化された街の経験，(4)深層なき表層
を楽しむ経験，等々の特徴が浮かびあがってきた。だがしかし，このような
「イルミネーションの現象学」には限界がある。そこで以下では，問いの方向

性を時間軸へとずらし，「イルミを見に行く」ことの「普通さ」がいかに成立
してきたのか，その歴史的プロセスを眺めてみよう。

2　「イルミネーション」というフラットな括り──呼称の変遷から考える

「起源」ではなく「普通さ」の由来を問う　イルミネーション自体の歴史は，わりと昔に遡ることができる。いろんな物事の始まりをひたすら記した石井研堂の『明治事物起源』(1908年) によれば，1900年，神戸沖の観艦式において夜間に複数の戦艦で電灯をつけ，海面を照らしたのが日本最初のイルミネーションとされる。そのあと03年，大阪での第 5 回内国勧業博覧会では6700個の電灯がつけられたり，07年の東京勧業博覧会では 3 万5000個の電灯がつけられたりして，それぞれ壮観だと話題になったという。

　しかし，こうした「起源」を出発点に，徐々に量的に拡大してゆくプロセスとしてイルミネーションの歴史を捉えるのは，少しまずい。というのもその作業は，冬の定番イベントとして「イルミを見に行く」ことの「普通さ」に乗っかって，あれこれの光のイベントを「イルミネーション」で括るやり方を自明視したうえで，その先祖探しをしていることになるからだ。むしろ問われるべきは，「イルミを見に行く」ことの「普通さ」の由来であり，あれこれの光のイベントを「イルミネーション」で括るやり方の成立プロセスである。

光のイベントの呼び方が変わる 3 つのきっかけ　たとえば1995年の阪神・淡路大震災を契機に開始された神戸ルミナリエは，当初「光の彫刻」「光の回廊」などと呼ばれ，それを指すのにイルミネーションという括りは適用されていなかった。ルミナリエの成功を追って開催された各地の類似の光のイベントも，「○○ナリエ」という形で，固有名のルミナリエを範型とした名づけを行っていた (兵庫県姫路市の「ヒメナリエ」，高知市の「オビナリエ」，東京・丸の内の「ミレナリオ」など)。イルミネーションが光のイベントを包括的に表す総称となり，ルミナリエもその括りの傘下に収まるのは，2000年代前半からである。

　そのプロセスの下地をつくった動きとして，(1)さっぽろホワイトイルミネーション，(2)東京ディズニーランドの「エレクトリカルパレード」，そして(3)表参道のケヤキ並木のイルミネーションの 3 つが挙げられる (『朝日新聞』2015年

10月31日夕刊）。(1)は1981年に開始され現在まで続く，自治体による地域活性化を狙った光のイベントの先駆け的存在である。(2)はテーマパークでの光のイベントの代表例であり，80年代の高い人気によって，光のイベントを「見に行く」という行動様式の「普通さ」を定着させた面がある。そ

図 2 - 1　「ライトアップ」と表記する雑誌特集（『東京ウォーカー』角川書店，2000年12月19日，58-59頁）

して(3)は91年に始まり，渋滞や街路樹が傷むなどの理由から99年から10年間中止されたが，その後（省電力で過熱せず，樹木を傷めない LED の普及もあって）復活し，現在に至るまで，街なかおしゃれスポットの「王道イルミ」の 1 つになっている。

　　『東京ウォーカー』
　　誌面上の表現を辿る　こうした動きを背景に，言葉としての「イルミネーション」はどのような動きを示していたのか。街のイベント情報誌『東京ウォーカー』のバックナンバーを辿ると，2000年頃までは「イルミネーション」に並んで「ライトアップ」という呼称も，光のイベントを包括するのに使われていた。「イルミネーション」の支配力はまだ弱々しい。「Xmas 限定イルミネーション174」（1998年11月17日）という特集があるかと思えば，「'98X'mas 限定ライトアップ」（1998年12月15日）「クリスマス☆ライトアップ '99」（1999年12月14日）「Xmas ライトアップ2000年版」（2000年12月19日，図 2 - 1 ）という特集もあり，両者がいまだ混在し，拮抗しているのが分かる。同時期の他誌には，「ライトアップ・ロマンチック度ランキング」とか「ライトアップ・デート」といった表現も見られる。

　しかし2000年代前半に徐々に「イルミネーション」の支配力が強まってゆく。決定的なのは，「イルミ」という短縮形の登場である。誌面では長い単語が嫌われるので，自然と言葉のエコノミー（短縮しようとする動き）が発動するわけだが，「イルミ」という語の登場によって，様々な語彙との着脱の自由度

が圧倒的に上昇することになる。要は何でもかんでも「イルミ」にくっつき始めるのだ。「Xmasイルミ」「イルミスポット」「イルミタウン」といった言い方をはじめ，「イルミデート」など行動様式との接続，「街なかイルミ」「郊外イルミ」といった地域別カテゴリーとの接続，果ては「LOVEイルミ」「セレブイルミ」といった謎の表現まで，「イルミ」はあらゆる言葉と自在に着脱しながら誌面上でインフレ気味に増殖し，「イルミを見に行く」ことの「普通さ」の底を固めてゆく。

　こうして，雑誌であれウェブであれ，「イルミ点灯カレンダー」や「イルミMAP」を参照しつつ，いつ，どこで，どんなイルミネーションがあるのかを俯瞰的に把握したうえで，季節イベントとして「イルミを見に行く」ことが成立するようになる。

神戸ルミナリエ
の「イルミ」化　光のイベントのあれこれを「イルミネーション」で括る操作は，どういう効果をもたらすのか。それを，『関西ウォーカー』誌上での神戸ルミナリエの扱われ方の変化からトレースしてみよう。2000年代半ばまでは，神戸ルミナリエは光のイベントの中でも別格扱いとされ，他とは質的に異なる，ある種の神聖さが宿る催しと見なされていた。「願い」「忘れてはいけない過去」「鎮魂」「夢と希望の象徴」といった言葉が，誌面には添えられている。それ以外の商業主義的かつ多幸的な光のイベントは，わざわざ同じ号の，別のイルミネーション特集にまとめられることもあった。「イルミ特集」と「ルミナリエガイド」とは，意味的にも物理的にも区別され，互いに不用意に混ざりあわないよう，配慮した誌面づくりがなされていたのだ（例外もあったが）。

　ところが2010年時点になると，いささか状況が変わってくる。その年には「神戸ルミナリエ2010＆Xmasイルミ☆撮りおろし」という名称のもと，神戸ルミナリエと他の光のイベントが同じ特集でシームレスに並べられているのだ。ここで生じているのは，いわば「ルミナリエ」の「イルミ」化である。扱いのテイストもずいぶん軽くなり，「うまく活用して効率よく見物しよう！」とか「見物のテクニック」といった表現も見られる。かつて神戸ルミナリエを別格の存在にしていた「願い」や「鎮魂」といった意味の重みが，ここではすっかり脱色されている。「イルミネーション」とフラットに括られることで，神戸ルミナリエは脱物語化・脱歴史化・脱意味化され，他の光のイベントと同

一平面に置かれ，「イルミを見に行く」際の 1 つの選択肢へと還元されている。

　かつては他のイベントとの比較可能性を寄せつけず，孤高の光を放っていた神戸ルミナリエを，「Xmas イルミ」と並べて，テクニックを活用して「効率よく」見物する季節イベントへと，ぺったりと平坦に圧延すること。これが，あらゆる光のイベントをフラットに並置する「イルミネーション」という括りの，フラットならざる効果である。

　さて，ここまで「イルミを見に行く」ことの「普通さ」の由来について，「イルミネーション」という括り方の成立プロセスから眺めてきた。だが考えてみると，「イルミを見に行く」ことの「普通さ」は，それを反対側から支える対応物として，「イルミを売り物（＝集客ツール）にする」ことの「普通さ」と連れだって成立してきたはずである。「イルミを見に行く」人の増大は，「イルミを売り物にする」スポットの増殖と互いに循環しあう。それでは，「イルミを売り物にする」ことは，どういう経緯で，どういう条件の重なりや連なりのもとで，各種の自治体や商業施設やアミューズメントパークにとって「普通」のことになってきたのだろうか。

3　脱「ツリー」化するイルミネーション
──「イルミを売り物にする」アクターたち

脱「ツリー」化の動き　　1980 年代まではイルミネーションといっても，デパートを代表とする商業施設に飾られる大きなツリーの点滅するデコレーションと，その周辺に仕立てられる装飾だけだった。90 年代から 2000 年代初頭の雑誌での「イルミネーション」「ライトアップ」特集では，何よりも先に，主要な商業施設のツリーが紹介されている。象徴的にも，物理的な電球の量としても，クリスマスシーズンにキラキラと光っていたのはツリーであり，当時のイルミネーションは，いわば「ツリー中心主義」のもとに街に配備されていた。

　その点，さきほど「イルミネーション」という括り方の下地をつくった動きとして紹介した，(1)さっぽろホワイトイルミネーション，(2)東京ディズニーランドの「エレクトリカルパレード」，そして(3)表参道のケヤキ並木のイルミ

ネーションの3つは，この「ツリー中心主義」を脱する動きとしても捉えられる。イルミネーションと言えばツリーの飾りだったのが，これらを契機に，様々な形で光で装飾された空間を楽しむ，脱「ツリー」化されたイルミネーションのあり方が浸透し始めたのだ。このような脱「ツリー」化の動きを基盤として，多様な光のイベントを「イルミネーション」や「イルミ」とフラットに括る動き——光のイベントの「イルミ」化——が生じたのだといえよう。

「イルミを売り物にする」動き　脱「ツリー」化したイルミネーションは，まもなく地方活性化のための集客手段として各地の自治体に注目されだす。背景にあるのは，2000年代に入ってから活発になる，まちづくりの動きである。全国の市町村が，自分たちは都市間競争の中に投げ込まれており，その中で自ら魅力度を高め集客力を高めなければ，競争に負けて沈んでしまう，と急に焦りだしたのである。魅力度を高めるには，埋もれた資源を掘り出する必要がある。いわば自分の「いいところ探し」だが，「いいところ」が特に見つからない場合は，無理矢理にでも作り出す必要がある。

　その手段のうち，比較的お手軽なものの1つが「光によるまちづくり」であった。つまりは自治体レベルで「イルミを売り物にする」わけである。この取り組みにはグラデーションがあり，大阪のシビック・プライドをかけた入念かつ周到な「光のまちづくり」計画という規模の大きなものもあれば，駅前の街路樹やペデストリアンデッキに申し訳ていどのイルミネーションをつけてみる，といったレベルのものもある。いずれにしても2000年代に入ってから，街なかのイルミネーションを集客手段とする自治体の試みが，あちこちで展開されてゆく（面出薫＋光のまちづくり企画推進委員会 2006）。

　そのように「イルミを売り物にする」ことを可能にした，もう1つの重要なポイントがLEDの普及という技術的条件である。1993年に開発された青色LEDは，従来のイルミネーションに用いられた「ムギ球」とは異なり，省電力で，過熱せず，安価に大量生産できるLED電球を生み出した。状況が目に見えて変わったのは2003年頃で，その時期，中国で生産された安価なLEDが大量に流通するようになった（『朝日新聞』2015年10月31日夕刊）。「イルミを売り物にする」ことは，そもそもお金が掛かり過ぎると成立しない。安価なLEDが大量普及してこそ，各地の「光のまちづくり」は可能になったのである。

**「街なかイルミ」か
「郊外イルミ」か**

一方，「光のまちづくり」を横目で眺めていた，集客力低下に悩んでいた各地のアミューズメントパークもまた，「イルミを売り物にする」ことに手を伸ばしてゆく。その典型例が，長崎県のハウステンボスだ。1992年の創業以来の赤字続きに喘いでいたテーマパークは，2010年に開始した「光の王国」で黒字転換に成功し，その後も収益を伸ばすこととなった（『朝日新聞』2015年10月31日夕刊）。その規模も，当初は700万球だったのが，現在では1300万球にまで拡張している。この事例は魅力的なモデルとなり，各地のアミューズメント施設は，こぞって「イルミを売り物にする」成功パターンをなぞりだす。

　その結果，「街なかイルミ」か「郊外イルミ」かという大きな二択が，「イルミネーションを見に行く」ことの「普通さ」に組み込まれることとなる。前者は，日常の街を非日常的な光のスケープに変換し，クリスマスの街の特別感を味わわせる（＝その点ではまだしも意味や物語にほんのり依拠する）イベントであり，後者は，郊外のアミューズメント施設の巨大な敷地に，数百万球のLEDによる没入的な光の空間を創出し，圧倒的物量と先端技術の力で感動させる（＝意味や物語のレイヤーをすっとばして知覚にダイレクトに介入する）イベントである。いずれにしても，デパートのツリーを飾るイルミネーションという素朴な出自に照らすと，遙かな道のりをやってきた感がある。

**モノの増殖とコトバ
の増殖の支え合い**

長期不況下に競争圧力が増大し，魅力ある資源の開発が求められる——実態がそうだというよりも，そのような形で自分の置かれた環境が観察され，気にされる——なか，LED革命を1つの技術的な契機として，一方では，疲弊する自治体が「光のまちづくり」に着手し，他方では，窮乏するテーマパークが「光の王国」を創出する。そのようにして「イルミを売り物にする」ことが「普通」になるなか，脱「ツリー」化し，「イルミ」化したLEDのイルミネーションが，2000年代の日本に急速に増殖してきたのである。

　考えてみれば，「イルミを売り物にする」ことが技術的・経済的にやりやすくなり，街中にLEDのイルミネーションが張り巡らされるようになった時期は，ちょうど，雑誌の誌面上で「イルミ」という言葉が増殖し，様々な語彙と結びついて乱舞するようになった時期とぴったり重なり合う。つまり，都市空間におけるモノとしてのLED増殖と，言説空間におけるコトバとしての「イ

33

ルミ」増殖は，2000年代前半という時期に，お互いにお互いを支え合っていたのだ。

4　脱「イルミ」化するイルミネーション——専門家の出現とその帰結

イルミネーション産業の成立　「イルミ」化による光のイベントの増殖は，LEDや各種装置の生産・流通に関わる産業と，それについて語り，評価する専門家を生み出す。この動きはやがて脱「イルミ」化とも呼びうる独特の帰結をもたらすが，イルミネーションの現在形は，こうした「イルミ」化と脱「イルミ」化という2つの動きの落差のうちに捉えることができる。以下，その経緯を辿ってみよう。

　一方で「イルミを見に行く」ことと「イルミを売り物にする」ことのカップリングの成立は，そのカップリングに関連する「イルミを生産・販売する」「イルミをデザイン・設計する」アクターを生む。つまりはここに，イルミネーション産業という，新興の産業ジャンルが現れる。

　他方，産業の確立によって生産・流通がシステム化し，さらに多数の光のイベントが乱立する状況になると，やがてイルミネーションについて語り，評価する，権威ある「イルミ専門家」や「イルミ評価機構」のようなアクターが出現してくる。すなわち，あちこちで勝手気ままに展開される光のイベントの全体像を捉えたうえで，その動向や傾向を見定め，個別の光のイベントの出来映えを判定し，ランキングを設定したり，賞を創設・授与したりすることで，「イルミを売り物にする」アクターを序列づけ，方向づけると同時に，「イルミを見に行く」人々が「何を見に行けばよいのか」の指針を与える，そのようなご意見番的なアクターが出現する。

　ご意見番的アクターとランキング　ランキングに入るか否かは集客数を大きく左右したりするため，光のイベントを主催する自治体やアミューズメント施設にとって，そうしたご意見番はゆるがせにできない存在である。また，イルミネーション産業を担うアクターにとっても，市場の動向を見極めてくれたり，自分の仕事を評価してくれたり，「イルミを売り物にする」アクターと結びつけてくれたりする点で，ご意見番的アクターは，ぜひ仲良くしておきたい存在である。

　こうしたご意見番的存在となっているのが，一般社団法人夜景観光コンベンション・ビューローである。2012年に設立されたこの機関は，夜景観光の普及・啓発活動，人材教育・育成支援，ブランディング，夜景観光の資源・環境開発，等々の事業を行っているが，その中でも重要なのが，夜景観光士検定の実施と「イルミネーションアワード」授賞式の開催である。「アワード」は，毎年，全国の優れた光のイベントのランキングを発表するもので，そのランキングは，6100名（2021年度時点）の「夜景観光士」によるアンケート結果に基づいている。

　つまりこの機関は，意見を集約して権威あるランキングを作成するアクターであると同時に，その意見の持ち主自体を教育・選別することで，当の意見自体をもコントロールしている機関なのだ。早い話が，自分がつくった意見に基づいてつくったランキングを，権威あるものとして発表していることになる（とはいえこのランキングが胡散臭い，と言いたいわけではなく，あらゆる業界の評価機関は多少なりとも，このような自作自演的な性格をもつものである）。そのランキングは「今年のイルミネーションアワード結果発表！」といった形で，メディアを通じて一般に拡散され，人々もそれなりにきちんとしたランキングで選ばれたのだろう，となんとなくその結果を受け入れ，自分たちのイルミ選びの基準にしたりする。

脱「イルミ」化の動き　興味深いのは，こうした専門性の確立が，ある種の脱「イルミ」化の動きをもたらす点である。そのことを，「イルミネーションアワード」の部門構成を例にみてみよう。このランキングは(1)「総合エンタテインメント部門」と(2)「イルミネーション部門」，そして(3)「プロフェッショナルパフォーマンス部門」の3部門で構成されている。(1)は「イルミネーション装飾のみならず，映像やライティング技術，アトラクション施設，関連イベント等との組合せ傾向が強い冬期イルミネーションイベント」を対象とし，(2)は「LEDストリングス（紐形状）・ネットライト（網形状）・テープライト・モチーフライト等をメインに使用して演出展開する冬期イルミネーションイベント」を対象とし，そして(3)は「専門性，演出性の高い光の演出（プログラムを含む）が特に評価の対象となるイルミネーションイベント」を扱うとされる（ぴあ編 2021）。

　一般人目線で，光のイベントをざっくり「イルミネーション」や「イルミ」

と括っているかぎり，この部門構成の細分化は余計なことに見える。けれども少しでも体系的にその評価に着手しようとすると，「イルミネーション」という括りは，とたんにその粗雑さを露わにする。アトラクションと組み合わさることで魅力を発揮しているアミューズメント施設の光のイベントを，シンプルに街路樹を光らせているだけのイルミネーションと比較するのは奇妙だし，また，最新技術を注ぎ込み洗練されたプログラムで勝負している光のイベントも，それらと同じ平面では扱いにくい。

　というわけで，ランキングの信頼性と影響力が増すほど，その体系性と説得性を整備することが必要になり，その結果，部門別にどんな対象をどんな基準で評価しているのか，不断の言語化と明確化が求められるようになる。光のイベントについて語り，出来不出来を評価する専門性の成立は，「イルミ」というフラットな括りを内側から食い破り，カテゴリーや評価体系の絶えざる再編成と再調整を促す動きを生み出すのだ。これがつまり，あらゆる光のイベントを「イルミ」で済ませる「イルミ」化の動向のその先にある，専門性の確立による脱「イルミ」化の動きである（このことの傍証として，夜景観光コンベンション・ビューローのサイトや「夜景観光士検定」のテキストでは，「イルミ」という短縮形は用いられず，律儀に「イルミネーション」と記載されている）。

　「イルミ」化と脱「イルミ」化の間　とはいえ，そうした脱「イルミ」的な専門性や「業界」の存在などは，一般の人々にとってはかなりどうでもよいことだ。最初の方でみたように，ただキラキラしている光の表層そのものを楽しむのが，イルミネーションである。それは，言葉を介さないし，それを楽しむのに背景知識や教養は要らない点で，「花見」や「花火」と同列に並ぶ，季節ごとの定番イベントである。

　一般の人々にとって，イルミネーションを語る語彙は極端に少なく，「きれい」と「すごい」で感想はほぼ完結し，それ以上でも以下でもない。けれどもそれでまったく問題がない。というか，「きれい」と「すごい」で終われるからこそ「イルミ」は楽しいのだ。それは，貧困な言葉のみで成立する世界への閉じ込めというよりも，むしろ「きれい」と「すごい」のやりとりで完結できる世界への（一時的）解放である。「イルミ」のもたらす，この解放感と楽しさを手放す必要はまったくない。

　目の前のイルミを眺めて「きれい」と「すごい」という感想で終始するの

は，それはそれでよいし，他方，そうした目の前のイルミが，光のイベントを表すカテゴリーの歴史的変遷をもとに「イルミ」として見えていたり，諸種のアクターからなる網目に媒介されていたりすることに，ふと思いを馳せる――上記の論考で長々と試みてきたように――のも，それはそれで一興である。いずれにせよ，「イルミ」化と脱「イルミ」化の2つの動きの落差のうちに，イルミネーションの現在形がある。

　今後，「イルミを見に行く」ことの「普通さ」がどう遷移していくのかは，この2つの動きのバランスがどのように移行するかにかかっているだろう。そのバランスが大幅に変わる時，「イルミを見に行く」ことがやがて「普通」でなくなり，平成中頃から令和初期にかけて流行した，謎めいた奇習のように見えてくるかもしれない。

参考文献

石井リーサ明理，2004，『都市と光――照らされたパリ』水曜社。

一般社団法人夜景観光コンベンション・ビューロー編，2019，『夜景観光士検定公式テキスト　2級・3級』一般社団法人夜景観光コンベンション・ビューロー。

シヴェルブシュ，ヴォルフガング（小川さくえ訳），1997，『光と影のドラマトゥルギー――20世紀における電気照明の登場』法政大学出版局。

橋爪紳也，2003，『モダン都市の誕生――大阪の街・東京の街』吉川弘文館。

橋爪紳也・光のまちづくり推進委員会，2015，『光のまちをつくる――水都大阪の実践』創元社。

ぴあレジャー MOOKS 編集部編，2021，『絶景イルミネーション&ナイトアミューズメントぴあ2022』ぴあ。

ベルトラン，アラン&パトリス・A・カレ（松本栄寿・小浜清子訳），1999，『電気の精とパリ』玉川大学出版部。

堀井憲一郎，2017，『愛と狂瀾のメリークリスマス――なぜ異教徒の祭典が日本化したのか』講談社現代新書。

面出薫・光のまちづくり企画推進委員会，2006，『光の景観まちづくり』学芸出版社。

Edensor, Tim, 2017, *From Light to Dark : Daylight, Illumination, and Gloom*, Minneapolis: University of Minnesota Press.

『関西ウォーカー』。

『東京ウォーカー』。

┌─ 🖱 おすすめ文献・映画 ─

若林幹夫，2007，『郊外の社会学——現代を生きる形』ちくま新書。
　＊郊外住宅地での自宅イルミネーションを"新しい祭り"と位置づけ，同時並行
　　的に点灯しながらも個々ばらばらに営んでいる点に，郊外的な生の形を読みと
　　る。
ヴォルフガング・シヴェルブシュ（小川さくえ訳），2011，『闇をひらく光——19世
　　紀における照明の歴史［新装版］』法政大学出版局。
　＊光のテクノロジーがいかに夜間の行動や想像力の変容と関わってきたか，技術
　　的細部から社会の構造的次元までをつなぎながら縦横に論じる技術社会史。
クリス・コロンバス監督，ジョン・ヒューズ脚本，1990，『ホーム・アローン』
　　（*Home Alone*）〈映画〉。
　＊2000年代に日本の郊外住宅地でも拡大・増殖するようになった自宅イルミネー
　　ションのモデルになったと言われるのが，この映画に出てくるホーム・イルミ
　　ネーション。

┌─ 🐛 調べる・考える ─

・「イルミ」のように，いつの間にか短縮形をとって，様々な語彙と自在に結びつ
　くようになった言葉は他にもあるだろうか，考えてみよう。併せて，そうした言
　葉（が指す現象）に共通する特徴についても検討してみよう。
・背景知識や教養を必要とせず，「すごい」と「きれい」のやりとりで完結できる
　イベントや娯楽は他にもあるだろうか，考えてみよう。併せて，それらの共通点
　と相違点についても検討してみよう。

第3章	# わたしに"ちょうどいい"エキチカ消費 ——ルミネ的消費空間は，なぜ支持されるのか

中沢明子

1 わたしたちの"ちょうどいい消費"を叶えてくれる場所

通学・通勤のついでに「なんとなく」立ち寄る　大学や職場からの帰り道で，服を探したい時，ウィンドウショッピングしたい時，気の利いたお菓子を買いたい時，友人や恋人とブラブラしたい時，カフェでお茶したい時——。こうしたいろいろな「用途」に使えて，気軽に立ち寄れる場所と言えば，あなたはどこを思い浮かべるだろうか。

　東京ならJRの大きな駅に隣接するルミネ，家の近所の駅にあるアトレ，セレオ，エチカ，駅構内にあるエキュート，大阪なら大阪駅のルクア，ちょっと背伸びしてお高めなグランフロント大阪，北海道なら札幌ステラプレイス…といった，「駅に近い（＝エキチカ）ショッピングモール」が真っ先に「行先候補」に挙げられるのではないだろうか。

　特にルミネやルクアは，エルメスやルイ・ヴィトンのような超高級ブランドがあるわけではないが，地元の郊外のイオンにはない，高級セレクトショップや高感度な雑貨店がある，少し高価格帯のおしゃれな駅ビルである。ベタな日常空間ではないから，完全に気を抜くことはできないが，超高級ブランドが軒を連ね，お客さんの年齢層が高めの百貨店ほど気疲れはしない。そんなエキチカのルミネ的ショッピングモールは気軽に寄るのに「ちょうどいい」商業施設と言える。だから，特に意識することもなく，「なんとなく」立ち寄る機会が多いのではないか。

　「明日はルミネに行こう！」とわざわざ前日から予定を立てるわけではなく，通学・通勤の途中で「なんとなく」立ち寄り，コスメや雑貨をちょこっと買い，スターバックスコーヒー，略してスタバでコーヒーではなく，季節限定フ

ラペチーノを飲む。時には，デート前にトイレでヘアメイクを直すためだけに
立ち寄る日もあるだろう。

　なぜ，こうした「ルミネ的消費空間」に「なんとなく」立ち寄るのか。その
理由をいくつか考えてみよう。

**ルミネ的消費空間が
女性に「選ばれる」理由**　第1に，「駅を出たら，すぐ」という「地の利」が
圧倒的に良いから――。憂鬱な雨の日でも，びしょ
濡れにならずにお店に辿り着くし，乗り換えの途中に立ち寄りやすい「安心」
がある。

　第2に，「ちょうど今，気になっているおしゃれな商品やブランドが見つか
りそう」という期待に応えてくれるから――。ファッション，コスメ，飲食，
インテリア，雑貨など，多方面で「ちょうど今」欲しい「ちょっといいモノ」
が揃っている。激安ではないが，買えない額でもないモノがたくさん売ってい
るうえ，「ルミネに置いてあるならダサくない」という「安心」もある。大切
なお金を使うなら，買い物で失敗したくないだろう。だから，（自分の気に入っ
たモノであるのが大前提だが）ダサくないという「安心」はきわめて重要だ。

　第3に，きれいなトイレがあるから――。外出中に「あそこに行けば必ずき
れいなトイレがある」という「安心」は便利で尊い好条件だ。

　第4に，「今を生きる」女性に寄り添ったスタンスが，商業施設全体に漂っ
ているから――。特にルミネはシーズンごとに，若い女性に向けた力強いメッ
セージを発信している（図3-1）。たとえば，コロナ禍による自粛休業を経て，
すっかり日常が変わった2020年のクリスマスシーズンの広告コピーは「ほめよ
う。わたしたちを。」「MERRY GOOD JOB！」だった。この2つのメイン
キャッチコピーの間に，小さな文字の文章が挟まっているイメージポスターも
あった。

　ほめよう。
　わたしたちを。

　2020年のわたしたちは，つよかった。
　変化だらけの毎日を
　誰かのために，自分のために，がんばった。

だから胸を張ろう。

わたしがわたしでいるだけで。

あなたがあなたでいるだけで。

とってもとっても GOOD JOB！

さあ，クリスマスがやってくる。

1年分のココロを躍らせて，

わたしたちを高らかにたたえよう。

MERRY GOOD JOB！

LUMINE CHRISTMAS 2020

図3-1　2022年「株式会社ルミネ」秋キャンペーンのキービジュアル
JR駅構内を中心に発信された広告「わたしの星は，まだまだここからだ。」（筆者撮影）

　駅でポスターを見て「思わず泣いた」という人も少なからずいた印象的なコピーだ。こうしたコピーに象徴されるように，数ある商業施設の中でも，とりわけイマココにいる「わたし」の気持ちを分かってくれているような「安心」がある（ルミネ公式YouTube https://www.youtube.com/watch?v=Y_1w0n8KnQc&t=6s）。

　「わたし」にとって "ちょうどいい消費" が叶う　つまり，特に都市周辺で暮らす若い女性にとって，様々な「安心」が担保された商業施設である点がキーポイントであり，これがルミネ的なエキチカショッピングモールが支持される理由にほかならない。

　郊外のショッピングモールの代表的存在，イオンやららぽーとが地元の友達や家族とリラックスして過ごす，「ふだん着」の消費空間とすれば，ルミネやルクアのような都市のエキチカショッピングモールは，「わたしがわたしでいる」ために，ほんの少し自分を奮い立たせる，「おしゃれ着」の消費空間なのである。

　さらに言えば，「わたし」は日々，変わる。人間関係や社会の状況にも影響される。「今のわたし」が変化しながらも，自分自身を見失わず「わたしでいられる」ように——。

　消費空間を時代に即してアップグレードするルミネ的消費空間は，夢を持ち，未来に向かって「今を生きる」「わたし」の "ちょうどいい消費" を叶えてくれる場所と言えるだろう。

2　日常と超非日常の狭間を過ごす，第3の居場所

ハレでもなく，ケ で も な く　筆者は以前，『遠足型消費の時代』（中沢・古市 2011）で，消費の感度が高い女性に支持されて売れるモノの必須条件は「キラキラ」した「非日常感」をまとっているか否かだ，と指摘した。とんでもなく高価であったり，ゴテゴテしていたり，といった過剰な「ギラギラ」はノーサンキュー。「ふだん着」の「日常」から遠くかけ離れていない，「日常」と地続きの「キラキラ」した「プチ非日常」こそが，日々の生活にほのかな刺激をもたらすのである。

　ショッピングモールの歴史的背景や細かいジャンル分けについては，本章の目的ではないため割愛する。興味のある方は章末参考文献に挙げた書籍に目を通してほしい。

　ただ，おおまかにジャンルを説明すると，主に車で訪れる大多数のイオンやららぽーとは「郊外型」，都会のど真ん中に鎮座し，電車で行ける六本木ヒルズや東京ミッドタウン，グランフロント大阪などは「都市型」に分類される。両者はアクセスの仕方や入店している店舗やブランドのラインナップや価格帯がかなり異なる。

　また，ファストフードチェーンや雑多な店が入る駅ビルと，主にファッションを中心としたショップ構成のファッションビルといった商業施設もある。これらは厳密にはジャンルの異なる商業施設で，ルミネやルクアは駅ビル＋ファッションビル＋ショッピングモールを足して3で割ったような存在と言えるだろう。

　いずれにしても，極論すれば，一般的にイオンならジャージで行けても（本当にジャージで行くかどうかはともかく），六本木ヒルズにジャージ姿で訪れる勇気はない人が大半だろう。持っている服の中でも自分に自信が持てるお気に入りの「勝負服」を着て，足を運ぶのではないか。イオンは「日常」，六本木ヒルズは「超非日常」，あるいは「ハレとケ」と言っていいほどの差を感じるはずだ。

ほのかな刺激を与えてくれる，都市の中の "プチ非日常" 空間　そこで，再びルミネやルクアといったエキチカショッピングモールを，改めて思い浮かべ

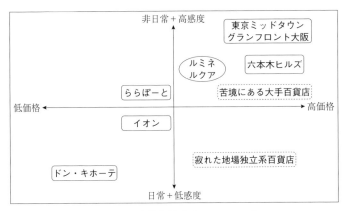

図3-2　商業施設ポジションマップ

出所：筆者作成。

てみてほしい。イオンと六本木ヒルズの中間の「ちょうどよさ」を感じないだろうか（図3-2）。

　昨今，モノを買う消費ではなく，アウトドアや旅行，飲食といった体験を買う消費を「コト消費」と言い表すマーケティング用語が広まっている。学校や職場と家の往復の合間に，安心・安全で気軽に立ち寄れるルミネ的エキチカショッピングモールという「プチ非日常」空間で時間を過ごすのも「コト消費」の一環だ。たとえ1円も使わずにブラブラするだけの日であっても，過去や近い未来にお買い物してくれた／くれる大切なお客様として，商業施設は歓迎するものだ。

　生活にささやかなアクセントやスパイスが加わる「プチ非日常」の時間は，実はとても貴重である。なぜなら，自分自身の人生をどうしたいか，どんな人間になりたいか，どんな生活をしたいかを考え，現実と夢の間で「ちょうどいい」塩梅，バランス，落としどころを推し量る機会となるからだ。

　そう言われると，「何をおおげさな」と思うだろうか。

　だが，あながちおおげさではない。自分が居心地良く，時間を過ごしたり，買い物したりできる消費空間はどこか。「なんとなく」であっても——むしろ「なんとなく」だからこそ——自ら選んで足を運ぶ場所は，今と近い未来の「わたし」と分かちがたい関係にある。

　学校や職場と家の往復の間に立ち寄るルミネ的エキナカショッピングモール

は，特に都市に住む若い女性にとって，社会的な肩書きを持った外向きの「わたし」と完全オフ状態の「わたし」の狭間で，誰にも気兼ねせず，「安心」して揺れ動くことができる「第3の居場所」と言えるだろう。

　通学・通勤の狭間に，社会的役割から一瞬離れて，「わたし」自身になれる，ワンクッションとなる場所は，あまりに地に足がついた「日常」の空間ではなく，ちょっぴり気分が上がる「プチ非日常」の空間がふさわしいのだ。

3　"都市に生きる"ガールズ消費の正解を探しに

「地の利」という
アドバンテージ　ところで，筆者がなぜエキチカショッピングモールの中で，ルミネを特別扱いするかのように"ルミネ的"と書くかというと，事実，ルミネが抜きんでて特別なエキチカショッピングモールだからである。昨今のおしゃれなエキチカショッピングモールの元祖であり，ビジネスモデルを構築し，他社がルミネを模倣した（！）結果，各地にルミネ的なショッピングモールができた，といっても過言ではない。

　株式会社ルミネは東日本旅客鉄道株式会社（JR東日本）の連結子会社だ。前身となる会社は1966年創業。民営化前の76年，国鉄新宿駅に隣接する駅ビルとして「ルミネ」の名を冠してリスタートし，民営化後の91年に都内の他の駅ビルの運営会社とともに株式会社として独立した。つまり，元国鉄という巨大企業のJR東日本傘下で，各地にあった駅ビルが元になっており，「地の利」という，なかなか他社が後から手に入れるのは難しい好条件を背景に持つ企業である。

　フラッグシップ的存在の新宿店の位置を見れば，それがよく分かる。東口，南口，新南口と各出口に「ルミネ1」「ルミネ2」「ルミネエスト新宿」「ニュウマン」と駅周辺をがっちりルミネ勢が固めている。ルミネエスト新宿は，ルミネのターゲットより少し若く，ニュウマンは「上質で本物」を見極める審美眼を持つワンランク上の大人の女性たち向け。ファッション誌が世代や志向によって細かく分かれているように，現在のルミネは自社内でターゲットの棲み分けを緻密に行っている。これは，それぞれのターゲットが疎外感を覚えずにどっぷりと自分が求める世界観に浸れる仕掛けで，商品やショップのセレクトはもちろん，共有施設や空間デザインが差別化されている。

　神奈川県の横浜駅も近年，駅の両側でルミネ横浜とニュウマン横浜，CIAL横浜が鎮座しており，同じく駅ビル＋ファッションビル＋ショッピングモール的存在のジョイナス横浜としのぎを削っている。ニュウマンとCIAL横浜は西口に2018年に建てられたJR横浜タワーの基幹施設で，CIAL横浜もまたJR東日本グループの一員である。横浜駅周辺も新宿駅同様，JRの「既得権益」たる「地の利」を存分に活かした戦略で，実に立ち寄りやすいエキチカショッピングモールでいっぱいだ。逆にそれらのどれかを通らなければ，駅の外に出られないのではないかとさえ思うほど，「わたし」に「ちょうどいい」エキチカショッピングモールの総本山のような土地柄である。

　駅ビルを誰の
　ために作るのか　ところで，新宿は京王百貨店や高島屋百貨店，小田急百貨店，小田急系列のショッピングモールのミロード（2025年閉店予定）など，駅に隣接した商業施設が他にも多くあるが（"ファッションの伊勢丹"と呼ばれる伊勢丹新宿店はJRから少し離れている），やはりエキチカの四方八方を固めたルミネの存在感は大きく，おしゃれに敏感な女性たちをごっそり取り込んでいる現状だ。

　ただ，現在のような"おしゃれなルミネ"になるまでに，当然ながら試行錯誤があった。特に「バブル時代」と言われる80年代から90年代前半は，渋谷や池袋にあるパルコが若者の消費を牽引しており，ルミネに「おしゃれな商業施設」としての存在感はそれほどなかった。ルミネが「変わった」のは，2000年代に入ってからだ。

　駅ビルである以上，駅を利用するすべての人に喜んで利用してもらうのが，いちばん正しいかもしれない。しかし，「駅を行き交う全員」に向けた商品やサービスとなると，網羅するべき範囲が広すぎて，結局，ぼんやりした最大公約数に向けたものになる。ぼんやりした商品陳列やサービスは，誰の心にも刺さらない。では，誰をターゲットにするべきか。

　消費欲が旺盛で，流行に敏感で，成長意欲がある女性である。

　具体的には，ターゲットを新宿のような大きな駅を行き交う，「都市に生きる」20〜30代の女性に絞り込んだ。

　誤解を恐れずに言えば，特に「おじさん」をターゲット客層から排除した。排除といったら，言葉が少し強いかもしれないが，「おじさん」が帰宅の途中にさしたる用事もなく頻繁にルミネに寄り，あれこれお買い物していく姿は…

たしかになかなか想像できない。そして，仕事帰りで少々くたびれている「おじさん」がいない空間は，若い女性が自分たちの世界観に浸り，安心して長居したくなる場所となる。蛇足ながら付け加えるが，「おじさん」が悪いわけではない。ただ，駅ビルを商売繁盛させる購買力のあるターゲットにはならない，というだけだ。

　そこで，女性の気持ちや事情，好みに寄り添った方向に軌道修正するために，生まれ変わろうとしたルミネは「4つのP」を練り直したと聞く。女性が今欲しい商品（プロダクト），駅ビルとしては少し高めのプライスゾーン（プライス），街のあちらこちらに散らばった最先端のセレクトショップやブランドの路面店でしか買えなかった商品をエキチカに置く（プレイス），若い女性の背中を押し，応援する広告（プロモーション）。

　言うは易く，行うは難しだ。そんな難しい大変換を実現させた立役者は誰か。ターゲットと同世代の女性たちである。

　ルミネのリブランディングの要はトイレだった　今は女性社員が大活躍しているルミネだが，かつては元国鉄という背景からも察せられる通り，「おじさん」が幅を利かせる企業だったという。しかし，「おじさん」に，流行に敏感で移り気な「若い女性」が好むものを上手に開発できるはずはない。宣伝・広告はもちろん，ショップのセレクトやバイイング，空間演出やインテリアなど，いわゆるソフトからハードまで，店舗開発の各部門に，ルミネがターゲットにしたい世代の女性たちが多く加わった。つまり，「都市に生きるわたし」自身が欲しい商業施設を，同じように一生懸命生きている，無数の「わたしたち」に向けて，形づくろうとしたのだ。

　ただ，それまでちょっと冴えない駅ビルというイメージもあったルミネに，若い女性たちが欲しい"イケてる"ブランドは当初，なかなか入店してくれなかったらしい。なぜ冴えなかったかと言えば，店舗デザインや共有部分が古くさかったからだ。そこで，"イケてる"ブランドショップが並ぶにふさわしい空間作りに大きな予算を割いた。

　新しい世界観を表現する空間にリニューアルするにあたって，特にルミネがこだわったのがトイレである。

　トイレは生理現象を解消する施設だが，女性にとっては一呼吸つき，身だしなみを整え，気持ちを新たにスイッチングする場所でもある。高級ホテルの美

しいトイレに行くと，優雅にゆっくりしたい気分になるが，ルミネは女性たちが気分良くヘアメイクを整えられるように，一部のトイレを独特のおしゃれな装飾を施した居心地の良い空間に変えた。せっかくお店で良い気分になったのに，トイレが普通のそっけないトイレだったら，気分が萎えてしまうからだ。魔法が解ける，といってもいいかもしれない。トイレまでの導線を雰囲気のあるアート写真やキュートな壁紙，レトロなデザインの大きな姿見などを配置して彩り，ゆったりした手洗いやヘアメイクスペースで落ち着いてしっかり身支度ができる。そんな女の子にとっての夢の化粧室——。たかがトイレ，されどトイレ。トイレにかけた予算は非公開だが，筆者が小耳に挟んだ情報では，億単位のお金をかけたらしい。

　つまり，清潔でかわいい装飾が施されたトイレは，若い女性にターゲットを絞った新生ルミネのブランディングを象徴する要だったのである。

　話題の商業施設が誕生すると，「視察」する大人たちが館内をよく歩き回っているが，視察する「おじさん」は女性トイレに入る機会がないこともあり，当初，ルミネの真価が分かりづらかったと思う。しかし，女性たちは瞬時にこう感じた。「こんな駅ビルを求めていた！」と。

　今でこそ，トイレに工夫を凝らした商業施設が各地に増えたが，トイレまでかわいい，新しい感覚の駅ビルに生まれ変わったルミネの登場は，まさに衝撃だった。「今を生きる」ガールズ消費の正解が「可視化」された瞬間である。

　ルミネのコーポレートメッセージは「わたしらしくをあたらしく」だ。

　「地の利」というアドバンテージに甘んじることなく，都市に生き，自分らしく生きようとする若い女性たちの欲望の半歩先を，顧客の「真横」で並走しながら，ルミネは今も現在進行形で探り続けている。

4　同質化された消費空間の中で

**増殖するルミネ的エキチカ
ショッピングモール**　商業施設を「消費の殿堂」と表現することがあるが，まさに「ガールズ消費の殿堂」の「作り方」をルミネがひとまず可視化した。

　となれば，我も我もと他社も追随して模倣するのが厳しいビジネスの世界だ。特に2011年に大阪のルクアが誕生した時に，関東の女性たちは「名前も中

身もルミネみたい」と話したものだが，もちろん，都市は東京だけではない。各都市のエキチカにガールズ消費の殿堂が生まれ，多くの女性たちが安心して立ち寄り，キラキラとした空間の中で楽しい時間を過ごせるようになるのは，基本的には良いことだ。

「基本的には」と筆者があえて書いた理由は，おしゃれなエキチカショッピングモールも全国に増殖したら陳腐化する。「わたしらしさ」を探したいのに，他の誰かと似たり寄ったりの「わたし」しか見つけられなくなる可能性が出てこないだろうか。老婆心ながら，それをいささか懸念している。

サザンオールスターズの「ミス・ブランニュー・デイ」（1984年）という曲では，"誰かと似た身なり"のおしゃれをして，"皆同じそぶり"のありきたりな行動をとる，イマドキの女性を"割りとよくあるタイプの君よ"と呼ぶ。そして，時代にしなやかに適応する一方で，自らの個性と真摯に向き合わない軽さを漂わせる，その"粋な努力"に悲哀とせつなさを見てとっている。

1984年と言えば，約40年も前に発表された曲だが，今もサザンオールスターズの数ある人気曲の中でも，よく聴かれている作品だ。Spotify や AppleMusic など，音楽のサブスクリプションサービスを利用している人なら，サザンオールスターズと検索すると上位にピックアップされていることが分かるだろう。ぜひ一度，歌詞に注目して聴いてみてほしい。きっと，ハッとするはずだ。

つまり，当時サザンオールスターズの桑田佳祐が持った問題意識は，約40年後の今も変わらず，時代を超える普遍的な「問題」を切り取ったものと言える。その問題とは何かと言えば，「同質化された消費空間の中で，人は本当に多様なそれぞれの個性を見つけられるのだろうか」という問いだ。

同質化が「わたしらしさ」を見えづらくする？　話がそれるようだが，筆者は YouTube で素敵な家に住む人たちのルームツアーを観るのが好きだ。いつも楽しく視聴しているが，それでも少し気になるのが，「わたしらしさ」にこだわっているはずの人たちの家に置かれた家具や小物が「カブっている」こと。

たとえば，オーストラリアの高級スキンケアブランド「イソップ」のハンドソープが，バスルームやキッチンに置かれている確率がびっくりするほど高い。日本だけでなく，海外のおしゃれな部屋にもイソップのハンドソープが高確率で置いてある。21世紀の今の時代，もはやライフスタイルの同質化はグ

ローバルな「問題」と言っていいかも
しれないとさえ思う。

　「街でよく見るタイプ」の筆者の自
宅にも、イソップのハンドソープが以
前から置かれている（図3-3）。筆者
の好みというバイアスがかかった動画
を選んで――というか、YouTube や
Instagram にリコメンドされて――観
ているのだから、「カブっている」の
は当然かもしれない。イソップは心癒
される、とても良い香りで、ハンド

図3-3　「イソップ」のハンドソープ
筆者も自宅に在庫を切らしたくないあまり、
つい買いだめしてしまう（筆者撮影）。

ソープとしては引くほど値段が高いが、人気の理由は個人的にもよく理解でき
る。残念ながら、筆者の自宅はおしゃれな部屋に全然なっていないが、生活の
中の「プチ非日常」として奮発し、気分を上げる「効能」がある逸品だ。

　だとしても――。他に個性を感じさせる、香りの良いハンドソープはないの
だろうか。いや、あるに決まっている。しかし、買い物で失敗したくない。
「あのイソップを使う私」という自己承認欲求のためなら大枚をはたく価値が
（きっと）あるはず……。こんなふうに、まったく若くない筆者自身も同質化に
絡めとられ、「わたしらしさ」を見失っているような気持ちに、手を洗いなが
ら、ふとなることがある。

　槇原敬之が作詞・作曲した「世界に一つだけの花」（2002年）で歌われたよう
に、人は「一人一人違う種を持つ」多様性に満ちた存在だ。その尊い多様性
が、同質化された消費空間の中で、知らず知らずのうちに、スポイルされてし
まわないか。そうした問いに自ら苛まれるのだ。

「わたしらしくをあたらしく」
するガールズ消費の殿堂　ちょうどルミネが生まれ変わり始めていた2004
年に、評論家の三浦展が「ファスト風土化」と
いう言葉を使い、郊外に同じようなショッピングモールやファストフード
チェーンが出来ることによって、日本の風景の独自性が失われていく現象に警
鐘を鳴らし、大きな話題となった。

　限界集落でもない限り、全国どこででも、気軽に同じような消費空間で同じ
モノが買え、同じように過ごせるようになったのは、ファスト風土化の「おか

げ」である。多くの人々がいろいろなモノが買えるようになることを「消費の民主化」と呼ぶが，その利便性は「日本の風景の独自性が失われる」現象とトレードオフなのである。とはいえ，当時のファスト風土化問題はあくまでも「郊外」の話だった。

　しかし，ルミネ的エキチカショッピングモールが増え，イオンのようなファミリー層向け駅ビルも続々と生まれている近年，ファスト風土化は「都市」の話でもある。

　やや行き過ぎた感がある同質化の反動か，2020年前後から，エキチカを離れた街中にあるレトロな喫茶店や雑貨店，ヴィンテージショップが人気だ。同じモノがなかなか見つからない古着は，究極の個性の発露と言えそうだが，ラグジュアリーブランドの定番商品の中古品も広く注目されており，価格が高騰化している。こうした中古品市場やメルカリに代表される個人間のリサイクル消費も気になるテーマだが──それはまた別の機会に考察するとしよう。

　いずれにしても，今や「ガールズ消費の殿堂」は，「わたしらしくをあたらしく」するヒントをもたらしてくれる，都市に生きる若い女性に「ちょうどいい」必要不可欠な存在と言える。その点を強調して本章を締めたいと思う。

参考文献

東浩紀編，2010，『思想地図β　Vol. 1　ショッピング／パターン』合同会社コンテクチュアズ。
中沢明子，2014，『埼玉化する日本』イースト新書。
中沢明子・古市憲寿，2011，『遠足型消費の時代──なぜ妻はコストコへ行きたがるのか？』朝日新書。

🖊 おすすめ文献・映画

三浦展，2004，『ファスト風土化する日本──郊外化とその病理』洋泉社新書y。
　＊日本各地のロードサイドがチェーン店に埋め尽くされていくなか，その土地らしさが失われていく現象に警鐘を鳴らしたベストセラー。
鹿島茂，1991，『デパートを発明した夫婦』講談社現代新書。
　＊世界初の百貨店／デパートは，1852年に誕生したパリの「ボン・マルシェ」とされる。「消費の民主化」と「買い物の楽しさ」を大衆に知らしめた，創業者ブシコー夫妻の物語。
マシュー・ミーレー監督・脚本，2013，『ニューヨーク・バーグドルフ　魔法のデ

パート』(*Scatter My Ashes at Bergdorfs*)〈映画〉。
＊ニューヨークの超一等地，5番街にある超高級でモードな百貨店のドキュメン
　タリー。熱烈な顧客を多数持つ，特別な雰囲気を醸し出す商業施設の様々な
　「魔法」を解き明かす。

⚘ 調べる・考える

・「わたし」が居心地良く，安心して，気軽に立ち寄れるのはどんな商業施設だろ
　うか。
・「わたしらしさ」を買い物によって発見できているだろうか。

第4章	「女子」たちの趣都
	——彼女たちが乙女ロードへ行く理由

塚 田 修 一

1　ある日の東池袋

　東京・池袋駅の東口を出て，高層ビル・サンシャイン60が聳えるサンシャインシティの方向にしばらく歩いてみよう。首都高の下の横断歩道で信号待ちしている時に，ふと周囲を見回すと，「執事喫茶」や「アニメグッズ買取・販売」といった店舗が点在していることに気が付く。横断歩道を渡って間もなく，サンシャインシティの向かい側の道路沿い200メートルほどにわたって，「アニメイト」や「らしんばん」といったアニメグッズを扱う店舗や，「K-BOOKS」などの女性向け同人雑誌を扱う店舗，さらには「執事喫茶」「男装カフェ」などが密集している空間に辿り着く。ここが「乙女ロード」である（図4-1）。

　この乙女ロードを行き来し，店舗に出入りしているのはほとんどが女子である。キャリーケースを引き，2～3人で連れ立って歩いている女子も多く，皆一様に楽しそうである。彼女たちのバッグやリュックに目をやると，必ずと言ってよいほど，アニメキャラクターのアクリルキーホルダーやぬいぐるみ，あるいは缶バッジが付いている。「痛バ（痛バッグ）」と呼ばれる，アニメキャラクターの缶バッジやぬいぐるみを全面に散りばめた自作のバッグを持つ女子もここでは珍しくない（後に検討するように，この「痛バ」は彼女たちにとって重要なアイテムである）。

　ここでは，アニメグッズはもちろん，コスプレや，男性同士のホモ・セクシャルが描かれた作品などを愛好する「腐女子」向けのBL同人誌など，女子のオタク趣味関連のあれこれ——それらを差し当たり「乙女的なるもの」と呼んでおこう——が揃う，女子のオタク趣味に最適化された空間なのだ。本章では，この乙女ロードを通して，女子にとっての趣味と都市経験について考察したい。

図4-1　「乙女ロード」に並ぶ店舗（筆者撮影）

そもそも，この乙女ロードはいかにして形成されたのか。まずはその成り立ちと展開を確認しておこう。

2　乙女ロードの形成

東池袋の当地が「乙女ロード」と命名されたのは2004年のことである（森川2007：125）。『ぱふ』2004年5月号の「ぶらり途中下車の旅」という連載記事の中で，2人の女性編集者（㋡と㋫）が池袋駅東口で「アニメイト」「K-BOOKS」「まんがの森池袋店」「コミックとらのあな池袋店」を巡る。

㋡「そんなこんなで池袋。サンシャイン60はデカ高いねえ。だがそんな名所に目もくれずアニメイトに突撃する女2人って世間的にどうよ。」
㋫「世間が許さなくても，ぱふ読者は許してくれるさ…。この辺は女子向け同人＆グッズショップの密集地帯で，㋡と㋫は勝手に「乙女ロード」と呼んでいます。品揃えはアニメイトが新品で，その周辺が中古＆新品って感じかな。」
（『ぱふ』2004年5月号：146）

この空間が「乙女ロード」と呼ばれ得る，「女子向け同人＆グッズショップの密集地帯」となった端緒は，1983年にアニメグッズ専門店「アニメイト」第

１号店が出店したことである。創業者の高橋豊によれば，出店に際し，立地の知名度は必須だが，あえて新宿や渋谷は外したという（『朝日新聞』2015年11月5日朝刊：23）。94年には，女子向け同人誌を扱う「K-BOOKS（ケイブックス）」が池袋に進出する。創業者の大塚健は，コミックマーケットという限られた場所で取引されていた同人誌の希少価値に目をつけ，２年前から巣鴨で中古同人誌の買い取り・販売を始めていた。大塚は，「アニメイト」がいつも繁盛しているのを見ており，サンシャイン60に来るたびに，「ここにはうちのお客さんがたくさんいる。いつかはこの近くに店を出したい」と考えていたという（大塚 2012：70）。

　2000年に「アニメイト」が９階建てにリニューアルし，建物内でファンイベントを頻繁に行い，女性客が急増する。ほぼ同時期に秋葉原に男性のオタクが集中したため，池袋の各ショップでは女性向けサービスや品揃えを強化し，差別化を進めていった（「［女のオタク］は何に萌えているのか」『SPA!』2005年９月13日）。先述の「K-BOOKS」も，2000年頃から池袋の店を女性向けに特化させ，2006年には“世界初”の「執事喫茶」を開店する。容姿端麗な男性が執事に扮して女性をもてなす店で，予約で連日満席となる大ヒットとなり，テレビや雑誌でも取り上げられた（『朝日新聞』2015年11月5日朝刊：23）。この頃の乙女ロードについて，アニメ情報誌は次のように紹介している。

　　「乙女ロード」は，東京・池袋にあるストリートのこと。ここは全国のアニメファン（乙女限定）の超人気スポットとなっていて，たった200メートルくらいの道沿いに，BLチックな執事喫茶や『学園ヘブン』や『プリンセス・プリンセス』を重点的に扱ったアニメ専門店などが，８店舗も集中している。男子禁制とはいわないけれど，限りなく乙女寄りの空間が広がっている。〔中略〕「乙女ロード」はたった200メートルの徹底的に完璧な世界。その区画は，一分の隙もなく乙女であろうとする空間だ。「乙女ロード」に踏み入れたら，その瞬間，私たちはお嬢様。その気概をもって，おしとやかに，さあ，池袋に行ってみよう！

　　　　　　　　　　（「乙女ロードで休日を」『アニメージュ』2006年８月号：139）

　さらに2008年には乙女ロードの裏通りに「アニメイト」のコスプレ専門店

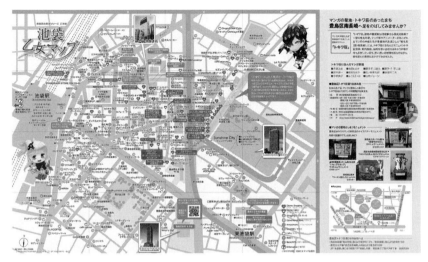

図4−2　「池袋乙女マップ」（豊島区文化商工部文化観光課・アニメイトグループ株式会社リンク発行）

「ACOS 池袋本店」がオープンしている（『週刊東洋経済』2009年3月14日：132-133）。現在では，このコスプレ専門店が並ぶ通りは「コスロード」と呼ばれている。

　このように乙女ロードは，大企業の戦略的意図や行政の主導によって造られたわけではなく，「アニメイト」を起点としつつ，20年ほどの時間をかけて，じわじわと形成されていったのである。

　乙女ロードの命名から15年以上が経過した現在もなお，この空間の賑わいは衰えていない。現在は，もともと乙女ロードと呼ばれていた通り沿いに留まらず，東池袋一帯に，「乙女的なるもの」を扱う店舗が点在している（図4−2）。アニメ作品との「コラボカフェ」が期間限定で営業することも多い。東京のオタクスポットを紹介する最新のガイドブックでは，池袋・乙女ロード（一帯）について，「おそらく世界一乙女グッズが揃っている街であろう」と説明している（コミケ Plus 編集部編 2022：8）。

　特に2000年代以降の都市と趣味の関係性を考え合わせると，この乙女ロードの繁栄は興味深い事例である。2000年代以降，顕在化したのは，オタク趣味の消費や実践における地域差の消滅である。今やアニメグッズはわざわざ東京・池袋の「アニメイト」に出掛けなくてもネットショップで手に入るし，アニメ

やマンガのコンテンツも，都市部とタイムラグなく全国で享受することができる。大倉韻が指摘しているように，現在はオタク趣味のモノ消費には有意な地域差がないのである（大倉 2021）。さらに大倉は，コンサートやライブ，握手会・サイン会への参加，また「聖地巡礼」といったオタク趣味のコト消費についても，有意な地域差がないことを明らかにしている。すなわち，オタク趣味の消費や実践は，もはや都市部だけのものではないのだ。

　そうであるにもかかわらず，オタク趣味を持つ女子たちは，わざわざ池袋の乙女ロードに足繁く通う。この空間の何が彼女たちをそうさせるのであろうか。もちろん，既に見たようにここには「乙女的なるもの」を扱う店舗が豊富に揃っていること，またリーズナブルでセンスの良い洋服や雑貨を扱う店舗が多数入っているサンシャインシティが隣接しているという立地条件の良さも指摘できるだろう（杉浦 2006）。しかし，そうした「利便性」にとどまらない理由があるのではないか。乙女ロードにおけるオタク女子たちの都市経験に着目して，「彼女たちがそれでも乙女ロードへ行く理由」を考えてみることにしよう。

3　趣都の比較論

秋葉原：オタク趣味の露出　まず，この乙女ロードという空間の特徴をどのように理解すればよいのか。オタク趣味やサブカルチャーと結びついた他の都市空間と比較することによって，それを明らかにしてみよう。比較対象として相応しいのは，オタクの街・秋葉原であろう。

　秋葉原と池袋のオタク系専門店の分布状況を比較検討した長田進と鈴木彩乃によれば，(1)秋葉原がオタクの“街”を形成しているのに対し，池袋・乙女ロードは，“道”を形成していること，(2)秋葉原ではオタク系専門店が“顔”であるのに対し，池袋では目立たない“秘密の隠れ家”的存在であること，(3)秋葉原のオタク系専門店は，多分野にわたり，店舗総数も多いのに対し，池袋では種類が限られ，小規模であることが指摘されている（長田・鈴木 2009）。すなわち，秋葉原では，多ジャンルのオタク系専門店が街全体に展開しているのに対し，池袋では，限定的なジャンルのオタク系専門店が乙女ロードという狭い空間に隠れ家的に集まっているということである。

図4-3　オタク趣味が「露出」した秋葉原（筆者撮影）

　では，なぜ秋葉原ではオタク系店舗がかくも街全体に展開するようになったのか。森川嘉一郎は，「オタク趣味の構造」がそれをもたらしたことを指摘する（森川 2008）。

　ではなぜ，オタク趣味の商品に対するかくも大きな需要が，秋葉原というその場所に，組織的開発もなく発生したのか。〔中略〕それは，他の場所にないような著しい人格の偏在が，秋葉原に起こっていたからである。〔中略〕それはパソコンを好むマニアの集中によって発生した。そしてパソコンを好む人は，アニメの絵柄のようなキャラクターを好み，そうしたキャラクターが登場するアニメやゲーム，ガレージキットも愛好する傾向がある。オタク趣味の構造である。その趣味の構造が，歴史や地理，行政といった旧来的な構造に代わる新しい街の形成構造として，秋葉原の変化をもたらしたのである。
（森川 2008：55-56）

　ここで言及されているオタク趣味が主に「男子」のものであることも重要である。秋葉原は男子のオタク趣味に即して形成された「趣都」なのである。そして秋葉原では，オタクたちの趣味が都市空間に露出し，あたかもオタクの個室――たとえば美少女アニメキャラクターのポスターが壁に貼ってあるような部屋――が街と連続しているかのような様相となる（図4-3）。

マイナーな人格の都市的な偏在という特殊な状況が，それまでなら隠されて
きたような彼らの趣味を都市に露出させ，個室が表通りや公共空間と連続す
るという，都市空間の変質を引き起こしたのである。メインストリームでは
なく，マイノリティであるという，オタクのポジションであると同時に指向
性でもある特徴こそが，秋葉原の変化をそれまでのコマーシャリスティック
な開発と隔てる最大の特質である。　　　　　　　　　　　　（森川 2008：61）

　このオタク趣味の「個室化」が秋葉原という「趣都」の特徴である。

乙女ロード：趣味との「関わり方」の反映　第2節で確認したように，池袋・乙女ロードも大企業の戦略的意図や行政の主導によって造られたわけではなく，女子のオタク趣味に即して形成されていた。その意味では，乙女ロードも「趣都」である。しかし，秋葉原のようにオタクの個室が街全体に露出するかのような「個室化」は，乙女ロードでは起こらなかった。

　図4-1のように，乙女ロードに展開している店舗の多くは，外からは何を
扱う店舗なのか分かりづらくなっている。実際，池袋に進出した「K-
BOOKS」は，乙女ロードにある雑居ビルの2階に出店したが，その環境を創
業者の大塚健はメリットと考えていた。「店で扱っている商品の中には，マニ
アックなものも多数あり，簡単にお店に入れるようにはしたくなかった。だ
から，2階にあるこの店は，店頭で誰でも覗ける店にはならない，というところ
も気にいった」（大塚 2012：70-71）。執事喫茶や男装カフェも同様で，看板やパ
ネルが無ければそうと気付かない，地味な佇まいである。つまり，ここではオ
タク系の店舗であることは基本的に隠されているのだ。

　ただし，それらの店舗内に一歩入れば，女子のオタク趣味が全面的に展開さ
れている（図4-4）。そこでは，「○○受け」や「○○×△△」（前者が攻めで，
後者が受け）といった形──『テニスの王子様』の同人誌であれば，「リョーマ
受け」「不二×手塚」など──で，商品がジャンルや嗜好で細分化されて陳列
されているのである（『AERA』2005年6月20日：43）。

　こうした乙女ロードの空間には，女子のオタク趣味との「関わり方」が反映
されている。女子は自らのオタク趣味を積極的に開示することを避けてきた。
たとえば，腐女子には「カクレ」という隠語がある。腐女子の実践を自らのコ
ミュニティ以外では見せないようにする，いわば「不可視化実践」が，彼女ら

図 4-4 「池袋乙女ロード」の店舗内を描いた記事（『女性自身』光文社, 2006年2月7日号, 180-181頁）

の想定する「腐女子のあるべき姿」の達成につながるのだ（岡部 2008）。彼女たちは他者，特に非オタクに自らのオタク趣味を悟られないよう，周到に行動するのである。

　しかし，自らと同じ趣味を共有する友人には，きわめて饒舌に自らの趣味嗜好を開示する。いわゆる「萌え語り」に興じるのである。また，彼女たちのオタク趣味への嗜好は細分化されている。一口にアニメが好きといっても，ジャンルはもちろん，キャラクターや，キャラクター同士の関係性（カップリング）まで細分化されており，それに強いこだわりを持っている。

　乙女ロードにおける，オタク趣味が街全体に露出せず，オタク系店舗であることが隠されているのは，このオタク女子たちの「オタク趣味を隠す振る舞い」の反映である。実際，「K-BOOKS」が乙女ロードの奥の方に店舗を移転することになった際，客から，その"奥まった感じ"が同人誌を買いに行く時にはむしろ良いと言われ，店舗を訪れる客数が増えたという（マイナビ『東京3大聖地攻略ガイド2014：秋葉原・中野ブロードウェイ・池袋乙女ロード』：90）。ここではやはり「隠されていること」が重要なのである。

図4-5 オタク女子のBL本ショッピングを描いた漫画（ふじた『ヲタクに恋は難しい』3
巻，一迅社，2017年，58-59頁） ©ふじた/一迅社

　さらに，乙女ロードの店舗内部に全面的に展開される細分化された陳列棚
は，オタク女子たちの「コミュニティ内部への饒舌さ」および彼女たちの細分
化された嗜好の反映である。
　漫画『ヲタクに恋は難しい』（ふじた・一迅社）の主人公・桃瀬成海は，周囲
に自らのオタク趣味を隠している，いわゆる「隠れ腐女子」である。ただ，コ
スプレが趣味の先輩社員・小柳花子とはオタク仲間として仲が良く，昼休みに
「萌え語り」で盛り上がることもある（だが2人のカップリングの嗜好は一致する
ことはない）。そんな2人が会社帰りに，「アニメイト」と思しき書店を訪れ，
成海が花子の嗜好に合わせてBL本をナビゲートするシーンがある（図4-5）。
乙女ロードの店舗内部では，こうしたオタク趣味を持つ仲間同士の「萌え語り
の延長戦」とでも言うべき営みが可能なのである。
　秋葉原がオタク男子の「個室」であるならば，乙女ロードの有り様は，さし
ずめ，オタク女子の「シェルター（隠れ家）」に擬えることができるだろう。

4　乙女ロードの自由と不自由

「好き」を誇示
できる舞台　オタク趣味を持つ女子たちは，この乙女ロードにおいていかなる経験をしているのだろうか。オタク趣味を持つ女子学生たちと雑談していた際に，「乙女ロードを歩いていると安心する」という発言があった。「乙女ロードには，同じような趣味の人しか居ない。［だから安心する］」と彼女たちは言う。「じゃあ，緊張する街は？」と聞いたところ，少し考えて，「渋谷。全然行かないけど。」と答えた。乙女ロードにおける「安心」と，渋谷における「緊張」。それぞれの感覚をもたらしているものは何なのだろうか。まずは渋谷の「緊張」について考察してみよう。

　吉見俊哉は，1980年代の渋谷の都市空間を，演じられる舞台として論じている（吉見 1987）。パルコによる開発で，渋谷の道には「公園通り」や「スペイン坂」，「オルガン坂」といった（なんとなく）お洒落な名前が付けられ，また，装飾を施した電話ボックスや，ウォールペイントなどが設置されることで，渋谷の街は「舞台」として整えられていく。この渋谷という舞台において，人々は自らを演出しなければならない。流行の服を身につけ，流行りのメイクをし，話題のお店に行き，流行りの品物を購入する。そうやって，「オシャレな自分」や「かわいい自分」を演じるのである。

　ここで重要なのは，渋谷という舞台における演技が，他者のまなざしによって規定されていることである。この舞台では，好き勝手な演技をする——たとえば地元の郊外の街を歩くのと同じようなラフなメイクや格好で渋谷の街を歩く——わけにはいかない。すれ違う人の視線をたえず気にして，流行に合わせた服装になるよう気を遣う。場違いなメイクやファッションになっていないか，常に他者のまなざしを取り込み，自らをモニタリングしなければならないのである。そしてここでは他者との差異化のゲーム——マウントの取り合い——が行われる。「ダサいもの」「かわいくないもの」は，この舞台から排除されてしまうのだ。——もっとも，1990年代以降の渋谷には，「脱舞台化」が指摘されている（北田 2002）。渋谷は，他の地域にもあるようなテナントが相対的に多く集積しているにすぎない，「情報アーカイブ」となってしまった（だから，学生たちも渋谷には「全然行かない」）。渋谷で学生たちに「緊張」をもたら

図4-6　「痛バ（痛バッグ）」（学生提供）

しているのは，他者のまなざしに規定された演技および差異化を強いられることの名残なのであろう。

　乙女ロードもオタク女子たちの「舞台」として捉えてみよう。ただ，この舞台は渋谷とは性質が異なっている。ここでは，他者のまなざしに自分を合わせたり，他者との差異化のゲームに腐心する必要はない。「同じような趣味の人しかいない」乙女ロードは，オタク女子たちが安心して自分の「好き」を誇示できる舞台なのである。

　乙女ロードにおける，「好き」の誇示を物語るアイテムが「痛バ（痛バッグ）」である。「痛バ」とは，自分が推しているアニメキャラクターの缶バッジやぬいぐるみを全面に散りばめた自作のバッグである（図4-6）。乙女ロードを歩くと，必ずこの「痛バ」を持った女子とすれ違う。彼女たちは，自らの「好き」を可視化した「痛バ」を介して，無言のうちに，だが明快に，お互いの嗜好を推し量り，それを肯定し合うのである。非オタクの他者から見て，その名の通り「痛い（イタい）」アイテムであることを十分に自覚している彼女たちは，学校や勤め先にこの「痛バ」を持ち込むことはしないし，これを持って渋谷の街を歩くこともしないだろう。だが，「同じ趣味の人しか居ない」この乙女ロードでは，心置きなく自らの嗜好を誇示することができる。この「自由さ」を享受するために，オタク女子たちはわざわざ乙女ロードに足を運ぶのである。

乙女ロードの不自由？　ただし，このように乙女ロードにおける都市経験の「自由さ」が指摘できる一方で，そこにはある種の「不自由さ」も見出すことができる。『ぱふ』編集部がオススメする乙女ロードを歩くモデルコースは次のようなものである。

　池袋駅に降りてから，まずはサンシャインシティのある東口へ。乙女ロードまでは東急ハンズのある60階通りを突っ切るのが一番の近道なんだけど，なにせ映画館からゲームセンター，カラオケ店，各種飲食店など，あらゆる遊び場が揃った目抜き通りなので，もう人ヒトひとで混雑しまくり（怒）。い

ろいろと用を足すには便利なんだけどね～。人混みが苦手だったり、ちゃっちゃかと目的地まで辿り着きたい人は、一本左のサンシャイン通りを抜けて行くといいよ☆

そうしたら乙女ロードはもうすぐそこ！アニメイトから始まり、らしんばん、K-BOOKSと進んでいくに従って、な、なんだかっ、自分の萌えゴコロが濃縮されていくような気がっっ！道端で買った物を立ち読んでいる子たちもいるしっ！すごく解放的だな。でもあんまり通行の迷惑にならないようにね（汗）。私は家に帰ってコソコソ読みます（笑）。

（『ぱふ』2006年9月号：20）

　ここで注目したいのは、駅から乙女ロードまでの池袋の街のコンテクストが、邪魔なものとして素通りされていることである。そもそも、池袋は猥雑さや不良性を多分に有した街である（中村・花房 2022）。実際、現在も池袋駅北口には風俗店やラブホテルが林立しているし、池袋西口公園は、テレビドラマ『池袋ウエストゲートパーク』（2000年・TBS、原作は石田衣良）で活写されたように、かつては不良の溜まり場であった。だが、乙女ロードを訪れる女子たちにとって、そうした池袋のコンテクストは意識されないのだ。実際、横浜市の自宅から電車で1時間半かけて、毎週のように乙女ロードに通っているという学生に、「池袋は怖いイメージがあるから、そんなにしょっちゅう池袋に行っていると親御さんに心配されるのでは？」と尋ねたところ、きょとんとされ、「池袋って怖い街なんですか？」と言われた。彼女は、池袋に足繁く訪れていながら、乙女ロードの外部に広がる池袋の街のコンテクストを素通りしているのである。

　池袋駅から迷わずまっすぐに乙女ロードにやってきたオタク女子たちは、行き慣れたいつものお店を回り、期待通りの商品を手に入れ、期待通りのサービスを享受する。そして池袋の繁華街には目もくれず、池袋駅から帰っていく——。それはたしかに快適で安全な都市経験であろう。しかし、わざと回り道をしてその街の意外な表情を発見したり、初めて入るお店の前でドキドキしたり、いつもとは違うルートで帰る途中、たまたま見つけたお店で思わぬ掘り出し物に出会ったり——。それも、都市経験の愉悦であるはずだ。それらが、ここ乙女ロードではあらかじめ削がれてしまっている。ここでは期待通りの都市

経験しかできなくなっているのである。

　そうした乙女ロードは，どこかショッピングモールに類似している。もちろん，乙女ロードにモールのような物理的な壁があるわけではない。しかし，乙女ロードは，あたかもモールのように，外部の環境に対し背を向け，その内部は自己充足的な空間になっているのである（若林 2010；近森 2014）。

5　乙女ロードのポリシー

男性のネガティブな
まなざしからの自由
　女子のオタク趣味に最適化された乙女ロード。ここから観察してきたのは，オタク女子たちの都市経験の「自由さ」と「不自由さ」である。しかし，それでもこの空間の「自由さ」の方を積極的に評価しなければならない。現在の乙女ロードには，オタク女子たちにとってのさらなる「自由」があるように思えるからである。

　第3節で見たように，オタク女子たちは，自らの趣味を周囲に隠していた。なぜ彼女たちはオタク趣味を隠すのか。貞包英之は，その理由として，そもそも女性は私的な趣味に使える所得が少ないため，彼女たちの趣味が周縁化を余儀なくされてきたことを指摘している（貞包 2021）。だが，何よりも，彼女たちにオタク趣味を隠すことを強いてきたのは，男性からのネガティブなまなざしに他ならない。

　先にも参照した『ヲタクに恋は難しい』の主人公・成海は周囲にオタク趣味を隠している。前の職場で交際していた彼氏に腐女子であることをカミングアウトしたところ，「腐女子は生理的に無理」と振られてしまい，職場にも居づらくなってしまったという苦い経験があるからだ。成海の現在の彼氏である二藤宏嵩は，重度のゲームオタクであり，それゆえ成海のオタク趣味にも理解がある。だが，成海と違って，宏嵩は自らのオタク趣味を隠していない。男子のオタク趣味は隠されない（それどころか積極的に開示されることも多い）のに対し，女子のオタク趣味は，男性から向けられるネガティブなまなざしゆえに，隠さなければならないのだ。

　この非対称性は，第3節で検討した秋葉原と乙女ロードの構造の違いと重なる。秋葉原では，男子のオタク趣味が街全体に露出しているのに対し，乙女ロードでは，女子のオタク趣味は隠され，あくまで店舗の内部で展開されていた。

　実際，この乙女ロードにも，かつて男性からのネガティブなまなざしが向けられていた。「乙女ロード」の名が一般にも知られ始めた2006年頃の雑誌記事には，男性的な視線で揶揄したものが散見される。たとえば2006年の週刊誌では，男性マンガ家が「男子禁制・腐女子ワールド」の乙女ロードに"潜入"し，腐女子のルックスを揶揄しており（『FRIDAY 臨時増刊』2006年3月14日），同じく2006年の男性週刊誌では，男性ライターが乙女ロードを訪れて腐女子と対談し，やはり彼女たちをからかって記事を結んでいる（『週刊プレイボーイ』2006年1月31日）。

　しかし，それ以降の乙女ロードは，むしろ女性情報誌などでも肯定的に紹介されるようになる。たとえば『Hanako』2010年11月11日号では，「一見，特異な空間に見える乙女のワンダーランド，一度のぞいたら，案外ハマってしまうかも!?」という文言とともに，乙女ロードの「K-BOOKS」や「アニメイト」に加え，執事喫茶や男装カフェが紹介されている。第1節でも述べたように，現在の乙女ロードでは，オタク女子が圧倒的マジョリティであり，男性のまなざしなど，まったく気にする必要はないし，彼女たちも男性など意に介さない。居心地の悪さを感じ，そそくさと退場しなければならないのは男性の方なのだ。このようにある程度の時間をかけ，現在の乙女ロードは，男性のネガティブなまなざしからの「自由」を獲得している。それこそがオタク女子たちに「安心」をもたらしている。ここはその意味でも「シェルター（避難所）」なのだ。

　だから，第4節でモールに擬えて指摘した乙女ロードの「不自由さ」は再考しなければない。先に引用した『ぱふ』の記事で，池袋の街のコンテクストを素通りした後に，乙女ロードの「解放」が描写されていたことを思い出そう。この「素通り」は，池袋という街の，きわめて男性的な猥雑さや不良性に背を向け，乙女ロードでの「自由さ」を享受するための，彼女たちなりの主体的な実践として捉えるべきなのだ。

令和の「オトメ共同体」

したがって，この空間が「乙女ロード」と名乗っていることは相応しい。ここには，たとえば「腐女子ロード」という自虐性を含んだ呼称や，「女オタクロード」というネガティブさを孕んだ命名がされる可能性もあったはずである。だが，本章で見てきたように，この空間はそうした自虐性やネガティブさから解放されている。ここ

は，オタク女子たちが作り上げてきた誇り高きテリトリーなのである。

　そして乙女ロードにおけるオタク女子たちの実践が，大正時代のオトメたちの実践と相似を成しているのは興味深い。川村邦光は，大正時代の「乙女」たちを，たんに女学生や未婚の若き女性に限定しないことを意図して「オトメ」と書き表し，彼女たちの実践を明らかにしている（川村 1993）。川村は，大正時代の『女学雑誌』の読者投稿欄を分析し，そこで「…遊ばせ」「…ますの」や，カタカナ語の「ハート」「ロマンス」といった，独特の文体や言葉遣い──それを川村は「オトメ体」と呼んでいる──によって支えられた「オトメ共同体」が成立していたことを論じている。ここで重要なのは，「オトメ体」を使い続けることによって，現実の年齢や職業，住んでいる地域などに関係なく，「オトメ共同体」の住人であり続けることができ，「オトメ」としてのアイデンティティを構成することができたという指摘である（川村 1993：112）。

　令和の女子たちは，オタク趣味を持って，乙女ロードという都市空間にエントリーする。そこでは，独身か否か，年齢が若いか否かは関係ない。「女子」にまつわる様々な社会的しがらみ，性別役割分業からも解放された「乙女」として，オタク趣味を楽しむ「自由」を謳歌することができるのである。だからこそ，オタク女子たちはわざわざ乙女ロードへと足を運ぶ。現代版の「オトメ共同体」は，池袋・乙女ロードに成立しているのだ。

参考文献

大倉韻，2021，「オタク文化は，現在でも都市のものなのか」木村絵里子・轡田竜蔵・
　　牧野智和編著『場所から問う若者文化──ポストアーバン化時代の若者論』晃洋書房。
大塚健，2012，『難病で寝たきりでも「他力本願」で年間50億円稼ぐ！』青志社。
岡部大介，2008，「腐女子のアイデンティティ・ゲーム──アイデンティティの可視／
　　不可視をめぐって」『認知科学』15巻4号。
長田進・鈴木彩乃，2009，「都市におけるオタク文化の位置付け──秋葉原と池袋を舞
　　台とする比較研究」『慶應義塾大学日吉紀要　社会科学』No. 20。
川村邦光，1993，『オトメの祈り──近代女性イメージの誕生』紀伊國屋書店。
北田暁大，2002，『広告都市・東京──その誕生と死』廣済堂出版／増補版，2011，ち
　　くま学芸文庫。
コミケPlus編集部編，2022，『東京オタスポガイド』メディアパル。
貞包英之，2021，『サブカルチャーを消費する──20世紀日本における漫画・アニメの

歴史社会学』玉川大学出版部。

杉浦由美子，2006，『オタク女子研究——婦女子思想大系』原書房。

近森高明，2014，「都市文化としての現代文化」井上俊編『全訂新版　現代文化を学ぶ
　　人のために』世界思想社。

中村淳彦・花房観音，2022，『ルポ池袋アンダーワールド』大洋図書。

森川嘉一郎，2007，「数字で見る腐女子」『ユリイカ』2007年12月臨時増刊号。

吉見俊哉，1987，『都市のドラマトゥルギー——東京・盛り場の社会史』弘文堂／2008，
　　河出文庫。

若林幹夫，2010，「モール化する世界」遠藤知巳編『フラット・カルチャー——現代日
　　本の社会学』せりか書房。

🐝 おすすめ文献

森川嘉一郎，2008，『趣都の誕生——萌える都市アキハバラ［増補版］』幻冬舎文庫。

＊「男子」的なオタク趣味と，秋葉原という都市空間がいかにして結びついてい
　くのかが明快に論じられている。本章でも行ったように，「女子」のオタク趣
　味が結びつく空間と対比させながら読むとよい。

神野由紀・辻泉・飯田豊編著，2019，『趣味とジェンダー——〈手作り〉と〈自作〉
　の近代』青弓社。

＊趣味とジェンダーの結びつきについて，近代日本の様々な事例から検討してい
　る。本書の事例を「現代」に延長し，また「都市空間」という変数を加えてみ
　ると，新たな研究が展開できるはずである。

狩山俊輔監督・岡田惠和脚本，2022，『メタモルフォーゼの縁側』〈映画〉。

＊17歳の女子高生と，夫に先立たれた75歳の女性が，「BL漫画好き」という趣
　味を介して交流を深めていく過程が丁寧に描かれる。縁側で「萌え語り」に興
　じる2人の関係はあくまで対等で，多幸感に満ちている。オタク趣味は，58歳
　の年齢差をもやすやすと超えるのだ。

🪱 調べる・考える

・安心して趣味（ここは広義に捉えてよい）を楽しむことのできる空間はどこか。
　話し合ってみよう。

・趣味を楽しむ際に，不自由さや不安がある空間はどこか。そこにはどのような条
　件があるのだろうか。考えてみよう。

第5章	# 「遠征」が日常化する社会 ——加速化するモビリティと趣味

松　田　美　佐

1　身近になった「遠征」

「推し」に会いに，遠くの「現場」に「遠征」する——あなた自身が行っているかもしれないし，自分はそうでなくても，周囲の友達には必ず誰かいるはずだ。

　グローバル若者研究会が東京都杉並区と愛媛県松山市の20歳の若者を対象として2020年11〜12月に行った調査によれば，「コンサートやイベント，スポーツ観戦などを目的として遠方に出かける行為（いわゆる「遠征」）」のうち宿泊を伴うものの経験がある人は32.7％，宿泊を伴わないものは32.5％となっている。およそ3人に1人は遠征経験があるという結果だ。

　地域別・性別に見ると，杉並区の若者より松山市の若者の方が，そして，おおむね男性より女性の方が「遠征」経験者が多い傾向が見られる（表5-1）。

　もう1つデータを紹介しよう。この調査は2005年，09年，15年と同じ地域で同じ20歳の若者を対象に行われてきた。その中に，「あなたにとってもっとも大切な趣味」を尋ねる項目がある。「音楽鑑賞・オーディオ」「映画や演劇」など30数個の選択肢から1つを選ぶのだが，05年にはほぼ0であった「アイドルやタレントのおっかけ」を選ぶ女性の割合は年を経るごとに増加し，20年には杉並区の女性の12.6％，松山市の女性の15.2％が「もっとも大切な趣味」として，「アイドルやタレントのおっかけ」を選んでいる（表5-2）。

　なお，「アイドルやタレントのおっかけ」は「音楽鑑賞・オーディオ」に次いで2番目に多く選ばれている「もっとも大切な趣味」でもある（3番目は杉並区では「動画視聴」，松山市では「ファッション」）。

　ここから分かるのは，15年ほど前にはほとんどいなかった「おっかけを趣味

68

表 5 - 1　コンサートなどのイベントや「遠征」への参加経験

(％)

| | 全体
(n＝428) | 女性 | | | 男性 | | |
		杉並区 (n＝170)	松山市 (n＝94)		杉並区 (n＝93)	松山市 (n＝66)	
コンサートやイベント，スポーツ観戦への参加（近隣・遠方を問わない）	73.8	82.4	66.0	p＜.01	74.2	63.6	
コンサートやイベント，スポーツ観戦などを目的として遠方に出かける行為（いわゆる「遠征」）のうち，宿泊を伴うもの	32.7	22.9	56.4	p＜.001	20.4	42.4	p＜.01
コンサートやイベント，スポーツ観戦などを目的として遠方に出かける行為（いわゆる「遠征」）のうち，宿泊を伴わないもの	32.5	29.4	44.7	p＜.01	24.7	31.8	

出所：松田（2021）より一部引用。松田（2021）には，「ライブビューイング」や「聖地巡礼」などの参加経験のデータもあるので，興味のある人は確認してほしい。

表 5 - 2　「アイドルやタレントのおっかけ」を「もっとも大切な趣味」として選ぶ人の推移（2005～20年）

(％)

		2005年	2009年	2015年	2020年
女性	杉並区	0.7	2.3	5.8	12.6
	松山市	0	2.6	5.7	15.2
男性	杉並区	0.8	0	1.9	2.2
	松山市	0	0	0	1.6

出所：筆者作成。

とするひと」が女性の間で急増したことである。

「おっかけ」
から「遠征」へ　もちろん，「おっかけ」と「遠征」は異なる。「おっかけ」とは，特定のアイドルやスターなどを熱心に応援し，その人を文字通り「追いかける」ことやそういった行為を行う人を指す。歌舞伎役者や映画スターの「おっかけ」は昔から知られていた。

　アイドルやスターの行くところなら，年中どこでも追いかける。テレビ局などでの入待ち出待ちはもちろん，会いたくて外国まで行ったり，自宅を突き止

めて近所に引っ越したり，一緒の新幹線に乗ろうと騒ぎを起こしたりと，「おっかけ」の行動はかなり極端で，ストーカー的でもあり，しばしば非難の対象となっていた。かつての「おっかけ」の実態は，1988年に刊行された『おっかけパラダイス』などの「おっかけ本」（吉光 2013）を読むとよく分かるし，今もそういう「おっかけ」はいる。

　しかし，上記の調査で「もっとも大切な趣味」として「おっかけ」を選んだ人たちは，かつての「おっかけ」のような活動はしていないだろう。20歳女性の10％強が，年中「推し」を追いかけているとは考えにくい。

　オタクが多数派になったことやポジティブなイメージとなったことを「オタク・ノーマライゼーション」と辻泉・岡部大介（2014）が名づけたことにならえば，「おっかけ・ノーマライゼーション」が起こったのだ。行う人が増え，ポジティブとまでは言わなくても，少なくとも趣味として「堂々と言えるもの」「隠さなくてもすむもの」へと，「おっかけ」の意味合いが変わったのである。もっとも，「おっかけ」より「オタ活」「推し活」の方が2020年代では馴染みの言葉であるし，「推す」という態度や行為は「おっかけ」と重なる部分はあるが異なるものだが。

　一方，かつて「おっかけ」だけが行っていたような行為のうち，より一般化し，多くの人が行うようになったのが「遠征」である。定義するなら，コンサートやライブ，フェス，握手会，演劇，お笑い，スポーツ試合などのイベントに観客として参加するために，日常の行動範囲を超えた遠方まで出かけることだ。「推し」がいない人には，わざわざ交通費をかけてまでイベントを見に行くことは理解しがたい。しかし，ほぼ3人に1人が経験している「遠征」は，今日，非常にありふれた行動となっている。

　では，どうして「遠征」は近年になって一般化したのであろうか。2018〜20年に都内の大学に通う大学生を対象に行ったインタビュー調査（松田 2019a, 2019b, 2021）をもとに，「遠征」の理由から紐解いていこう。

2　「遠征」を促すもの

ライブ（生）の魅力　　まず，「遠征」をせざるを得ない場合がある。イベントは特定の時間に特定の場所で開催されるのであり，その

時・その場所に行けるかどうかが最初の関門だ。表5-1を確認すると，イベントの参加経験は杉並区在住者の方が多いものの，「遠征」については松山市在住者の方が多い。これは，イベント開催自体が東京をはじめとする大都市で多いためであろう。読者の中にも，イベントに行きやすいことが進学の際に大都市を選んだ理由の1つになっている人がいるはずだ。

　都市とは人口が多く，人口密度が高く，そこにいる人が多様な場所である。と同時に，生産や消費を促す施設が集積した場所だ。イベントが開催できる会場が多くあることは，都市の特徴の1つであり，魅力を感じて多くの人が集まる。

　また，近場でイベントが開催される場合であっても，必ずしもその日に参加できるとは限らない。自分の予定とかぶらない会場やチケット入手しやすい会場を選んだり，落選前提で複数の会場のチケットを申し込み，たまたま当選した遠方の会場のイベントに参加したりすることになる。

　さて，「『推し』に会うために『遠征』する」とはいうが，もちろん直接会うわけではない。同じ時間と空間を共有するのだ。ブルーレイの方が「推し」の表情まで鮮明に見て取ることができるし，いつでも繰り返し見ることができる。しかし，たとえ豆粒ほどにしか見えなかったとしても，「推し」と同じ時空間を共有することの魅力は何物にも代えがたい。

　そして，ライブ（生）の魅力は「推し」との時空間の共有だけにあるのではない。「推し」がいない人でも，部屋でひとりで聞く場合とライブ会場で聞く音楽の違い，テレビで見るスポーツ中継とスタジアムで見る試合を思い浮かべてもらえれば理解できるはずだ。音の迫力，大勢の人が集まることによる熱気，自分を含めたファン集団がかもし出す雰囲気は，自宅では感じられない。

　ただ，「推し」への愛やライブ（生）の魅力だけでは，「わざわざ交通費を払って，余分な時間をかけて」の説明としては弱い。たとえば，熱心なファンは何度でも「現場」に足を運ぶ。一度の「遠征」で2〜3回イベントに参加したり，数ヵ月にわたるツアーの場合は，初期と中期と千秋楽などと3回以上スケジュールを組んだりするという。「推し」がいない人から見ると「まったく同じイベント」だが，何度も参加する人たちにとっては，1回1回が異なる魅力的なイベントとして経験されるためだ。

**主体的な
参加の魅力**　なぜ，1回1回が異なるのか。それは，「現場」の魅力は出演者やイベント内容だけにあるのではないからだ。ポイントは自身の主体的参加にある。

　イベント会場ではTシャツやタオルなど，その場で身につけられるものが売られていることも多く，また，イベント当日だけの「衣装」や髪型などを自分で準備し，参加する楽しみがある。傍から見れば「わざわざ交通費を払って，余分な時間をかけて」であるが，チケット取りから会場までの移動手段や宿泊施設の計画立て，当日準備や往復の移動時間も楽しみなのである。恋している女の子がデート準備に費やしている時間だとあるファンは喩えてくれた。

　観客としてイベントに受動的に参加するのではなく，主体的にイベントに参加するところに，「現場」の魅力はある。

　だから，コロナ禍でライブ（生）の代わりにオンラインライブの視聴が続くと，「現場が恋しい」と，あえて家でもライブの時のように準備する人もいる。着替えたり，ペンライトを持ったり，部屋を暗くしたりして，イベントに没入するのだ。

　もともと「遠征」とは，遠くに敵を討伐しに行く，あるいは，登山やスポーツ試合のために遠方に出向くことを意味する言葉だ。自ら戦ったり，挑戦したりする行為を指す。だとすると，「鑑賞のために遠方に出かけること」に「遠征」という語が使われるようになったのは，受動的な鑑賞ではなく，主体的な参加が必要だからではないか。

　もっとも永田夏来（2017）は，ロックフェスをめぐる「装備品」「基地」「参戦」といった表現をロック的な〈男らしさ〉と絡めて〈戦争のアナロジー〉と呼んでいる。アイドルの熱心なファンクラブが「親衛隊」と名付けられたのは1970年代だし，ジャニオタなら「参戦服」という言葉もおなじみだ。「遠征」という言葉が選ばれたのは，ファン文化との関係かもしれない。なぜ，「遠征」という言葉が使われるのかを追究してみるのも面白いだろう。

**高められる
「現場」の魅力**　さて，1990年代後半，経済が成熟し，モノが売れなくなった低成長社会において，新たな経済価値として取り上げられるようになったのが，「経験経済」というキーワードだ。パインⅡとギルモア（1999＝2005）は，経験は思い出に残るという特性を持つとして，経験を買う人は「ある瞬間やある時間に企業が提供してくれる"コト"に価値を見出す」

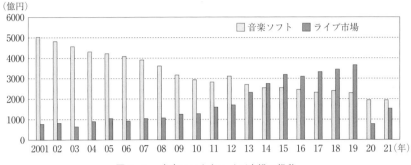

図5-1 音楽ソフトとライブ市場の推移

出所：「音楽ソフト種類別生産金額推移」一般社団法人日本レコード協会, https://www.riaj.
or.jp/g/data/annual/ms_m.html
「ライブ市場調査 基礎調査推移表」一般社団法人コンサートプロモーターズ協会, http://
www.acpc.or.jp/marketing/transition/ より作成。

（p. 29）のであり，その価値は自分自身の中に宿ってその後も長く残ると述べ
る。マーケティング業界では，「モノ消費」に対して「コト消費」という言葉
もよく耳にする。

　実際，アーティストやイベント運営側は「現場」に何度も足を運ばせる工夫
を行っている。

　　その公演ごとにライブが変わるんですよ。会場の大きさも違うし。使える装
　　置とかも違うから，演出も変わったりとか。一公演，一公演に割とストー
　　リー性があって，ライブに。その各公演でいろんなことやって，東京公演で
　　集大成を見せるみたいなところがあるんで，その過程も見ないと東京公演で
　　何があるかちゃんと分かんないというか。

　名称は同じイベントであっても，「現場」によって演出には違いがあり，そ
の違いを経験するには複数回の参加や「遠征」が必要になる。
　図5-1は2001年以降の音楽ソフト生産金額とライブ市場の推移である。CD
をはじめとする音楽ソフトがインターネットの普及により売れなくなったた
め，音楽産業においてライブ市場が重要になっていると言われる。「現場」に
何度も足を運ばせる工夫はそんな音楽産業側の仕掛けの1つだ。音楽ソフトの
売り上げが減少するのに反比例するかのようにライブ市場の売上が増加してい

るのは，その成果でもある。

3　モビリティーズの申し子

　これまで行ったことのない遠くの場所に行くことになったら，どうするか。まずは，交通手段を調べ，遠方であればチケット予約。宿泊場所や食事するところも探してみる…こういったことをすべて，スマホで行うはずだ。

　今では当たり前のやり方だが，こういったことがスムーズにできるようになったのは，ここ10年ほどのことである。

　2011年に44.8％だった20代のスマホ普及率は急速に増加し，2012年には67.5％，2013年には8割を超える（総務省 2017）。スマホ以前の携帯電話からもインターネットにアクセスできたが，今ほど様々なサービスやアプリの利用はできなかった。また，2012年の20代の Twitter 利用率は37.3％に過ぎず，Instagram の日本語版がリリースされたのは2014年2月のこと。ちなみに，2020年の20代の Twitter 利用率は79.8％，Instagram は68.1％である（総務省情報通信政策研究所 2021）。

　このスマホのおかげで「遠征」のハードルが下がっていることは重要だ。

　費用を安く抑えるための夜行バス情報やホテルの代わりのネットカフェ情報も，スマホからの検索ですぐに入手できる。女性専用かどうかもチェック可能だ。会場近くの美容院や晩ごはんの予約など，「遠征」をより楽しむための情報もスマホで調べ，そのまま手配できる。普段は着ることがないイベント参加用の「衣装」は，終了後にメルカリなどですぐに販売し，お小遣いにする。そもそも，イベントのチケットもスマホで申し込んでいる。

　だから，次のように冗談めかしてジャニオタの「よいところ」を語る人もいる。

　めちゃくちゃ独立しますよ。〔中略〕遠征すると自立するっていう。自分で航空券取る。ホテル取る。移動，自分で考える。時間配分，自分で決める。

　スマホと若者については，依存やSNS上での誹謗中傷，ネット炎上など問題点が語られることが多い。しかし，現在スマホは日常生活のあらゆる場面で

活用される。1人の行動をサポートするスマホは，移動や自立を促すメディア
として捉えることもできる。

　ただし，このように個人が自分の都合に合わせ自由に移動しやすくなったの
は，「遠征」に関してだけではないし，スマホだけが原因でもない。ビジネス
での移動や観光旅行も同様であるし，鉄道やバス，飛行機などの交通手段やホ
テル，カフェやレストランなど安心して利用できる場所があることも，自由な
移動の実現にとって重要なはずだ。

　たとえば，女性同士の観光旅行を意味する「女子旅」が流行るようになった
のは2010年代以降だ。1970年代のアンノン族をはじめ，それ以前も女性同士の
旅は珍しくなかったが，「○○女子」というフレーズの流行もあって，観光・
旅行業界は女性同士の旅を「女子旅」と名づけ，キャンペーンに励んだのであ
る。「女子旅」の目的は，グルメやリラックス，買い物などいろいろあるが，
重要なのは同行者と一緒に楽しむことだ。同行者と一緒にネットで調べ，計画
を立てるのも旅の醍醐味の1つとなっている。

　これに対し，「遠征」の目的はイベント参加にある。友達と一緒に「遠征」
する場合でも，よく聞いてみると交通手段は別，現場集合は珍しくないし，そ
もそも「遠征」にはひとりで行く人も多い。イベントがそこで開催されなけれ
ば「一生行かない」かもしれない場所に行くのだから，ついでに観光すること
はあっても，時間やお金の余裕がなければ観光地巡りはしない。あくまで，イ
ベント参加のための移動であり，たまたま開催地が遠方であったので，「遠征」
したまでだ。遠方であることは物理的・心理的ハードルとはならない。

　人やモノ，情報や資本，データ，理念などが絶えずグローバルに移動する現
代社会を，移動（モビリティーズ）を軸に考察する移動の社会学（モビリティ・
スタディーズ）を提唱するジョン・アーリが，アンソニー・エリオットとの共
著の中で紹介するのは，仕事のために週の半分を9歳から14歳までの3人の子
どもや夫と離れて暮らす女性のエピソードである（エリオット＆アーリ
2010=2016）。彼女のモバイルな生活において，職業的な／私的な，仕事／家庭，
外部の／内部の，在宅／留守といった二分法を疑わしいものとしているのは，
多種多様なデジタル技術である。彼女は物理的には家族と離れていても，様々
なヴァーチャルなネットワークによって，感情的には寄り添っていられると感
じているという。

　筆者のインタビュー調査でも，もともと家族ぐるみでよく移動していた人や家族が頻繁に海外旅行をする人は，遠方に出かけることをあまり意識しないと述べていた。自分を「移動する人」と位置づける人もいるし，繰り返し「遠征」することで，「遠征」が日常的な経験となり，遠方にわざわざ出かけるという意識を持たなくなった人もいる。

　「人びとは，今日かつてないほどに『移動の途上』にある」（エリオット＆アーリ 2010=2016：ⅰ）。移動を，特別なことではなく，自然に感じる人が増えてきたからこそ，「遠征」も一般化してきたのだ。「遠征」する人は，移動（モビリティーズ）が当たり前の現代社会の申し子なのである。

4　趣味がつなぐ関係性

　SNS は普段出会わない人とのつながりをもたらしてくれる。学校や大学，バイト先など日常的に会う人の中に自分と同じ趣味を持つ人があまりいなくても，SNS を検索すれば，すぐに数多く見つけることが可能だ。「推し」やイベントの情報だけなく，ファンとしての知識や適切な振る舞い方も入手できる。

　たとえば，「担当」，「尊い」，「沼にハマる」，「ムラ」（宝塚ファンが宝塚大劇場や周囲を呼ぶ言葉），「箱推し」（アイドルなどのグループで，１人を推すのではなく，グループ全体を推すこと）などは一般化し，よく知られるようになっているが，もともとは特定のファンの間で，あるいは複数のファン集団で使われる語であった。こういったジャーゴン（仲間集団だけで使われる語）は，その語を理解しているかどうかで仲間とそれ以外を区別でき，仲間意識を高めてくれる。もちろん，こういった語を使いこなせるようになることで，ファンとしてのアイデンティティも強くなる。

　「現場」での振る舞い方も SNS で学ぶことができる。適切な振る舞い方を知っていれば，ひとりで参加しても浮く心配はない。自分と同じような高校生がひとりで「遠征」していると SNS で見かけ，自分もやってみようという気になった人もいる。日常生活では見かけないが，SNS 上にはファンのロールモデルがたくさんいる。

　SNS でのやり取りを通じて交流し，友達となる場合もある。その場合，書き込みから年齢や性別，学生であるかどうかといった属性はもちろん，人柄や

雰囲気，ファン活動の「熱量」などでも自分と共通する人をフォローし，「いいね」などから絡み始める。ファンなら誰でもよいのではない。ファンという共通項があるからこそ，書き込みの内容や表現，写真の選び方などから，さらに自分と似た人を選ぶのだ。

　もちろん，ネットで知り合う相手とは，日常生活で使うアカウント（リアアカ）とは別のアカウント（趣味アカ）でやりとりをすることで，トラブルに巻き込まれないようにする人も多い。直接会う場合にも，事前に年齢や性別を確認したり，周囲に大勢の人がいる「現場」を指定したりと，自分なりの基準で安全を確認する。匿名的関係から始まるネット上で，お互いに開示する個人情報をコントロールしながら交流を始めるのは，手間がかかるし，面倒である。しかし，安全確保のためには必須だ。

　もっとも，趣味に関してやり取りしても，それだけならば関係性は切れやすい。もともと，「現場」やTwitterで絡むのは情報やチケット入手が目的であり，友達＝リア友を作る目的ではないからだ。

　しかし，何度も顔を合わせ，趣味以外のことも話せるようになり，友達＝リア友になることもある。日常生活で出会う相手とは異なる趣味がもたらす友達は，異なる社会集団をつなぐ橋渡し型の社会関係資本（パットナム 2000=2006）となる可能性を秘めている。趣味縁——趣味を契機とする関係性——の可能性については，浅野智彦（2011）を読んでみてもよいだろう。

　コロナ禍の2021年，筆者は台北のある博物館で「Me, too!」と大声を上げた。たまたまおしゃべりした相手が同じジャンル好きだと分かったのだ。すぐさまLINEを交換し，友人となった。「推し」への愛だけでなく，自分とは違う世界で働く彼女の仕事の話はとても興味深く，彼女との出会いをもたらした「推し」に感謝している（もちろん，「推し」は何もしていない）。コロナウイルス感染症の流行が収まり，彼女が「遠征」してくるのが待ち遠しい。

参考文献

浅野智彦，2011，『趣味縁から始まる社会参加——若者の気分』岩波書店。
安住磨奈，1988，『おっかけパラダイス』太田出版。
総務省，2017，『平成29年版　情報通信白書』。

総務省情報通信政策研究所，2021，「令和2年度情報通信メディアの利用時間と情報行動に関する調査　報告書」https://www.soumu.go.jp/main_content/000765258.pdf

辻泉・岡部大介，2014，「今こそ，オタクを語るべき時である」宮台真司監修，辻泉・岡部大介・伊藤瑞子編『オタク的想像力のリミット――〈歴史・空間・交流〉から問う』ちくま書房。

永田夏来，2017，「越境する夏フェス女子――音楽とインターネットをめぐるインテグラルなアクション」吉光正絵・池田太臣・西原麻里編著『ポスト〈カワイイ〉の文化社会学――女子たちの「新たな楽しみ」を探る』ミネルヴァ書房。

松田美佐，2019a，「『遠征』のケーススタディ――移動を促す趣味・人間関係・スマートフォン」『紀要　社会学・社会情報学』29。

松田美佐，2019b，「『遠征』をめぐる人間関係―― Twitter 上で親しくなる過程と社会的場面の切り分けを中心に」『中央大学社会科学研究所年報』23。

松田美佐，2021，「若者のオンラインライブ視聴」『中央大学社会科学研究所年報』。

吉光正絵，2013，「女子とおっかけ」女子学研究会編『女子学研究』3。

Pine Ⅱ, B. Joseph and James H. Gilmore, 1999, *The Experience Economy : Work is Theatre & Every Business a Stage,* Boston: Harvard Business School Press.（岡本慶一・小髙尚子訳，2005，『経験経済――脱コモディティ化のマーケティング戦略［新訳］』ダイヤモンド社。）

Putnam, Robert D., 2000, *Bowling Alone : The Collapse and Revival of American Community,* New York: Simon & Schuster.（柴内康文訳，2006，『孤独なボウリング――米国コミュニティの崩壊と再生』柏書房。）

［付記］本章は2021年度中央大学特別研究「グローバル社会におけるソーシャルメディア利用と人間関係」の成果である。

🔖 おすすめ文献

飯田豊・立石祥子編著，2017，『現代メディア・イベント論――パブリック・ビューイングからゲーム実況まで』勁草書房。
　＊サッカーのパブリック・ビューイングやゲーム実況など今日的なスクリーンに媒介されるイベントを，メディア・イベント論を踏まえ，議論したもの。

Jenkins, Henry, 2008, *Convergence Culture : Where Old and New Media Collide,* New York: New York University.（渡部宏樹・北村紗衣・阿部康人訳，2021，『コンヴァージェンス・カルチャー――ファンとメディアが作る参加型文化』晶文社。）
　＊ファンたちがデジタル技術を用いて自発的にコミュニティを作る参加型文化のありようを議論するもの。身近なコスプレや二次創作などの例を当てはめてみ

よう。

Elliott, Anthony and John Urry, 2010, *Mobile Lives*, New York: Routledge.（遠
　　藤英樹監訳，2016,『モバイル・ライブズ——「移動」が社会を変える』ミネ
　　ルヴァ書房。）

　＊「移動の社会学」について学びを深めたいなら，「遠距離カップル」の例も挙
　　げられているこの本から。

　🎗️ **調べる・考える**

・スターやタレント，アイドルなど「有名人」とファンとの関係性がどう変わって
　きたのか。有名人とファンをつなぐメディアの変化と一緒に調べてみよう。
・「遠征」と「聖地巡礼」はどちらも「趣味のための移動」である。その共通点と
　相違点を考えてみよう。

┌───┐

コラム1 「なりたい自分になる」
　　　　　──都市とコスメと私たち

後 藤 美 緒

└───┘

　第Ⅰ部では，都市空間における女子たちの様々な「遊び」を検討してきた。
ここでは，そうした「遊び」の1つとしてコスメを取り上げてみたい。手がか
りとしてある風景を共有したい。

　2度目の緊急事態宣言が明けた2021年4月の午後，授業を終えて都内ターミ
ナル駅に敷設する1つのファッションビルに立ち寄ったところ，一角がとても
華やいでいた。駅改札口にも近いその場所は化粧品専門店があり，別店舗の
ショップスタッフに伺ったところ，午前中は入場制限がかかったんですよと教
えてもらった。

　2020年初春から流行したCOVID-19によって，私たちの生活は影響を受け
た。イベントは軒並み中止となり，在宅勤務やオンライン授業への切り替え，
外出時はマスクが推奨されるなど，対外的に装う機会は減った。こうしたこと
を反映してか，化粧品に関して2020年の国内工場出荷金額と全国百貨店化粧品
売上高は，最高値を見せた前年に対して急落している（日本化粧品工業連合会
2021a，2021b）。

　だが，急落したとはいえその出入口は完全に閉じたわけではない。こうした
ことを窺わせるのが，コスメについて問いかけた際の学生たちの回答である。
都内の女子大に通う学生たちに問いかけたところ，コスメを楽しむ様子を饒舌
に語ってくれた。それを支えたのがドラッグストアである。

　たとえば，ある学生は「現在，ドラッグストアは，どこにでもあるといって
も過言ではないくらい，ありとあらゆるところに出店している。そのドラッグ
ストアには，プチプラコスメから少し値段の高いコスメまで，たくさんの商品
が揃えられている。だから，すぐに手に入れたい時などはドラッグコスメに駆
け込むことがある」と，「どこにでもあること」が日常的に化粧することを支
えてくれているという。

　さらに，「プチプラコスメやドラコスは身近な店舗で購入でき，また低価格
で手に入れることができるため，トレンドや新しいメイクに挑戦したい時にも

使いやすい。デパコス［デパートコスメの略。各メーカーはデパートのみで販売する化粧品シリーズを展開する］に劣らない発色や色持ち，機能などを持つものも多く，リピートしやすい」と，機能性や成分に触れて説明してくれた。いまやSNSを開けば，マニアたちによるメイクアップ動画や肌のベースにあったおすすめの化粧品情報はすぐ手に入れることができる。動画サイトで新作商品やメイクアップ技術の情報が溢れる現在，デパートの洗練された空間で美容部員との会話を楽しみながらの対面販売よりも，成分が近く価格を抑えられるドラッグコスメはたいへん魅力的だという。

　そして何よりも，「今の時代は自分のためにメイクをするという意識が親世代よりも強い気がする」，そして「気分を変えたり，自分が楽しむためにコスメを買う」のだという。

　こうした語りは，1990年代初頭にギャルメイクが流行った時といくぶん連続しつつも，大きく断絶しているように思われる。90年代の渋谷の女子高生は自らのコスメ事情について次のように語っている。

　　流行りのMAC（ニューヨーク生まれの化粧品）とトモちゃんファンデを使いたいけどビンボー。だからマツキヨので我慢している（泣）。（都立T高校2年　阿里沙）

　　　（「街のコギャル　ナマナマ10連発　第3回メイク」『アサヒ芸能』1997年5月29日号：73.）

　細眉やデコラティブなメイクを「渋谷」の街で展開した女子高生たちは，（たとえ訪れたことはなくとも）「ニューヨーク」の化粧品が必要だった。他方で，引き合いに出されたドラッグストア・「マツキヨ」は千葉県松戸市に創業した個人薬店に起源をもち，関東・東海・関西に現在チェーン展開する「どこにでもある」ものである。90年代末，ギャルたちは他者と差異化するために都市のイメージを借用したが，それは生活を支えるため「どこにでもある」ドラッグストアによって叶えられるものであった。

　こうしてみると，2020年代の女子大生の声からは，自らの楽しみを優先させつつ，合理的に使いこなす姿が浮かび上がる。この点で90年代のギャルと共通する。

　ただ，2020年代の女子たちは特別な日もパッとしない日でも，街に出かけて
も出かけなくとも，つまり自らを上演する舞台である都市がなくとも，自分を
楽しませるためにメイクをしていた。この点は90年代のギャルとは異なる。

　中村由佳は2000年代に都心の郊外化が起こったと指摘する（中村 2005）。生
活を満たすための機能的かつ即時的な消費のベクトルを「郊外の消費文化」，
希少性，高級感や贅沢感を提供する消費のベクトルを「都市的消費文化」と整
理し，2000年代初頭のドラッグストアチェーン・マツモトキヨシの銀座への出
店はその端緒であったと分析する。

　2020年代，私たちはそうした地平の延長線上で，コロナ禍を過ごすことに
なった。ドラッグストアを中心に展開する化粧品ブランド「KATE」の2022
年秋冬のコピーは様々な性のモデルが「ゆずれない自分を，メイクする」こと
を謳う。どこにでもあるドラッグストアは，なりたい自分になることを応援し
てくれる。もちろん，私たちが装って出かける先には，渋谷や丸の内（にある
お目当ての場所）といった場所もあるだろう。となると，どこにでもある，そ
して合理的にコスメを調達できるドラッグストアが都市に散在することで，都
市は舞台であると同時に，いまや巨大なバックヤードになっていると言えるの
ではないだろうか。

参考文献

花王，2022，「ゆずれない自分を，メイクする」（2022年11月30日取得，https://www.
　　nomorerules.net/special/tamashii/）

中村由佳，2005，「〈マツキヨ〉が止まらない」吉見俊哉・若林幹夫編『東京スタディー
　　ズ』紀伊國屋書店。

日本化粧品工業連合会，2021a「全国百貨店化粧品売上」（2022年11月１日取得，https://
　　www.jcia.org/user/statistics/department-store）。

日本化粧品工業連合会，2021b，「化粧品統計」（2022年11月１日取得，https://www.
　　jcia.org/user/statistics/shipment）。

「街のコギャル　ナマナマ10連発　第３回メイク」『アサヒ芸能』1997年５月29日号。

第Ⅱ部

都市で「つながる」

第6章	# メディア化された都市の経験と女性文化
	──雑誌メディアから Instagram へ

木村絵里子

1 都市空間とメディア

　都市は，空間的・地域的な場として存在しているだけではない。情報誌や
ファッション誌，ドラマ，映画，Instagram …という様々なメディアを通し
て，イメージや経験のされ方が形作られている。もっとも，不特定多数の者が
蝟集し，さまざまな情報技術が実装された空間であるがゆえに都市そのものが
メディアとして作用する。都市で暮らす楽しみの一つには，メディア化された
都市のリアリティに触れ，それをパフォーマーとして経験することにあるのだ
ろう。

　1970年代以降，若者文化が成人文化から自律し，「遊び」の要素へ傾斜する
と，若者文化は都市空間，そしてメディアとの親和性を高めた。たとえば渋谷
パルコや公園通り界隈はその典型である。大資本の空間的な演出によって，あ
るいはファッションなどの演出によって，都市空間は「見る／見られる」（＝
演じる）舞台となり，情報誌やファッション誌は舞台としての個々の都市や街
が持つイメージや意味，そしてどこへ行き，何をすることができるのかという
ことを若者たちに教える台本のような役割を果たした（吉見 1987）。

　しかし，2000年代以降，都市の固有性は失われ，1970〜80年代的な都市空間
が「脱舞台化」したことが指摘されている（北田 2002）。情報ネットワーク化
が進み，モバイルメディアやインターネットがさまざまな文化を場所から切り
離しつつある。一方，後述するように女性の利用率の高いソーシャルメディア
の Instagram に投稿される写真は，主に都市の出来事が写し出されていると
いう（マノヴィッチ 2018：75）。「インスタ映え」の対象も都市に集積している。

　こうしたなかで，都市空間とメディアの編成のありようはどのように変化し

ているのだろうか。本章では，まず歴史的な前提として1970年代以降の雑誌メ
ディアと都市の関係について既存の議論をもとに確認したうえで，雑誌メディ
アや Instagram（以下，「インスタ」と略記することもある）に関する資料を取り
上げながら，現代の女性文化における都市とメディアの編成の現代的展開につ
いて考察したい。

2　都市空間と雑誌メディア

　1970年代から顕著となった都市経験と雑誌メディアの関係についての議論
は，ある程度の蓄積がある。本節ではこれらの議論を参照し，情報誌やファッ
ション誌で語られた都市のリアリティについて確認しておきたい。

　情報誌による　　まず情報誌から見ていこう。情報誌とは，映画やコンサー
　都市の経験　　ト，演劇，展覧会や美術館などのイベントやエンターテイン
メント全般という都市の様々なイベントに関する情報を網羅的に提供する雑誌
のことである。1970年代初頭に多く出版され，首都圏では，71年10月に『シ
ティロード』，72年7月に『ぴあ』（ぴあ株式会社）などが創刊された。

　インターネットやソーシャルメディアから多様な情報がすぐに得られる現在
では，なかなか想像しがたいのだが，当時はたとえば映画に関する情報を得よ
うとする場合，新聞や週刊誌などのメディアからはその時に上映している作品
程度の情報しか得られず，また，ライブハウスやマイナーなイベントの情報な
どは身近な情報交換や口コミによる情報に頼らなければならなかった（村上
1989）。それゆえ，創刊されたばかりの情報誌は，「〈都市〉に遊ぶための必需
品」として瞬く間に普及したのである（石田 1998：170）。

　情報誌は，映画やコンサート，演劇，展覧会や美術館などのイベントについ
て，ジャンル別に日付順，場所順に羅列し，各々の情報には，評価や偏りが加
えられることなく等価なものとして読者に提示される。この情報形式は，「カ
タログ的情報」や「カタログ文化」と呼ばれ，その後，情報誌に限らず，若者
向けの雑誌メディアの特徴ともなった。

　石田佐恵子によると，情報誌には，ある一定期間に予定される都市の出来事
を含んでおり，情報誌の世界があたかも「世界の縮図」であるという空間感覚
や，予期された範囲の〈未来〉を前もって把握すること，週刊や月刊という発

刊ペースによって都市の新たな出来事が常に報告され続けることにより，現実
の時間と並行して，情報誌的に構成される時間感覚がもたらされる（石田
1998）。これらは情報誌が作り出す，都市のリアリティなのである。

　さらに若林幹夫が指摘するように，情報誌とは，「都市という空間と出来事
の広がりを「情報」として記述し，編集し，商品として販売するメディアであ
り，読み手がその情報を通じて都市を対象化し，自分の好みに応じて"使う"
ことを可能にするメディア」である（若林 2005：226）。情報誌に掲載される膨
大な量の出来事をすべて経験することはできない。だが，多数のカタログ的情
報から自分なりのやり方で取捨選択することによって，自由な「私の都市経
験」が作り出される。

　　都市経験のファッ　　女性向けの都市情報誌の『Hanako』がマガジンハウス
　　ション誌的文法　　から創刊されたのは1988年である（1988年〜現在）。ただ
し，この『Hanako』の出版を待たずとも，実は70年代初頭に創刊された女性
向けのファッション誌『an・an』（1970年〜現在，マガジンハウス）や『non-no』
（1971年〜現在，集英社）の中に，先の都市経験における情報誌的な文法を確認
することができる。女性にとってより個人的な都市経験の方法を提示したの
が，性別や年齢層，趣味等によって読者を限定させるクラスマガジンでもあ
る，これらファッション誌だった。

　「アンノン族」という，旅をする女性を意味する当時の流行語が示す通り，
『an・an』と『non-no』では，東京や京都，北海道，軽井沢などの旅特集がた
びたび組まれていた。ただ，「東京ガイド」で紹介される情報は，他の観光地
では語られる伝統的な意味での地域性や固有の文化とは無関係となっている。
1973年の『non-no』では，「渋谷公園通り」が次のように紹介される。

　　渋谷公園通りの真ん中に渋谷パルコがオープンして以来，この通りは目の
　さめるような輝きを放つようになりました。いま，東京の若者達の目が，こ
　のパルコを中心とした渋谷公園通りに集まっています。原宿や六本木にはな
　い"何か"を求めて東京のヤングたちは，このファッション通りを再発見し
　はじめたのです。

　　　　　　（「東京最新情報 いま新しい街とお店」『non-no』1973年11月20日号：38）

さらに，パルコや公園通り周辺の「あなたを個性豊かに演出する洋服をそろえた」ブティックや，「本当においしい物を求めているあなた」に「「壁の穴」のスパゲッティ」という，さまざまな情報が，手書きの地図とともにカタログ的に紹介され，「新しい街」としての渋谷公園通りの楽しみ方が提示されている。

とはいえ，公園通りに限らず，「ジーンズにフランスパン」が似合う「青山通り」や，「山の手の香り豊かな」「自由が丘」なども「おしゃれな都市空間」として位置づけられる（「徹底ガイド特集ジョイフル東京」『non-no』1973年4月5日号）。あるいは，クリスマス・イブに彼と訪れたいレストラン（「東京・大阪クリスマスを彼と過ごしたいお店」『non-no』1973年12月20日号），まるでヨーロッパに訪れているかのようなロマンチックな旅（「最新ロマンチック・スポット東京」『non-no』1977年1月20日・2月5日合併号），「上等の"淑女"に変身して」東京のシティホテルを探検する（「20歳の探検「東京のホテル」」『non-no』1980年12月5日号）というテーマで特集が設定されることもある。

1980年代になると，恋愛の要素がふんだんに加味され，東京は，恋人たちのデートスポットとして語られた（木村 2021）。『non-no』の「最新東京デート図鑑」（1983年5月20日号）や「青山・湘南・神戸・ふたりが選んだときめき100%のデートコース」（1986年5月20日号）では，渋谷，青山，西麻布，湘南などを回遊したり，ショッピングしたり，レストランで食事をしたりすることが「デート文化」であると，やはりカタログ化された形で紹介されている。

これらは単なるショッピング案内ではなく，若者たちの遊び方やライフスタイルが雑誌などのマスメディアによって共有される，いわば「メディア化した文化」となったことを示すものである（中野 1989：117）。とりわけ女性ファッション誌の場合，先の情報誌に掲載されたイベントやエンターテインメント全般に加えて，ファッション，カフェ，レストラン，ブティック，ショッピング，デートに関する情報を網羅的に提供しながら，都市空間を「おしゃれな空間」としてパッケージ化する。さらにこれらを「ヨーロッパのようなロマンチックな旅」「淑女に変身」「ときめき100%のデートコース」などというテーマで括り，それぞれの感性に応じたストーリーが提示されている。マスメディアが与える情報であるものの，どの場所におけるどのストーリーを選ぶのかは自由である。こうして「空間／メディア／感性」という3つのレベルが連動しながら，それぞれの都市がテーマ別にセグメント化され，自己演出のための舞

台が形作られた（吉見 2016：326）。

**舞台としての
都市の終焉？**　その場のコードに従いながら自己を演出するという営みは，J. ボードリヤール（1970=2015）の消費社会論とも相性が良い。消費社会においてファッションなどの1つ1つの商品は，その機能や実用性だけでなく，差異の体系によって成り立つ記号となっている。各商品はそれを消費する者が何者であるのかを示すコミュニケーションメディアなのであり，自己イメージを操作したり，演出したりするためにそれらが利用される。

　ただし，冒頭でも触れたが，北田暁大（2002）は「広告＝都市」の「脱舞台化」を指摘している。2000年代以降，「おしゃれな都市空間」であったはずの渋谷には，チェーン展開する店が増え，情報やショップが多く集まる便利な「情報アーカイブ」となった。また，ケータイ・コミュニケーションが活発化したが，そこでは意味のあるメッセージのやりとりではなく，つながりを確認するためだけにつながるという「つながりの社会性」が顕在化した。常に外部を意識させられることにより，完結した空間としての舞台が成立し得なくなったのだという。

　たしかに公園通りを中心とした記号的・物語的空間において大資本による閉鎖的な演出は失効したのかもしれない。しかし，吉見俊哉（1989）が「上演論的パースペクティブ」によって捉えた近代以降の盛り場における演者＝観客の「見る／見られる」という関係や，演劇的に構成される都市空間が完全に消失したというわけではないだろう。現在でも，『CanCam』などのいわゆる赤文字系の女性ファッション誌で人気のある着回しコーディネートの特集記事では，地方都市のロードサイドやショッピングモール，田舎の田園風景ではなく，渋谷や銀座などの都市空間が撮影場所として選ばれている。おしゃれな街としての都市空間のイメージが相変わらずメディアによって記号として語られ続けているのであり，むしろ人々は，都市空間を舞台として成立させるための方法を模索しているようなところがある。

　先に北田が「情報アーカイブ」と表現した複製的な消費装置が並ぶ現在の都市の状況を，近森高明は「無印都市」と名付けた。TSUTAYA や Francfranc などのチェーン店やフランチャイズの店舗をどこにでもある消費装置として切り捨てるのではなく，それなりの楽しさや居心地の良さのある空間としてポジティブに捉え返している。さらに，のっぺりとした無印都市の空間の中で，

89

「1回きりで，まったく同じものは再現できないイベント的なことがら」や
「自然や身体，歴史や伝統にまつわるモノやコト」——フェスや自転車ブーム，
アニメの聖地巡礼などが独特の仕方で呼び出され，享受されてもいるのだとい
う（近森 2013：5）。

　実は，無印都市化するなかでこそ，独自性が際立つ都市の消費空間がある。
たとえば2000年代以降，大規模な都市開発によって誕生した，「六本木ヒルズ」
(2002年)，「表参道ヒルズ」(2006年)，「東京ミッドタウン六本木」・「新丸ビル」
(2007年)，「渋谷ヒカリエ」(2012年)，「GINZA SIX」(2017年)，「渋谷スクラン
ブルスクエア・SHIBUYA SKY」・「コレド室町テラス」(2019年) などの大型
商業施設。これらは，モノや情報が集積した「情報アーカイブ」でありなが
ら，イオンモールなどのショッピングモールとは異なる独特の審美的な様相を
呈するラグジュアリーモールであり，ソーシャルメディア上での自己表現とも
結びついた「ハイブリッドな舞台装置」となっている（小川 2021：89）。さら
に「グランドハイアット東京」(2002年)，「ザ・リッツカールトン東京」・
「ザ・ペニンシュラ東京」(2007年)，「アンダーズ東京」(2014年) など，外資系
ラグジュアリーホテルの開業も続く。以上のラグジュアリーな都市空間は，
Instagram のようなヴィジュアルコミュニケーションに媒介されることで，舞
台性がより際立つのである。次節では，この Instagram とそこに写し出され
る都市経験について検討しよう。

3　Instagram と都市空間における舞台の二重化

　本節では，Instagram に関する具体的な資料を取り上げながら，現代の女性
文化における都市とメディアの関係を舞台という観点から考察したい。
　Instagram は，2010年10月に AppStore で iPhone 向けのアプリとして誕生
し，2014年に日本語版が作成された。写真や動画を共有するためのソーシャル
メディアであり，若い女性の利用率が高い傾向がある。
　青少年研究会が2020年に全国の大学生を対象に行った調査によると[*1]，ソー
シャルメディアを利用している大学生は94.7%であり，そのうち Instagram
を最もよく利用すると回答したのは52.1%だった[*2]。性別ごとにみてみると女性
59.7%，男性38.9%と，女性の利用率が有意に高い（χ^2検定：p＝0.000, Cramer'

s V = 0.197)。いわゆる「インスタ映え」を意識した写真をソーシャルメディア
に投稿した経験があるのは，女性61.5%，男性33.1%（x^2検定：p = 0.000，Cra-
mer's V = 0.273)，また，スマートフォンを用いて写真撮影を行うのも，女性
62.0%，男性31.5%となっており（x^2検定：p = 0.000，Cramer's V = 0.291)，写真
メディアやそれを用いたコミュニケーションと女性の親和性は高いと言える。[3]

＊1　青少年研究会については以下のサイトを参照。http://jysg.jp/　調査概要は下
記の通り。調査名称：「大学生の生活と意識に関する調査」，対象：全国の国公立大
学 7 校，私立大学12校〔うち 1 校が女子大学〕の社会学系授業の受講者，実施期
間：2020年 9 月24日〜11月 6 日，方法：オンラインフォームを用いた集合式調査，
一部質問紙配布，有効回答数：1059（小川ほか編 2023近刊）。

＊2　大学生の他のソーシャルメディアの利用率や併用率については，木村（2023）
を参照。

＊3　ただし，主に女性たちが日常的に写真を撮り，コミュニケーションのために写
真を利用し始めたのは1990年代以降のことであり，比較的歴史の浅い文化である
（角田 2016）。

**ファッション誌における
Instagram の語られ方**　次に，Instagram の関係について考察するために，
まずは Instagram が女性ファッション誌の中でい
かに語られていたのかを確認したい。

日本語版がリリースされた2014年以降，女性ファッション誌のなかで Insta-
gram がたびたび取り上げられてきた。ファッション誌の『sweet』が特別編
集した『憧れガールのリアル LIFE』（2014年，宝島社：9）では，「おしゃれな
人はみんなハマって」いると強調されるように，Instagram と他のソーシャル
メディアを分かつのはその「おしゃれさ」にある。「有名人が自分の姿，仕事
風景やオフの日を写真で公開するようになると，それをファン目線で眺めると
いう行為がインスタグラムの楽しみ方」のひとつとなった（ばるぼら 2018：
48）。そのため誌面では，タレントやモデル，インフルエンサーたちのアカウ
ントの ID が紹介されている。写真をベースとしたコミュニケーションによっ
て，「その人の好きなものやライフスタイルが言葉を介さずとも伝わってくる」
という（『an・an』2014年12月 3 日号：40）。また，「キラキラ」としたライフスタ
イルを演出するための方法や写真のテクニックも，読者に向けて伝授される。
2017年のユーキャン新語・流行語大賞の「インスタ映え」の受賞者が『Can-
Cam』の読者モデルたちであったように，ファッション誌に取り上げられた

ことで Instagram は「大衆化」していった側面がある。

　　ただ，女性ファッション誌が Instagram をたびたび取り上げることに対して，ある疑問が浮上する。たとえば総合誌『サイゾー』のある記事では，「それなりに歴史も伝統も矜持もあるはずの紙のファッション誌が，メディア的には完全に競合他社であるはずの新参 SNS をここまで太鼓持ちするのは，若干の違和感もある。なぜなら，いくら誌面でインスタを推したところで，……そこに紙のファッション誌の入り込む余地はないからだ……」と指摘する（『サイゾー』2017年11月号：74-75）。有名人に限らず，Instagram では，プロのモデルから素人に至るまでのインスタグラマーやインフルエンサーたちが日々のファッションコーディネートやライフスタイルを公開している。ショッピング機能も追加され，インスタで見かけて気に入ったアイテムをオンライオン上で購入することができる。この点において女性ファッション誌と Instagram は，まさに「競合他社」である。近年，女性ファッション誌の発行部数が急激に減少し，下げ止まる気配がないのもやはり Instagram の影響が大きいのであろう。

　　それなのになぜ，ファッション誌は Instagram を積極的に取り上げたのか。ここで，もう少しファッション誌の論理を検討したい。記事には「インスタ映えスイーツにはこのジェニックトップスで」（『CanCam』2018年8月号：21），「見た目重視の"インスタ映え"盛り小物」（『JJ』2017年9月号），「それどこの⁉って聞かれる小物で，フォロワーをひきつける！」（『CanCam』2017年5月号）などとある。『JJ』2017年9月号の記事では，正方形の写真が複数枚並べられており，1列3枚でサムネイル表示されるインスタのフィード（投稿欄）を真似ている。これらのことから女性ファッション誌では，「インスタ映え」をファッションや装いの記号として語り，さらに Instagram を「他者の視線」が媒介する「見る／見られる空間」として位置づけていることが分かる。

　　別の記事も見てみよう。図6-1は，『CanCam』（2018年8月号）のファッションページに掲載された写真である。「東京タワー」が背後に見える「リッチなホテル」の「ナイトプール」にこれから訪れるという設定なのだろう。ナイトプールは，定番の「インスタ映えスポット」である。この写真に写る3人の女性が同じ方向を向いてポーズをとっていることから，おそらく写真撮影をしていると推察される。この後，撮影した複数枚の写真からインスタに載せる

写真をピックアップして，公開方法を
選び，加工や編集を施し，ハッシュタ
グやコメントを付けたうえで投稿され
るのかもしれない。このように都市空
間を舞台にして切り取られた写真が，
さらに Instagram を通して披露され
るという場合，いわば舞台が二重化し
ていると考えられる。女性ファッショ
ン誌は，これまで舞台として位置づけ
てきたおしゃれな都市空間と，Insta-
gram という情報空間を機能的に等価
なものと見なしているのである。それ
はファッションや装いによる自己演出
において，あるいは訪れたカフェやレ
ストラン，風景，インテリア，友人と
遊んだ時の写真などの「ライフスタイ

図6-1　「インスタ映えスポット」とし
てナイトプールを取り上げる雑誌
記事（『CanCam』小学館，2018年8
月号，82頁）

ルの総体としての自己表現」（渡辺 2021：115）において，都市空間とは別の舞
台が出現したということであり，この意味において Instagram はファッショ
ン誌にとって必ずしも競合他社にはならない。次項では，この Instagram と
いう舞台の演出方法について検討してみたい。

　　スタジオセットとして　　先のナイトプールや東京タワーなどの都市空間を背景
　　の「映える空間」　　にした写真は，華やかでインパクトを持ち，Insta-
gram でより「映え」やすい。「映える空間」は，インフルエンサーなどに発
見され，「ハッシュタグ#」を通して同様の感性を備えた者たちへ拡散・再生
産されていく。「#東京タワー」は約15万4000件，「#ナイトプール」は約34万
2000件，アフタヌーンティーに行くことを意味する「#ヌン活」は，約7万
1000件の投稿がある（2022年9月現在）（図6-2）。ナイトプールやアフタヌーン
ティーは，一昔前の流行だと思われるかもしれないが，現在でも日々新しい投
稿がなされており「映えスポット」として定番化しつつあるようだ（図6-3）。

　＊天野彬によると，2017年8月時点の「#ナイトプール」検索結果は約5万8000件
　　だった（天野 2017：80）。

図 6-2　Instagram「#ヌン活」
検索結果（2022年9月）
注：地図は東京23区内。

図 6-3　Instagram「ヌン活」ス
トーリーズ投稿例

筆者が担当している授業内で女子大学生を対象に実施したアンケートにおいて，Instagram でよく検索するハッシュタグをたずねると，「〇〇カフェ」「〇〇グルメ」などが多く挙がった。〇〇には，渋谷や新大久保などの地域名が入

る。「ふだん，友だちと遊ぶ場所はどこですか。具体的にはどういう遊びをしますか」という問いに対しても，渋谷や新宿，原宿などの「カフェ」や「レストラン」に行くという回答が多く，「インスタグラムをみて，楽しそうな場所を探すため，特に決まった遊びはしない」，「行き先はインスタグラムで検索して探している」という回答も寄せられた。

　＊2022年9月に担当している授業内で行った。

　ハッシュタグの地図検索では（図6-2），位置情報付きの投稿が見られるのだが，それを頼りに実際に訪れる場合，物理的な場所に行くということだけではなく，その場所を背景にして写真や動画を撮り，ソーシャルメディアで共有することが目的のうち（それもかなりの優先事項）に含まれているのだろう。ハッシュタグによって発見された投稿から，写真の構図や撮り方，コメントなども参照され，ある決まったパターンが繰り返されている。Instagram は第2節で触れた情報誌との共通性を備えており，「〈都市〉に遊ぶための必需品」であるとともに，舞台を演出するための台本にもなっているのである。

　前項で，女性ファッション誌の文法においては都市空間と Instagram の情報空間は機能的に等価であり，舞台の二重化という関係にあると述べた。ただし，試行錯誤を重ねて写真を撮ったり，Instagram に投稿したりして，それを介した他者とのオンライン上の接続が重視される時，物理的な都市空間の舞台性は後景に退き，芝居の書き割りのような役割，あるいはスタジオセットの役割を担うようになる。個々が写真撮影や Instagram にアップロードすることに夢中になっている時，「見る／見られる」関係は，都市空間ではなく，都市空間を背景とした情報空間において成立していると言えるだろう。とはいえ，都市空間がたんに素材として消費され，ないがしろにされているというわけではない。理想化されたイメージを形作る「写真の美化術」によって，その空間は手中に収められ，馴致されるのである（Urry & Laesen 2011=2014：263）。モバイルメディアとソーシャルメディアの普及とともに，こうした「観光のまなざし」が日常生活様式のなかに組み込まれるようになった。さらにこれらは公開され，他者と共有される——この一連のしくみが Instagram なのである。

　＊この Instagram における都市空間の位置づけについては，田中大介氏（日本女子大学）より重要なご助言をいただいた。記して感謝申し上げたい。

　Instagram では，都市空間のいかなる場所もスタジオセットとして消費され

得る。とりわけラグジュアリーな空間はポピュラーなものである。先のナイト
プールやアフタヌーンティーのサービスを提供するカフェやラウンジなどの多
くは，主に富裕層を顧客とするラグジュアリーホテルの中にあるのだが，一時
的な利用であればせいぜい数千円から1万円程度で済む。また，シャネルや
ディオールなどのハイブランドがプロデュースするカフェも同様だろう。カ
フェであれば「映える空間」のスタジオセットとして，高価なバッグや服を購
入することよりもはるか容易に，そして安心して利用することができる。一
方，ハイアット系列の「アンダーズ東京」の Instagram の公式アカウントで
は，夜景やラウンジの写真，アフタヌーンティーなどのサービスについて投稿
する際には「＃港区女子」というタグが加えられており，ホテル側もこれらの
空間とその空間における経験が若い女性たちの「インスタ映え商品」であるこ
とを見込んでいるのである。

　もっとも，スタジオセット足り得るならば，映える空間とは必ずしも都市空
間である必要はない。ただし，映える空間は，それを包含する物理的な環境や
大量の人が訪れるための交通アクセス，そしてソーシャルメディアで共有・拡
散するための通信テクノロジーを必要とするのであり，やはりその多くは
「ネットワークシティ」（田中編 2017）としての都市に集積するのである（先の
地図検索も，そもそも周囲に該当するスポットがなければ使用することができない）。

4　Instagram という舞台の選択的コミュニケーション

　本章では，女性文化における都市とメディアの編成の現代的展開について，
Instagram に着目して検討を行ってきた。ソーシャルメディアという特性ゆえ
に Instagram は，都市経験の台本としての側面と，舞台としての側面の両方
を併せもっていた。

　Instagram で発信される情報は，ハッシュタグなどを通して手繰り寄せら
れ，拡散されるのだが，情報を与える側と与えられる側の敷居は低く，偶発的
に入れ替わる。インフルエンサーや有名人の影響力は大きいものの，かつての
マスメディアの独占状態と比べるとフラット化しており，送り手の姿も可視化
されている（ただし，受信／発信の規模は，マスメディアと比べて格段に小さい）。本
章で確認してきたように，ラグジュアリーで「映える空間」とは，Instagram

という台本が提示するポピュラーな都市経験である。

　映える空間を舞台とする都市経験は，加工や編集が施されて公開・共有される。メディア化された都市のリアリティのパフォーマンスは，Instagram という舞台において創造されるのである。それは，魅力ある都市空間を手中に収めるやり方の一つであるのだろう。映える空間を写した写真や動画が Instagram にアップロードされて共有される時，都市空間と情報空間は機能的に等価となり，舞台は二重化する。

　ただし，舞台としての都市空間と Instagram には決定的な違いがあることを最後に指摘しておきたい。都市空間という舞台では，その場に偶然居合わせた不特定多数の者がオーディエンスとなるが，Instagram はそうではない。一般女性の多くは，インフルエンサーや有名人とは異なり，ソーシャルメディアのアカウントには鍵をかけて（非公開にして）利用している。前述の全国大学生調査のデータによると，ソーシャルメディアの中で Instagram を最もよく使用する者のうち，実に90.7%がソーシャルメディアのアカウントに鍵をかけた経験をもつ（χ^2検定：p＝0.031，Cramer's V＝0.072）。質問項目の構造上，必ずしも Instagram のアカウントに鍵をかけているかを問うものではないのだが，別途，筆者が行っている Instagram 利用に関するインタビュー調査や前述の授業内アンケートでも鍵をかけて利用するというのが多数派を占めていた[1]。その理由としては，「自分の知らないところで誰かに投稿を見られているかもしれないという状態が嫌」，「友人と共有するだけで十分であるから。知らない人に個人情報を見られたくない[2]」，「（インフルエンサーとして活動することは）私はないです。インターネットに顔をさらすのは，……世界中に見せるというのはちょっと怖い。……人気になればなるほどアンチが出てくると思う[3]」という声が上がる。また，鍵をかけたうえで，さらにストーリー（ズ）の閲覧に制限をかけ，フォロワーの一部しか見られない設定にしている女子大学生もいた[4]。自分の投稿を無防備にさらすことに対する強い不安があるようだ。

　＊1　また，別の調査でも，Instagram の利用方法としては，インフルエンサーのようにアカウントを開いて積極的に発信する層と，インフルエンサーの投稿を見たり参考にしたりしつつも鍵をかけて内輪向けにのみに発信する層と，閲覧のみする層の3つに大別されるという（天笠 2019）。

　＊2　前述の授業内アンケートより。

　＊3　2021年6月の女子大学生を対象にしたインタビュー調査より。インタビュー調査のデータの考察については，別稿にてまとめる予定である。

　＊4　2022年10月の女子大学生を対象にしたインタビュー調査より。

　Instagram は，全世界に向けて見せることのできる開かれたメディアである一方で，鍵付きアカウントとして使われる場合はクローズドメディアとなる。Instagram にも，投稿の限定公開など閉じるための機能などがたびたび加えられてきた。鍵付きアカウントのオーディエンスとは，ごく親しい人やなんらかのつながりのある知人を中心とした数百人程度のフォロワーであり，目に見えない匿名の存在はあらかじめ排除されているのである。誰に，どういう情報を，どのように公開するのか。Instagram では，特定多数のオーディエンスに向けたパフォーマンスである「選択的コミュニケーション」によって閉じられた舞台が作られている。女性たちにとって，クローズドメディアとしての Instagram とは，たとえば見知らぬ者から評価や批評がなされたり，価値を付与されたりすることがなく，あるいは都市空間のように不特定多数による無遠慮なまなざしが向けられることなく，安心して「見せる＝魅せる」ことのできる舞台となっている。こうした舞台のあり方は，彼女たちが望み，作り出したものである。だからこそ，他方の開かれた舞台の問題についても，今後，考えていく必要があるだろう。

参考文献

天笠邦一，2019，「露出志向と覗き見志向──SNS で棲み分ける女性たち」三浦展・天笠邦一『露出する女子，覗き見る女子──SNS とアプリに現れる新階層』ちくま新書。

天野彬，2017，『シェアしたがる心理──SNS の情報環境を読み解く7つの視点』宣伝会議。

石田佐恵子，1998，『有名性という文化装置』勁草書房。

小川豊武，2021，「それでもなお，都心に集まる若者たち──東京都練馬区の若年層への質問紙調査の分析から」木村絵里子・轡田竜蔵・牧野智和編著『場所から問う若者文化──ポストアーバン化時代の若者論』晃洋書房。

小川豊武・妹尾麻美・牧野智和・木村絵里子編，2023近刊，『大学生の文化社会学（仮）』ナカニシヤ出版。

北田暁大，2002，『広告都市・東京──その誕生と死』廣済堂出版／増補版，2011，ち

くま学芸文庫。

木村絵里子，2021，「1980年代，『non-no』の恋愛文化——現在を対象化するために」『現代思想』49(10)，青土社。

木村絵里子，2023，「大学生のソーシャルメディア利用の規定要因—— Twitter, Instagram, TikTok に着目して」『メディア研究』102号。

田中大介編著，2017，『ネットワークシティ——現代インフラの社会学』北樹出版。

近森高明，2013，「無印都市とは何か？」近森高明・工藤保則編『無印都市の社会学——どこにでもある日常空間をフィールドワークする』法律文化社。

角田隆一，2016，「コミュニケーションをつくる映像文化」長谷正人編『映像文化の社会学』有斐閣。

中野収，1989，『東京現象』リクルート出版。

ばるぼら，2018，「日本のインスタグラム観測記録：2010→2018」レフ・マノヴィッチ『インスタグラムと現代視覚文化論』BNN 新社。

村上知彦，1989，『情報誌的世界のなりたち』思想の科学社。

吉見俊哉，1987，『都市のドラマトゥルギー——東京・盛り場の社会史』弘文堂。

吉見俊哉，2016，『視覚都市の地政学——まなざしとしての近代』岩波書店。

若林幹夫，2005，「『シティロード』と七〇年代的なものの敗北」吉見俊哉・若林幹夫編著『東京スタディーズ』紀伊國屋書店。

渡辺明日香，2021，「ファッションと Instagram」田中東子編著『ガールズ・メディア・スタディーズ』北樹出版。

Baudrillard, Jean, 1970, *La Société de Consommation Ses Mythes, Ses Structures, Éditons du Denoël*. （今村仁司・塚原史訳，1979=2015，『消費社会の神話と構造[新装版]』紀伊國屋書店。）

Urry, John and Jonas Laesen, 2011, *Tourist Gaze 3.0,* SAGE Publications.（加太宏邦訳，2014，『観光のまなざし [増補改訂版]』法政大学出版局。）

[付記] 本研究は，JSPS 科研費 19H00606, 21K13425 の助成を受けた研究成果の一部である。

◆ おすすめ文献・映画

難波功士，2007，『族の系譜学——ユース・サブカルチャーズの戦後史』青弓社。
　＊若者文化の戦後史。若者文化が雑誌メディアと，さらには都市空間と密接な関係にあったことがよく分かる。

木村絵里子・轡田竜蔵・牧野智和編著，2021，『場所から問う若者文化——ポストアーバン化時代の若者論』晃洋書房。
　＊インターネットやソーシャルメディアが登場し，Web 上のコミュニケーションが活発化するなかで，大きく変容しポストアーバン化する若者文化を多角的

に分析している。

レフ・マノヴィッチ（久保田晃弘・きりとりめでる編訳），2018，『インスタグラム
　　と現代視角文化論――レフ・マノヴィッチのカルチュラル・アナリティクスを
　　めぐって』BNN 新社。
　＊Instagram に投稿された膨大な量の写真をサーベイしたうえで，インスタグラ
　　ミズムと視覚的美学について検討している。マノヴィッチの他にも，日本社会
　　の Instagram の文化やデジタル写真についての論考が 9 編掲載されている。

✿ 調べる・考える

・ふだん，どういうタイミングで，あるいはどういう場所で写真を撮ることが多い
　のかを振り返ってみよう。さらに，写真をソーシャルメディアで共有する／しな
　いことについてもその理由を考えてみよう。
・本章では「インスタ映えスポット」を取り上げたが，「メディア化された都市経
　験」は，他にどのようなものがあるだろうか。具体的に挙げてみよう。

第7章　「女子」たちの食
──都市の食文化としての外食とジェンダー

中 西 泰 子

1　都市で食べる

　「巨大都市の特徴の1つは，街が24時間活動をやめることがなく，きまった
食事時間以外にも，軽食をとることが可能な外食施設が多いことであろう」
（石毛 2015：150）。都市での生活は地縁や血縁に縛られる度合いが低く，個人
が自由に多様な生活を送ることが許容されやすい空間である。家庭の外の店で
の飲食（外食）は，都市における個人化した生活スタイルを象徴する行為と言
える。
　外食は都市で生活していくために必要なことであるとともに，楽しむための
ものでもある。そして，一言で外食といっても，TPO に応じて様々な形が使
い分けられている。では女性にとっての外食の TPO とはどのようなものなの
だろうか。本章では若年女性の外食経験から，現代の都市のあり方について考
えていきたい。

2　外食とジェンダー

男性中心だった　　　街を眺めてみると，外食をする女性の姿は多い。しかし，
都市の外食事情　　　都市における外食はもともと男性，特に単身男性中心のも
のであった。そもそも都市化は，様々な地方から働きに出てきた単身男性が特
定の地域に集まることによって始まった。そして，家庭の中で母親や妻など女
性によって整えられる食事をとることができない単身男性たちのために外食が
提供された。男性単身者が圧倒的多数を占める江戸の街において外食のニーズ
は高く，簡単な屋台料理に始まって様々な飲食店が発展してきたという（阿古

2021)。貧困層が利用する残飯屋，それよりももう少し広い層が利用する一膳飯屋も，単身男性のためのものであった（湯澤 2018など）。それらの店で供されるのは労働に従事し生き抜くための食事であり，家庭での食事の消極的な代替物であった。

　一方，楽しむための外食については，居酒屋に集う男性達の姿が都市の盛り場研究などで取り上げられてきた。一方で女性同士の場合はどうだったのか。19世紀のドイツでは，「公共のカフェに足を踏み入れることが許されていなかった女性たちは，家に集まってコーヒーを飲んだ」（河内 2011）という。日本においても，居酒屋や喫茶文化は男性たちのための場であり，女性たちが家庭以外の場所でお茶や食事を楽しむことは長らく制限されてきた。

女性と外食はどのように結びつけられてきたか　1992年に刊行された『外食の文化』の「女性と外食」という章は，「家庭で食事作りを毎日担当しなければならない女性にとっては，「外食」とは何よりもまず「自分で料理をつくらなくて済む食事」である」（村上 1993：33）という一文から始まる。すなわち，女性の視点から外食について考察することは，「料理の作り手」という視点から考察することとほぼ同義であったと言える。雑誌などのメディアやマーケティングの領域においては，バブル期のグルメ文化を牽引した女性たちの姿など，消費者としての女性の外食動向が注目され続けてきた。しかし，そうした女性の外食事情が食事文化研究の対象となることはほとんどなく，若者の流行現象として紹介されるにとどまってきた。

　外食の広がりは「家庭の味・家庭料理の衰退」という社会問題とセットで議論されてきた。というのも，家の秩序というものは食物の統一であり，同じ時間・場所で同じものを食べることによって家，ひいては社会の秩序が維持されると考えられてきたのである（柳田 1979）。

　家庭の食事の消極的な代替物としての外食，という位置づけは，食に関する学術研究の傾向としても見出すことができる。栄養ある食事や規則正しい生活習慣を測定する際に，「外食」はそれに反するものとして把握されてきた。1990年代と同様，現在においても家事時間における男女差は顕著なままである。女性は，食事を通して家族，自分自身の栄養と健康を維持する役割を担うべき，あるいはそうすることが望ましいとされ続けてきた。つまり，外食をする女性は，本来果たすべき役割を果たしていない女性と見なされることとな

る。そうした背景や，外食空間が男性中心に開かれたものであった経緯を考えると，外食をする際の居心地の良さや悪さというものも，男女で異なることが予想される。しかし，外食をするという社会的行為を男女それぞれがどのように経験しているのか，その違いについては，ほとんど検討されずにきた。

**外食という
社会的行為**　食は栄養補給・健康増進の点から，人間の身体の維持にとって欠かせない。一方で，食事は1つの社会的行為でもある。食事という行為のありようは，それぞれの社会や文化によってどのように形づくられているのか。それは主として民俗学や人類学の領域において扱われてきたテーマである。ただし，それらの研究において注目されてきた食事は，家庭や地域共同体の中での共食であった。

　家庭の中で家族の食事を調える立場であった女性が，家庭外で友人と，さらにはひとりで外食をすることは，かつてなかった新しい社会現象とも言える。

　そして，ひとり外食については従来厳しい目が向けられてきた。「高シングル度人間は人に煩わされるのも嫌いなら，人を煩わせることも嫌いという男女である。〔中略〕共食を中軸とする人類食文化の深層の危機の表現なのかしれない」（田村 1993：4）という指摘などからも，人がひとりで食事をとろうとすることについて，きわめて否定的・批判的な眼が向けられてきたことが分かる。漫画『孤独のグルメ』（久住昌之原作・谷口ジロー画）が注目を集めた背景には，ひとりで食事をすることを否定的に捉えてきた従来の見方への反感もあったのではないだろうか。とはいえ，孤独のグルメの主人公は男性であり，もし女性であったなら同じような安心感や共感を得られたのかどうかは分からない。

3　女子のひとり外食

**漫画にみる
ひとり外食と女子**　女性のひとり外食がどのようなものなのか，まずは漫画『おいピータン!!』での描かれ方から考えてみたい。図7-1では，「ここだとお酒を飲みつつのひとり外食でも「さみしい感じ」にならないからいいのよね」，と混みあう前の夕方の時間帯にファミレスのカウンター席で食事をとる満足気な女性の様子が描かれている。図7-2は，まつ毛と足が長い，外見にそれなりに恵まれている女性が，その外見のおかげでひとり外食も「サマになっている気がする」と感じている様子が描かれている（ど

図7-1　女子のひとり外食を描いた漫画①（伊藤理佐
『おいピータン!!』4巻，講談社，2003年，37頁部
分）　©伊藤理佐／講談社

図7-2　女子のひとり外食を描いた漫画②（伊藤理佐
『おいピータン!!』14巻，講談社，2014年，44頁部
分）　©伊藤理佐／講談社

ちらも20代後半〜30代の未婚女性を想起させる）。
　これらの描写からは，女性がひとりで外食をする場合には，それなりの構え
や自己呈示における工夫が必要であることが伺える。さみしい感じにならない
ような場所選びをしたり，見た目を整えて周りからネガティブな評価が下され
ないようにすることで，落ち着いて外食をすることができるということだとい

えよう。適当な恰好でそこらの定食屋などで食べる，ということは女性にはそう簡単ではないという事情が見えてくる。

女子大学生の　それでは，首都圏在住の女子大学生たちの外食経験とはど
ひとり外食事情　のようなものかを見ていきたい。

(1)女子のひとり外食の日常化と不自由さ

ゼミナールの3〜4年生の女子学生を対象として，「1人で外食するときにやりにくさを感じることや困ったことはありますか」「（ある場合には）どのような点でやりにくさを感じますか」という質問に対して個別にネット上で回答をしてもらった（2021年実施）。回答してくれた14名中4名は「やりにくさなどを感じたことはない」「特にない」といった回答であり，女子のひとり外食の日常化を感じさせる。それでも8名は「やりにくいと思うこともある・あった」，2名は「1人で食べるのは嫌い・苦手なのでほとんど食べない」といった回答であった。どのようなやりにくさを感じたのかについては，以下のような回答が得られた。

「1人で食べているときは何をしたらよいのか分からなくなります。どこを見ていれば良いのか分からなくなります。周りの目が気になってあまり美味しく感じません」

「最初は周りに見られているような気がして集中できなかった」

外食行為について社会学的考察を行った欧米の文献には「一人で外食するときには，他の客の視線を感じていてもはっきりと見返すことができず，とりわけ自意識過剰になったり，落ち着かなったり，追い詰められるように感じてしまう」（Lupton 1996=1999）とある。学生たちの回答にある，周りに見られているような気がして落ち着かない，そして自分もどこを見ていればよいか分からないという感覚と通じる指摘である。ひとり外食であるがゆえの落ち着かなさは，女性に限ったことではない。しかし，女性ならではの困難もある。

「牛丼チェーンに行くと大抵男の人に顔をジロジロ見られる。一度だけ店内で声をかけられ居酒屋に行かない？といわれたこともあった」

他人の食事をやたらに見ることは通常望ましくない，不躾な行為である。にもかかわらず，牛丼チェーンにいくと「大抵男の人に顔をジロジロ見られる」のはなぜなのだろうか。牛丼チェーンで食べる女子大学生が珍しくてみてしまうというだけなのだろうか。そこには単純に珍しくて見てしまう以上の何かが

あるように思われる。牛丼屋で食べる女子は，たとえ不躾だとしても「ジロジロみても許容される対象」と見なされているのではないだろうか。つまり，男性客で占められるような場所（牛丼屋など）に，女子がひとりで来て食事をとるということは，周りから見られても仕方がない，あわよくば声をかけても差しつかえない対象として，（たとえ見ている男性側が無意識だとしても）認識されやすい傾向があると考えられる。

　他にも，男性客が多くを占める店には入りにくいとの声は複数人から聞かれた。

　「ラーメン屋などがつがつした雰囲気のところは入りにくいため，食べたいものであれば困る」

　「ラーメンや焼き肉などの気分だった時，（そういう店は）男性客が多かったり，1人向けではない店なので1人では入りにくい」

　ラーメン屋や焼肉は，男性客が多かったり，しかも複数で利用されることが多いなど，女性がひとりで入るにはハードルが高い場所として認識されている。ラーメンや焼肉は男女問わず若い年代中心に人気が高い。女子学生にとっても「食べたい気分」の時はあるが，気分の通りには食べられないというのが現状のようである。

(2)不自由さへの対処

　ひとり外食の不自由さに対して，女子たちはどのように対処しているのだろうか。

　「外食でひとりで食事をするとき，食事中はどのようにして過ごしていますか」という質問に対して，14人中5名は「ゆっくり味わって食べる」「いそいでないときはのんびりぼーっと食べる」「食べ物に集中」と回答しており，落ち着いてひとり外食をできている様子が伺える。一方，「（人前で1人で食事することが嫌なので）早くお店から出るため，すぐ食べ終えることだけに集中しています」という回答（1名）もあった。残る8名は「スマホで動画をみたり，イヤホンをつけて音楽を聞いたりしている」といった回答であり，スマホ（スマートフォン）がひとり外食でも落ち着いて過ごすために重要なツールであることが伺える。改めて眺めてみると，駅ビルにあるチェーン系カフェのひとり客のほとんどがスマホを手にしながら時間を過ごしている。

　ひとり外食の戸惑いとして，「どこをみていいか分からない」という視線の

やりばのなさが指摘されてきたが，互いの儀礼的無関心（周囲に関心を持っていないということを表明する演技・構えのことで，社会学者ゴフマンの用語）をスムーズに適用させるために，スマホはなくてはならないツールになっていると考えられる。

　さらに，次に紹介する回答からは，スマホをみるという行為が，自分のペースを保つという効果をもつだけでなく，他人から見える自分の姿をコントロールするためにも活用されている様子が窺える。

　「ご飯は自分のペースで食べますが，携帯をみて，自分は何かすることがあると思われるようにしています。その時点でSNSはみきっているので退屈です」

　「何かすることがある」と思われるようにするとは，自分が暇なわけではない，さらに言えば何か事情があって外でひとりで食事をする状況あるのだ，という自己呈示として解釈することができる。そしてその「何か」が「仕事」であれば，通りが良いと考えられている。以下は学生同士のグループ・インタビューでのやりとりである。

　「（ひとり外食は）オフィスカジュアルみたいな服装だったりしたらいいかもしれないけど」

　「それなりの年齢だったりして，仕事の合間なんだなという雰囲気があったら（ひとり外食もしやすい）」

　「働いてるから外で食べなきゃいけないから食べてる，みたいな」

　「働き始めたら，全然（できる）。会社の近くのお店でひとりで食べるのは全然大丈夫」

　これらのやりとりをみると，「仕事をしている・働いている」ことや「会社員」であるということは，ひとり外食の必然性を示し，自然な行為と見なされる条件として認識されていることが分かる。ファストフードや全国チェーンのカフェなどではなく，定食屋をはじめとしたいわゆる昼ご飯や晩御飯といった「ごはん」を食べるための店にひとりで入るのは少し緊張するという女子学生の認識。それはまだ彼女たちが社会人として見られていないということに起因するところもあるようだ。周知のように大学生のアルバイトなしに飲食店のサービスは立ち行かない。彼女たちもほぼ全員飲食サービスでのアルバイト経験を持っている。しかし，アルバイトをしていない時には，学生と見なされ，

働いている女性とは見なされにくい。学生たちは社会を支えて働きながらも，社会人とは見なされない。そうした意味で境界的な存在と言える。

　社会人の女性は，ひとりで外食をしていても不思議ではない，なぜなら自宅以外で働くような仕事をしていれば外食をする必要が出てくるから，と認識されている。実際に社会人として働く女性たちの外食事情がどうなのかはともかくとして，大学生の彼女たちにとっては，そのようにして仕事とひとり外食とが結びつけられている。そのためか，女性がひとりで外で食事をとることは「かっこいい」などの肯定的な評価へもつながっている。

　ひとり外食　ひとりでも落ち着いて外食ができるという学生も，どんな飲食
　のＴＰＯ　　店でもそれが可能というわけではない。彼女たちがひとり外食
をする際に店を選ぶポイントとしていくつかの点を挙げている。

　まず，重要なのは値段設定が安いこと。話を聞いた女子学生の多くが自宅生であるということも影響していると思われるが，そもそも外食は割高であるという認識が強い。

　「外で食べると高くつく。家ならなにかあるし，なくてもカップラーメン
　　買って家で食べたら100円ぐらいですむのに。それなら外では意地でも誰か
　　と食べたい」

　自宅で適当に食べるのと比較して高くつきやすいひとり外食の費用は，なんとか低く抑えたい。とはいえ，安価な店になるほど，男性客が多く，落ち着かない雰囲気にもなりやすい。しかし，「男性客ばかりではない」「女性が入りやすそうな雰囲気」という客層や店の雰囲気も店選びの重要なポイントとなっている。さらに，「カウンターがあれば入りやすい」「大きな席だとひとりで占領したら悪いから落ち着かない」というように店の席配置も気になるという。声を出して店員を呼び止めなくてもよい「注文しやすい」店という理由で，呼び出しボタンがあるところや食事前にレジで会計できるようなデリ形式の店も人気がある。

　こうしてみると，ひとり外食における店選びはなかなか簡単ではない。特に「できるだけ安価に」という希望は，他の諸条件となかなか両立しないのではと思われる。彼女たちの「いきつけ」とはどのような場所なのだろうか。

　女子の安全圏と　ひとりで外食する場合について話すと，「カフェでひとり
　しての「スタバ」　で軽く食べることには抵抗ありません」という意見は共通

していたが，さらに「スタバ（スターバックス）なら平気」「スタバとかで」という声が多く聞かれた。一方，彼女たちと年齢層の異なる中年女性である筆者にとっては，「値段が高めの設定のように感じる」「飲みものの名前が難しくてどういう味か分からなかったりする」「いつも混んでいる」といった印象があり，それを学生たちに伝えてみた。すると，「うちのお父さんも同じことをいう」「お父さんとスタバに行っても「なにか普通のを買ってきて」とかいって絶対自分で注文しようとしない」「「格好つけたいやつがスタバにいく」とか（父親が）言ってた」という声が口々に返ってきた。スタバ利用におけるジェネレーションギャップについては，彼女たちの方もよく認識しているようである。そのギャップは，どうやって生じているのだろうか。

　チェーン系のカフェの中でも特にスタバが彼女たちにとって親近感を感じさせているのはなぜなのか。学生たちの答えをまとめると次のようになる。

　　高校時代から新しいフレーバーが出れば友達と一緒に行っていた。スタバならひとりで行けるし，軽くごはんを食べることもできる。スタバなら知っている誰かに会っても，恥ずかしいとまでは思わないから，そういう意味での緊張感もなくていい。

　高校生の頃から，店から新メニューのお知らせがくればSNSで友達と「新しいの出たね」とやりとりし，学校帰りなどに店に行って写真を撮ったりしながら味わい，写真や体験をまたSNSで共有する。そのようにして，スタバの新メニューは広く共有される話題の1つだという。

　つまり，スタバは高校時代から通っていた経験があるのでなじみやすく，周りからの視線も気にせずに過ごせる。若い女性客が多いところも過ごしやすさにつながっているという。彼女たちの声を聞くと，年配の大人たちが想像するスタバ利用とは異なる様相が見えてくる。年配の大人たち，特に年配男性がスタバを利用する女性客をどのように評価してきたのかを少しみてみよう。

　　「スターバックスの店舗がなじむのは，一言でいって「テラスが似合う立地」だ。自分の容姿やファッションに自信のある女性が，スタバのテラス席に座る場合，前の道路を歩く人から，自分がどう見られているかも意識する」

（高井 2014：3）

　上の文章は『カフェと日本人』の一節だが，筆者の高井尚之はスタバが日本で急拡大をとげた一番の理由が女性に支持されたことだと述べている。そしてスタバを利用する女性たちは「自分の容姿やファッションに自信がある」だけでなく，それを他人に見られることを意識しながら楽しんでいる，と指摘している。店舗がまだそれほど多くなかった頃には，そこがハレの舞台としても機能していた時期があったかもしれない。しかし全国に店舗が広がった今，ハレの舞台としての機能は，少なくとも利用者である学生たちには認識されていない。女子学生たちにとっては，スタバはかっこいい自分を見せるための舞台というよりも，適度におしゃれで，粗雑な感じがなく，友達同士でも，ひとりでも落ち着いて時間を過ごせる場所として認識されている。慣れていない年配者にとっては小難しい飲み物の名前やオーダーの方法は，彼女たちにとって居心地のいい安全な空間を守るための障壁として機能しているのかもしれない。

4　友人との外食——女子と「お茶」

　女性のひとり外食について見てきたが，友人とともに飲食する場合にはどのような傾向が見られるのだろうか。冒頭で述べたように，女性たちは家庭以外の場所でお茶や食事を楽しむことは制限されてきた歴史がある。しかし現在の日本においては，飲食店の紹介ページで「女子会プラン」「女子会向き」などの言葉が散見されることからも分かるように，女性たちは友人同士の外食消費を牽引しているようである。なかでもランチ，ディナーなどと並んで，あるいはそれも含む意味でも用いられる「お茶をする」という外食行動は，女性同士に特徴的なものと言えるだろう。インタビューをした女子学生たちにとって「お茶をする」こと自体が，買物などと並んで重要な楽しみの１つとなっているようであった。そして「お茶をする」とは，ただお茶を飲むだけでなく，落ち着ける素敵な内装や景色を背景にして友人同士で話を楽しみながら時間を過ごすことと捉えられている。グループ・インタビューでのやりとりをみていこう。

　「男同士はカフェでお茶しようっていうのないよね」

「打合せするひとはいるんじゃない，ルノアールとか…」

「(男友達同士は) どこで話してるんだろう？」

「居酒屋？」

「お茶をしない」なら「どこで話してるんだろう？」という疑問は，彼女たちにとって「お茶をする」ことが友達同士で話らしい話をするための場であることを意味している。彼女たちにとってのカフェは，のどの渇きを潤す自販機の飲み物では代替できない機能を果たしている。女性にとってのお茶と男性にとってのお酒の対比については，後述することにしたい。

そして，ひとり外食で使われるカフェとは違う「もっとおしゃれでかわいいカフェ」は女性同士で入るのが基本であり，そのようなカフェには女性ひとりでいってもあまり居心地がよくないという。

「かわいいカフェに１人で行くとみんな友達と来て写真を撮っているので，１人が恥ずかしくなることもある」

「インスタにのってるカフェとかは友達とじゃないと入れない，おしゃれした女の子同士ばかり」

「スタバとかならいつでも入れるけどね」

「かわいいカフェ」は主に女性同士で楽しむ空間であり，インスタ映えする内装や食べ物もそれに合わせて用意されている。「おしゃれした女の子同士」で楽しむカフェでは，見栄えのする食べ物や店の内装を背景にして，一緒にいる相手と話を楽しみ，その様子は SNS で共有されることで，友人との話のネタやきっかけになる。以下は，ネットでの個別回答である。

「カフェにいるときのご飯をのせたり今流行りの食べ物を載せていたりします。そのものが美味しいから載せる場合もありますが多くは可愛いから，おしゃれだから，いま私は友達といるんだという意味で載せていると思います」

「人と何か食べているときに，人といることを知らせるために食べ物を使う感じです」

ちなみに，ひとりで外食をする時に写真をとることはあまりなく，「撮ったとしても載せないかな」とのことだった。見栄えのする食べ物は，楽しんでいる様子を記録して投稿する必然性を担保してくれるという意味でも必要なもののようである。

「外食経験の楽しみには，その場の光景や他の客をじっと見たり，逆に見られたりすること，美味しいものを食べ，誰かと一緒に食事をして，幸せで満足していることを公の場で見せびらかすことなども含まれる」（Lupton 1996=1999）という。「見せびらかす」という表現が妥当かはさておき，女子同士で楽しむかわいいカフェは，まさに彼女たちにとってのハレの舞台となっていると言える。

5　外食空間にみるジェンダー・セグリゲーション

　都市の中でも，第三空間（磯村 1968）と言われる家庭でも職場でもない移動や消費の場は，特に「個人」の「自由」が顕著に発揮される場所として位置づけられてきた。しかしもちろん，そこには都市ならではのルールがあり，さらに社会的立場によって異なるルールが適用されてもいる。女子たちの経験から導き出される都市のルールとはどのようなものなのか。

　本章ではここまで女子大学生の経験を中心に，外食という社会的行為のあり方について見てきた。当初は単身男性のニーズに対応したものであった都市の外食だが，現在では女性同士で会話を楽しむ場所としてのカフェが盛況となっている。かといって，女性の方がつねに思うまま外食を楽しめるようになったのかというと，そう単純ではなかった。

勤労者のための外食　食べるという行為は動物的動作であるために，他人に見られるのを恥とする考え方があり，それゆえに行儀作法などのマナーは重要視されてきたという（早川 2020）。都市の勤労単身男性が命をつなぐために，いわば動物的ニーズに応じて外食店は広がった。そしてその伝統は，勤労者のための外食空間が女性にはあまり居心地がよくない，男性向けのものであるという現状に引き継がれていると考えられる。

　ひとり外食についての女性たちの声は，そうした傾向を分かりやすく示していた。勤労男性を主流にした牛丼屋やソバ屋，定食屋などに女子大学生は二の足を踏む。動物的なニーズに基づくひとり外食は，女性にとっては恥ずかしいことであり，「じろじろ見られて」しまうものとして認識されている。また，社会人になれば（若い女性でも）外食をしやすくなるのではという声も聞かれた。そうした声もまた，食事を提供する都市の飲食店が勤労者のためのもので

あるということを無意識的に感じ取っている
からこそ出てくるものだと言える。男女の就
労率の差が狭まりつつある昨今だが，動物的
ニーズに基づくひとり外食の場は「がつがつ
した雰囲気」を醸し出しており，女子にとっ
て気軽に入れる落ち着いた空間とは認識され
ていない。そんな状況の中で女子大学生たち

酒 — 茶
酩酊 — 覚醒
ハレ — ケ
男性的 — 女性的

図7-3　酒と茶の対比
出所：石毛（2015）の「酒と茶の対立
関係」の図から一部抜粋して作成。

の安全圏とされているのはスタバに代表されるチェーン系カフェである。カ
フェは食事をとるための場所というよりは，コーヒーや紅茶などの飲み物がメ
インの場所である。女子たちはいわゆる食事処ではないカフェでなら，ひとり
でも抵抗なく食事をとることができるという。

　ちなみに「スタバ男子」とネット検索すれば，PC持参で仕事をする男性の
姿が出てくる。女性は仕事をすることによって食事を提供する店に入りしやす
くなるのに対して，男性は仕事を通してカフェに入りやすくなる。男女それぞ
れに異なった形で，仕事と外食が結びついている様子が窺える。

　消費のための食事——
　「お茶」にみる女子たちの共食　　「お茶をする」という行為は消費のための消費
であり，勤労男性の外食消費が生産のための消
費であることと対称的である。グループ・インタビューでは，「（男友達同士は）
どこで話してるんだろう？」「居酒屋？」というやりとりがあったが，男性た
ちにとっての社交に酒が重視されたのに対して，女性にとってお茶は男性の酒
以上に愛着の深いものと言われてきた。

　近代化に伴って都市では，見知らぬ土地からきた他人同士が明日からすぐに
でも一緒に働かねばならぬ状況が生じた。酒あるいは酒宴はそうした状況にお
いて互いにすぐ打ち解けあうための特効薬として活用されてきた（柳田1980）。
ただし，女性はそうした場において給仕をする立場に置かれてきた。男性が酒
で打ち解けあうのに対して，女性同士がお茶を介して打ち解けあおうとする傾
向は，現在にも引き継がれているのかもしれない。石毛直道（2015）は，酒と
茶，男性性と女性性の対比について図7-3のようにまとめている。

　図7-3に基づくと，酒と茶の対比は，酩酊状態でのハレの場での男性的コ
ミュニケーションの場としての居酒屋と，覚醒状態でのケ（日常）の場での女
性的コミュニケーションの場としてのカフェへとつながると考えられる。ただ

し，家庭の中ではなく，外食の一環としてカフェで「お茶をする」という経験
は，女子たちにとって特別なハレの舞台としても機能しているようであった。
そもそも，図7‐3で提示した酒との対比における茶は，家や地域共同体の中
のものであることが前提とされていると考えられる。

　紅茶文化が重視されてきたイギリスなど欧米に目を向けると，女性がティー
ルームに出かけて友人とお茶を飲むこと，すなわち「ティーに出かけることは
女性たちの自立と解放に重要な役割を果たした」（Saberi 2018=2021：78）とい
う。まだ飲食店が男性たちが占有されていた19世紀の女性たちにとって
「ティールームは解放の象徴で，堂々と外で友人とおしゃべりをして，軽食で
買い物の疲れをいやせる場所でもあった」（Saberi 2018=2021：230-231）といわ
れる。女性参政権を求める活動においても，ティールームやティーパーティは
重要な役割を果たしてきた。現代の日本における女性たちの「お茶をする」文
化も，そうしたティールームでの女性同士のつながりと親和性をもっているよ
うに思われる。

　ただし，19世紀欧米の女性たちはティールームでしか集えず，他の飲食店は
男性たちのためのものであった。そして，現在の女子たちの「カフェでの軽い
食事なら大丈夫」という言葉は，それ以外の場所での不自由さも示している。
そうしたことを考えると，現代日本の女子たちの「お茶をする」文化は，関係
性を保ち，コミュニケーション力を高める重要な場であるとともに，近代以前
から続く不自由さの継続を示唆するものとも言える。

6　女性の外食から考える都市のあり方

　本書の第13章（田中担当）や第15章（大貫担当）では，女性が家庭の外の世界
に出て，都市で出歩くためには，消費者となる（あるいは性的な商品となる）ほ
かなかった・ないという状況が紹介されている。家庭の外での食事，しかも家
族以外との食事を女性たちが楽しむことも，かつては大きく制限されてきた。
それが現在では女性が外食消費を牽引する存在ともなったと言われる。しか
し，女性たちの経験からは，日常的な食事をとる場所が男性中心的な雰囲気を
もった空間であり，さらに女性が外でゆっくり食事を楽しむためには男性より
も金銭的コストが高くつくことが見えてきた。女性は消費者として自由に出歩

き，女性同士で食事すらとることができるようになったものの，一定以上のお金を使わなければその自由は手に入りにくい仕組みがある。

　女性が入りやすい店は，「安全で消毒化された」「均質化された」「モールの中にいるような快適性を備えた」空間と表現される。それらの言葉は「不自然な」「面白みのない」「作り物の空間」のといったネガティブな意味を含んでいる。そして，そうした空間が都市を埋め尽くしていくことは，「かつて私たちがなじんでいた街や都市や地域のリアリティのある部分，わたしたちが生きる街や都市や地域から消えてゆく」（若林 2013）ことであると指摘されてきた。

　しかし，そこで言われている「わたしたち」とは誰なのだろうか。これまでの都市では「わたしたち≒男性」だったのではないだろうか。都市に生きる「わたしたち」は皆が同じような個人ではない。「安全で消毒化された」「均質化された」面白みのない作り物の空間は，勤労男性中心の都市では安心して行動することができなかった人たち（女性，子連れ，高齢者など）の存在を背景に，そうした人々のニーズを取り込んできたものでもある。「街や都市や地域のリアリティのある部分」を取り戻そうとするのであれば，そうした空間で不自由を味わってきた人たちの経験をふまえてこれからの都市のあり方を考えていく必要があるだろう。

　今回女性の外食経験に焦点を当てて考えきたことを踏まえると，生産と消費に対応したジェンダー・セグリゲーションを緩和していくことが有効であると考える。女性も男性も誰もがひとりでも安心して落ち着ける空間（マイプレイス型のサードプレイス）は特に日本で必要とされている。女子の安全圏としてのスタバはその嚆矢だったとも言われる。都市におけるひとり空間は，今後もその必要性を保持し続けていくだろう。

　また一方では，昨今カフェを利用した交流型のサードプレイスによって，家庭でも職場でもない場所で人々の居場所を作ろうとする試みが見られる（小林・山田 2014；渡邊 2017など）。女性も男性も誰もがひとりで落ち着ける空間とともに，女性も男性も様々な属性の人が居心地よく集える場所（居場所）もまた必要とされている。

　様々な属性の人が居心地よく集える居場所とはどのような場所なのだろうか。ここでまた漫画の中にヒントを探ってみたい。そのような多様性を許容する居場所を描いた漫画をいくつか見てみると，そうした居場所のキーパーソン

図7-4　多様性を許容する居場所のキーパーソンを描いた漫画（たな『ごはんのおとも』実業之日本社，2015年，左71頁部分・右75頁部分）

は，固定的なジェンダー役割から距離をとったタイプの人たちとして描かれていることが多いように感じられた。たとえば図7-4は漫画『ごはんのおとも』の抜粋だが，喫茶店マスターは，「おねえさんっぽい」と言われ，居酒屋店長は幼い頃から気が利いて配慮ができるため「気持ちわりー」「かあちゃんかよ」と言われた経験を持つが，性別年齢ライフスタイルを超えて人々が集う居場所を提供している。

　女性が家庭内役割，男性が仕事役割という性別分業は，都市の外食利用における男性中心性，あるいは男女のすみ分けを生じさせていると言える。若年女性の外食経験から都市のあり方を見つめ直す中で，ジェンダー・セグリゲーションを乗り越えていくことが，都市での人々のつながりを構想するにあたって重要な課題であることが見えてくる。

参考文献
阿古真理，2021，『日本外食全史』亜紀書房。
石毛直道，2015，『日本の食文化史——旧石器時代から現代まで』岩波書店。
磯村英一，1968，『人間にとって都市とは何か』NHKブックス。

伊藤理佐，2003，『おいピータン!! 4』講談社。

伊藤理佐，2014，『おいピータン!!14』講談社。

河内秀子，2011，「Coffee Times 世界のコーヒー　伝統と革新の街，ベルリンを歩く」全日本コーヒー協会，https://coffee.ajca.or.jp/webmagazine/abroad/tokushu69/.

小林重人・山田広，2014，「マイプレイス志向と交流志向が共存するサードプレイス形成モデルの研究——石川県能美市の非常設型「ひょっこりカフェ」を事例として」『地域活性研究』5，2014。

高井尚之，2014，『カフェと日本人』講談社現代新書。

たな，2015，『ごはんのおとも』実業之日本社。

田村眞八郎，1993，「食と怠けごころ」田村眞八郎・石毛直道編『外食の文化（食の文化フォーラム）』ドメス出版。

早川和江，2020，「食文化の歴史的流れとコミュニティ」鑓水浩編著『共食と文化のコミュニティ』晃洋書房。

村上紀子，1993，「女性と外食——「調理の外部化」の問題として」田村眞八郎・石毛直道編『外食の文化（食の文化フォーラム）』ドメス出版。

柳田國男，1979，『明治文化史　第13巻　風俗』原書房。

湯澤規子，2018，『胃袋の近代——食と人々の日常史』名古屋大学出版会。

若林幹夫，2013，「多様性・均質性・巨大性・透過性」若林幹夫編『モール化する都市と社会——巨大商業施設論』NTT 出版。

渡邊太，2017，「サードプレイスとコミュニケーション空間のデザイン——大阪・コモンズ大学の事例」『国際研究論叢』31。

Lupton, Deborah, 1996, *Food, the Body and the Self,* London: Sage Publications.（無藤隆・佐藤恵理子訳，1999，『食べることの社会学——食・身体・自己』新曜社。）

Saberi Helen, 2018, *Teatimes : A World Tour,* London: Reaction Books.（村山美雪訳，2021，『世界のティータイムの歴史』原書房。）

🖐 おすすめ文献

藤原辰史，2021，『縁食論——孤食と共食のあいだ』ミシマ社。
　＊食べることを通しての人と人とのつながりについて，具体的な事例をおりまぜながら分かりやすく問題提起している本。孤食でもなく共食でもない，食を通したゆるやかなつながりとしての縁食の可能性を提言している。

南後由和，2018，『ひとり空間の都市論』ちくま新書。
　＊「ひとり」でいるための仕組みが都市においてどのように組み込まれているかが，飲食店や住居の空間配置などをもとにきわめて具体的に描きだされている。上記の『縁食論』ではゆるやかなつながりの重要性を述べているが，こち

らは都市において「ひとり」でいることの「正常性」を指摘している。

品田知美編，2015，『平成の家族と食』晶文社。

＊「女性が社会進出したから家族の団欒が失われ，孤食が増えた」というイメージとはまったく異なる現状をデータに基づいて明らかにするなど，興味深い知見が分かりやすく紹介されている。家族の食とはこうあらねばならないという規範的な主張から距離をとって，家族と食のあり方を考え直させてくれる。

🐛 調べる・考える

・男性がひとりでは入りにくい飲食店として，どのようなところが思いつくだろうか。なぜ入りにくいのかということを含めて考えてみよう。

・あなたは，ひとりで晩御飯を外食する必要がでたとしたら，どのような店を選ぶか。その店を選んだ理由について考えてみよう。できれば他の人と意見交換してみよう。

<table>
<tr><td>第8章</td><td>親密性の舞台としての東京
——漫画にみるガールズとアーバン</td></tr>
</table>

永 田 夏 来

1　「若い人に人気の漫画」はあるのか

　今日の漫画はあまりにも多種多様で，一言で説明するのが難しい存在だ。最近あなたは漫画を読んだだろうか。仮に読んだとして，それはどのような作品だっただろうか。それは SNS で流れてきた無料の 4 コマ漫画だったかもしれないし，ファッション雑誌に連載のエッセイ漫画だったかもしれないし，スマートフォンに入れたコミック専用アプリでたまたま目についたオススメ作品だったかもしれない。アニメやドラマ，映画をきっかけに原作になっている漫画作品を Kindle でまとめて読んだという人もいるだろう。

　一昔前の学生は，雑誌や単行本を仲間内で貸し借りしたり，サークル部室に転がっている漫画を回し読みしたりしていた。つまり，漫画の内容だけでなく，「この漫画は面白い／面白くない」といった感想や評価も仲間内で共有されていた。しかし近年，漫画を読むという体験は個人的なものになっている。その背景の 1 つには，もちろん電子書籍の普及があるだろう。図 8-1 に示したように，2021年における漫画市場（単行本＋漫画誌＋電子書籍）は 2 年続けてこれまでの最高額を更新している。この売り上げを支えているのは，2010年代半ばから普及し始めた電子書籍である。2021年における電子書籍の総売り上げ額は前年比で 2 割増，4000億円を超え，漫画市場全体の 6 割を超えている（全国出版協会・出版科学研究所 2021）。

　本章執筆に先立って，東京で働く20代の社会人に「最近お気に入りの漫画を教えてほしい」とインタビューしてみた。「若い人に人気の漫画」が分かれば，それを軸に分析を組み立てられると考えたからである。しかし，誰もが知るヒット作以外の「お気に入り」は様々であり，しかも友達が何を読んでいるか

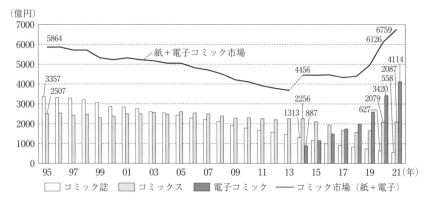

図8-1　コミック市場推移（単行本＋漫画誌＋電子書籍）
出所：全国出版協会・出版科学研究所（2021）。

は「あまり知らない」と彼らは口を揃える。漫画を読むという行為は個人的か
つ多様なものになっているという現状が改めて確認できたのである。

　以上に見たように，ジャンルもスタイルも媒体も膨大になっているのが漫画
の現状だ。本書の趣旨はガールズとアーバンであるが，筆者が個人的に「面白
い」と感じる漫画や一部で話題になった作品を取り上げても，恣意的でバラン
スを欠いた記述になるだろう。そこで本章は「東京」を舞台にした作品につい
て，1990年代以降に連載開始されて商業的にも一定の成功を収めているものを
リスト化して検討し，漫画におけるアーバンについて考察する。また，リスト
の中でも人間関係や内面について物語を進めつつ掘り下げる方向の作品，すな
わち親密性がテーマになっているストーリー漫画を中心に考察することでガー
ルズに接近したい。分析の結果からは，ストーリー漫画で親密性を描く場合，
首都や大都市であるという「東京」固有の特徴はむしろ後景となること，そし
て「アーバン」と呼び得るような匿名化された東京が用いられていることが見
えてきた。したがって，親密性を掘り下げるタイプの漫画作品において「東
京」とガールズは結びつきづらいというのが本章の結論である。なぜこのよう
な結論に至ったのか，100タイトルを超える漫画の分析をもとに記述していく。

2　東京タイトルのコミックリスト選出方法と基準——本章で用いるデータ

　本章では国立国会図書館のオンライン検索を用いて日本十進分類法726.1
（漫画。劇画。諷刺画）が付されていてかつタイトルに「東京／トーキョー／
TOKYO」が含まれるものを精査し，重複を除いた113タイトルを選出した。
すべての作品について単行本巻数を確認し，ある程度読者から認知され商業的
にも成功している基準として2022年5月時点で9巻以上が発売されていて1990
年代以降に連載開始されている21作品をリスト化し，表8-1に示した。
　時代を越えて読み継がれていながらも9巻未満で終了している作品，話題に
なったが調査時点で巻数が9巻に達していない作品はこのリストには含まれな
い。スピンオフ・続編は同一作品としてカウントしたが，リストには第1作目
のタイトルを記している（うめ『東京トイボックス』や東村アキコ『東京タラレバ
娘』等）。また，長期連載のパート分けとして「東京／トーキョー／TOKYO」
が採用されている作品は除外している。リストの中には愛蔵版や文庫版等が出
版されているものもあるが，巻数は単行本を基準とした。このリストに含まれ
る作品を本章では「東京タイトル」と呼ぶことにする。
　東京タイトルの22作品の内容を大まかに把握するために，「アウトサイダー」
「ファンタジー」「青春」「お仕事」の4項目を設け分類した（表8-2）。これら
の要素は相反するものではなく複数の要素を併せ持つ作品が多く存在するが，
物語への影響が強いと思われるカテゴリーを吟味して採用している。ヤンキー
など逸脱した人々が主軸の作品を「アウトサイダー」，SF的な要素が設定に加
わっているものを「ファンタジー」，大学生や中高生を主人公に成長や葛藤な
どを描いたものを「青春」，社会人を主人公として恋愛や仕事などを描いた作
品を「お仕事」とした。「青春」のサブカテゴリーとして「青春群像」「学園も
の」「部活動もの」をおいている。今回は親密性に注目したいという分析趣旨
と紙幅の都合で「アウトサイダー」は検討せず，「青春」と「お仕事」を中心
に分析し，「ファンタジー」の一部について言及する。

表8‐1　東京タイトルの作品

	タイトル	作者	連載／発刊時期	掲載雑誌	ジャンル
1	東京大学物語	江川達也	1992	ビッグコミックスピリッツ	青春
2	TOKYO TRIBE	井上三太	1993	書き下ろし，続編は boon	アウトサイダー
3	東京番長	鈴木けい一	1995	週刊少年サンデー	アウトサイダー
4	東京ジュリエット	北川みゆき	1996	少女コミック	青春
5	東京クレイジーパラダイス	仲村佳樹	1996	花とゆめ	ファンタジー
6	東京アンダーグラウンド	有楽彰展	1998	コミックガンガン	ファンタジー
7	東京ミュウミュウ	征海未亜	2000	なかよし	ファンタジー
8	東京エイティーズ	安童夕馬・大石知征	2003	ビッグコミックスピリッツ	青春
9	東京アリス	稚野鳥子	2005	kiss	お仕事
10	東京トイボックス	うめ	2005	モーニングほか	お仕事
11	東京★イノセント	鳴見なる	2006	月刊ガンガン WING	ファンタジー
12	東京ESP	瀬川はじめ	2010	月刊少年エース	ファンタジー
13	東京闇虫	本田優貴	2010	ヤングアニマル	アウトサイダー
14	東京喰種	石田スイ	2011	週刊ヤングジャンプ	ファンタジー
15	東京自転車少女。	わだぺん。	2011	コミックアース・スター	青春
16	東京カラス	宮下裕樹	2012	月刊サンデー GX	ファンタジー
17	東京心中	トウテムポール	2012	OPERA	お仕事
18	東京スーパーシーク様!!	さぎり和紗	2014	ネクストF	青春
19	東京タラレバ娘	東村アキコ	2014	kiss	お仕事
20	バウンサー TOKYO FIST SECURITY	みずたまこ	2014	別冊ヤングチャンピオン	アウトサイダー
21	東京卍リベンジャーズ	和久井健	2017	週刊少年マガジン	ファンタジー

出所：筆者作成。

表8‐2　ジャンル区分の基準

青　春	学生を主人公とし，成長や挫折，恋愛などの人間関係が描かれている。サブカテゴリーとして青春群像，学園もの，部活動ものを本章では取り上げる。
お仕事	社会人を主人公とし，仕事や恋愛をめぐる人間関係が描かれている。
ファンタジー	魔法やタイムスリップなど，現実では起こり得ないSF的な要素を前提として話が進行する。
アウトサイダー	ヤンキーやヤクザなど社会から「逸脱」した人々を主人公に，暴力や犯罪を含む裏社会の人間関係が描かれる。

出所：筆者作成。

3　東京タイトルを通じて考える，東京の日常／非日常

東京を舞台にした「青春」もの　大学生を主人公にした著名な「青春」ものとして，美大生の人間関係を描いた羽海野チカ『ハチミツとクローバー』，クラシック音楽に取り組む音大生の成長と葛藤を描いて社会現象を引き起こした二ノ宮知子『のだめカンタービレ』などがあるだろう。いずれもアニメやテレビドラマ，実写映画など様々に展開された「青春群像」の名作であり，設定や作中描写から東京の大学を舞台にしていることが見える作品だ。この設定の背景には，様々な大学が設置されていて学問や文化活動の機能が集約されている首都としての東京と，人口規模が大きいために挑戦や成長のチャンスにアクセスしやすい大都市としての東京があると考えられる。

　高校生を主人公とした作品にも同じ傾向が見られる。3 期にわたってアニメシリーズが放送された上に 3 回の映画化を経ている末次由紀『ちはやふる』は，競技かるたの名人・クイーンを志す女子高校生を中心に登場人物たちの小学校から高校までの成長，出会いや別れ，恋愛などを描いた「部活動もの」の人気作だ。地方からの転校生，東日本予選や全国大会，東大かるた会などが登場する本作は，競技かるたというニッチな世界を描くうえでも首都かつ大都市である東京が適切な舞台だったと思われる。

　以上の検討を踏まえると，東京を冠している東京タイトルの作品は，首都かつ大都市であるという東京固有の特徴を積極的に取り入れたうえで，東京ならではのリアリティのある物語を紡いでいることが期待できる。「青春」と「お仕事」について以下に検討していこう。

東京タイトルの「青春」もの　東京タイトルにおいて大学生・専門学校生を主人公とする「青春」ものは，1990年代からゼロ年代初頭に連載開始した 3 作品である。

　1 つ目は，92年から『ビッグコミックスピリッツ』に連載された江川達也『東京大学物語』だ。アニメや映画にもなった本作は，登場人物のエキセントリックな言動やエロチックな表現などが人気の源となった話題作である。東大入試に失敗した主人公が仮面浪人を過ごす舞台として早稲田大学が選ばれるなど，大学生の実際の暮らしと地続きな描写がなされている。『少女コミック』

に96年から連載された北川みゆき『東京ジュリエット』は，2007年に台湾でテレビドラマ化もされた人気作だ。デザイナーを志す専門学校生を主軸に，デザインの盗作，主人公の家庭崩壊とその復讐，禁じられた恋などが描かれていて読み手をハラハラさせる。ロミオとジュリエット的な展開を基底にした，タイトル通りのメロドラマである。2003年に『ビッグコミックピリッツ』で連載が始まった安童夕馬・大石知征『東京エイティーズ』は複雑な構造を持つ作品だ。広告代理店に勤務する主人公による20年前（1980年代）の学生生活への回顧から話がスタートし，学生時代の回想と現在の暮らしが交錯しながら話が進んでいく。早稲田大学や慶應大学など実在の大学を舞台としているが，ミステリアスで含みがある終わり方もリアリティとは乖離している印象だ。

　大学生・専門学校生を主人公とした3作品に共通するのは，『ハチミツとクローバー』等とは異なり，非日常的な世界が描かれているという点だ。東京タイトルのうち高校生を主人公とした「青春」ものは2010年代以降の作品なので，こちらも併せてみておこう。1つ目はアプリでマンガ雑誌を運用している新世代レーベル『ネクストF』で2014年から連載されているさぎり和紗『東京スーパーシーク様‼』，もう1つは新興のウェブコミック配信サイト『コミック　アース・スター』で2011年より連載されているわだぺん。『東京自転車少女。』である。

　『東京スーパーシーク様‼』は，夢も恋も信じない「超現実主義者」である女子高校生の元にアラブの石油王が突然婚約者として現れるラブコメディだ。中東系ヒーローが登場する物語はシーク作品とも呼ばれ，女性向けコミックで人気のジャンルである。シークの登場そのものが唐突な設定であり，大学生・専門学校生を主人公とする東京タイトルの作品と同様，非日常的な世界観を楽しむ作品と言える。『東京自転車少女。』は，オシャレな「東京ガール」を夢見る女子高生と自身の地元である東京を嫌っている女子高生が共に「自転車天使部」に所属し，練馬区周辺を自転車で散策する物語である。単行本に地図が収録されるほど現実と地続きである作品だが，いわゆる萌え絵的な画風と描写が用いられていることもあり，「こういう高校生が東京にいるのかな」とリアルに想像させるタイプの作品とは言いづらい。

　こうして検討してみると，東京をタイトルとして打ち出すことは，王道やオーソドックスというよりもインパクトやユニークさのシグナルであり，読者

を非日常的な世界へ誘う道標となっているように思われる。

東京タイトルの「お仕事」もの　東京タイトルの「お仕事」ものを検討してみよう。稚野鳥子『東京アリス』は，2005年から『Kiss』で連載された，広告代理店の会社員で買い物が大好きな主人公とその同級生たちの恋や結婚の行方を描いた作品である。本作の見どころは，カタログさながらに精緻に書き込まれたブランド品や高級スウィーツの描写であろう。物語の序盤でシンボリックに登場するシャネルのカンボンラインは，連載時に大流行していたアイテムで，当時としては読み手を惹きつけるインパクトを持つ演出だったはずだ。しかし現在のGoogle検索では「古い」「ダサい」が予測検索に出てくるあたり，時代変化の恐ろしさを突きつけてくる作品でもある。同時期に『モーニング』で連載が始まった，うめ『東京トイボックス』は，秋葉原にある弱小ゲーム会社を舞台にしている。クリエイター気質の社長と起業コンサル会社から出向してきたエリート社員の軋轢を起点にゲーム開発の課題や魅力について描いた本作は，「最高に面白いと思えるゲームを創りたい」という主人公の熱い思いが物語を牽引する作品だ。

季刊BLアンソロジー雑誌『Edge』の後継である『OPERA』で2013年より連載されたトウテムポール『東京心中』は，テレビ制作会社を舞台に新入社員と先輩による仕事や恋愛を描いたBL作品である。もともとは同人誌として発表されたがコミックとしてのちに発売され，さらに雑誌連載に至ったという異色作だ。掲載誌だけでなく，制作の背景や作品設定も他とは異なる本作だが，インパクトやギャグの要素はほとんど見られず，リアルな「お仕事」ものとして読ませるものがある。これについてはのちに検討を加える。東村アキコ『東京タラレバ娘』は，2014年から『Kiss』などで連載された。脚本家である主人公とその友人たちの友情を中心に，金髪で美青年の人気モデルなどを絡めながら恋愛と結婚，仕事の行方を描いたラブコメディであり，2度のテレビドラマ化を経ているヒット作でもある。本作の読みどころは東村アキコ特有のメリハリの効いたギャグ表現であろう。恋愛や結婚に振り回される自虐的な描写は読み手の心に深く刺さるが，それがサラッと読めてしまうのも書き手の手腕によるものと思われる。

「青春」ものと同じように，「お仕事」ものにおいても，インパクト，ギャグ，メリハリといった方針が東京タイトルからは見えてくる。比較のために東

京タイトルと同じ基準を使って「大阪／ナニワ／浪速」でリストを作成したところ，平井りゅうじ『まいど！南大阪信用金庫』（お仕事），サラ・イイネス『大阪豆ゴハン』（お仕事），青木雄二『ナニワ金融道』（アウトサイダー），南勝久『ナニワトモアレ』（アウトサイダー）の4作品が選出された。このうちの「お仕事」である『まいど！南大阪信用金庫』と『大阪豆ゴハン』は，「大阪のどこかにこういう暮らしがあるのかも…」と思わせるような，地域の暮らしを鋭い観察眼で切り取りつつ日常的な風景を描く良作である。実在の都市名を作品に冠することがかえって非日常性につながるというわけではなく，「東京」という名詞に非日常性を想起させ，他の世界と差別化するような独自の効果があるとみるべきであろう。

「東京」と外連味の親和性　以上の検討から，ガールズと東京タイトルにはかなり距離があると言わざるを得ない。もちろん，日常生活から離れた世界を提示し，非日常的な演出で高揚感を与える手法はエンターテインメントとしては必ずしもマイナスではない。喩えるならば，舞台演出でいうところの外連味（歌舞伎において，役者が一瞬で姿を変える「早変わり」や「宙乗り」と呼ばれるワイヤーアクションで見る側を「あっ」といわせる工夫）と同様の効果をもつと考えられるのではないか。こうしたインパクトやギミックが生きるのは，「青春」や「お仕事」ではなく「ファンタジー」であると思われる。東京タイトルの「ファンタジー」のうち最も新しい作品である，和久井健『東京卍リベンジャーズ』を見ておこう。

　2017年から『週刊少年マガジン』に連載された『東京卍リベンジャーズ』は，26歳のフリーターがタイムリープ能力を獲得して中学生時代（映画では高校生）に戻り，恋人と弟を救うために奔走するという「ファンタジー」である。それと同時に，本作は暴走族の抗争を描いた「アウトサイダー」ものでもあり，恋愛や若者の成長を描いた「青春」ものの要素も兼ね備えている。第44回講談社漫画賞少年部門受賞，2021年にはテレビアニメ，映画，舞台になり，2022年7月時点で累計発行部数6500万部を突破しただけでなく，本作は日販調べ作品別コミックランキングでは2021年の年間売上第3位にランクインしている。今最も読まれている作品の1つだ。

　なお，日販ランキングの2位は浅草を舞台にした展開があるなど（アニメでは「浅草編」）東京近辺のイメージが用いられている吾峠呼世晴『鬼滅の刃』，

１位は東京都立呪術高等専門学校を舞台にした芥見下々『呪術廻戦』であった。どちらもインパクトやメリハリを重視した演出をおおいに取り入れていて，若者を主人公にした「青春」ものであり，「アウトサイダー」要素が盛り込まれた「ファンタジー」作品と言える。出版状況の屋台骨として現在最も読まれている作品は東京タイトルの特徴をほぼ網羅し，「東京」を舞台に非日常を描いている。「東京」は外連味としての効果を存分にもたらしているのだ。とはいえ，商業的に成功している作品から「東京」を追求するとガールズが遠のくことも，お分かりいただけただろう。

4　親密性の舞台としての東京

匿名化される東京，顕名化する地方　では，「東京」とガールズの関係とはどのようなものなのか。ここまで十分検討できなかったカテゴリー，「青春」ものの中でも修学旅行などの学内行事や就職，進学などを描く「学園もの」をみてみたい。『ちはやふる』の場合，部活動を軸としているため，首都かつ大都市である「東京」を舞台にする必然性があった。東京タイトルにおいては『東京スーパーシーク様‼』がこれに該当するが，先に検討したようにおよそオーソドックスとは言いづらい作品である。クラスメイトや教師，家族をめぐる人間関係や内面の掘り下げ，すなわち親密性が話の軸となる「学園もの」は，どのような場所に置かれているのだろうか。

　東京を離れるならば，「学園もの」の王道として，椎名軽穂『君に届け』がある。第32回講談社漫画賞少女部門を受賞してアニメや実写映画になったほか，2023年にはNetflixでドラマ化が決定されるなど根強い人気を誇っている傑作だが，舞台は北海道だ。同時期に『別冊マーガレット』に連載されていた他の作品，たとえば咲坂伊緒『アオハライド』はテレビアニメや実写映画になった人気作である。突然長崎に転校したはずの初恋の相手と高校で再会するところから物語が始まる本作だが，その高校がどこにあるのかは具体的に示されない。映画撮影は富山県で行われた。

　学校などを中心として生活の基盤を形成するエリアは生活圏と呼ばれ，読み手自身が暮らす場でもある。物語を生活圏におくことで，共感とリアリティ感じさせながら読者を作品世界へスムーズに引き込む効果が期待できる。さらに

言えば，その閉鎖的な特性が思春期特有の成長過程にシンクロし，「ここでは
ないどこか」という図式を無理なく作品に組み込むことにもつながるだろう。
『君に届け』での進路選択や『アオハライド』の転校が，読み手の心にグッと
迫り，エモーショナルなリアリティの起点になる所以でもある。

　「学園もの」をみてみると，首都や大都市という「東京」固有の特徴は，む
しろ物語展開の阻碍となるように思われる。ガールズによる親密性の舞台はど
こなのか。東京以外を舞台とする作品も含めて，クラスメイトや教師，家族を
めぐる人間関係を描きながら登場人物の内面を掘り下げた作品として，設定が
似ている３作を検討してみよう。吉田秋生『海街 diary』，羽海野チカ『３月
のライオン』，ヤマシタトモコ『違国日記』である。いずれも親を失った
ティーンエイジャーが新しい「家族」と交流し，周囲の大人やクラスメイトの
助けを借りながら自分を取り戻して少しずつ成長する様子を描いた傑作だ。

　第11回文化庁メディア芸術祭マンガ部門優秀賞などを受賞して2015年に映画
化され，第68回カンヌ国際映画祭コンペティション部門にも出品された『海街
diary』をみてみよう。山形で暮らす女子中学生が父の死をきっかけに３人の
異母姉の暮らす鎌倉に転居する本作は，作中にはたくさんの鎌倉の風景や実在
する喫茶店などが登場し，生活の様子がリアルに想像できる内容になってい
る。主人公はサッカーの才能を持っていて，物語の終盤では静岡県への高校進
学をめぐって悩むことになる。ひとりぼっちの子どもが生活圏で親密性を育み
ながら包摂され，「ここではないどこか」へ旅立つ過程を描く美しい作品だ。

　第24回文化庁メディア芸術祭賞マンガ部門大賞ほか様々に評価され，テレビ
アニメや舞台化もされた『３月のライオン』は，両親を失いプロ棋士として身
を立てる男子高校生とそれを支える三姉妹の物語だ。勝負ごとの厳しさと学校
や地域での暖かい交流を描く本作は，東京を舞台していているが，生活圏とし
て月島が繰り返し描かれる。首都や大都市ではなく，暮らしの場である下町と
しての東京がそこにはある。『違国日記』は，突然の事故で両親を亡くした女
子中学生が小説家の叔母と暮らす物語である。叔母の職業や暮らしぶりなどか
ら，おそらく東京が舞台だと想像できる。ところが『３月のライオン』とは異
なり，本作ではスターバックスやスーパーマーケットなどが登場するものの，
東京という実在する都市と物語を架橋するシンボルや地名が意図的に排除され
ているように読める。「東京」固有の特徴はコントロールされ，「アーバン」と

も呼べる匿名化された東京に物語が置かれているのだ。

　　東京とアーバン　　本章では今般の漫画におけるガールズとアーバンの外縁を
　の こ れ か ら　　確認するべく、「東京／トーキョー／TOKYO」がタイト
ルに含まれていて単行本9巻以上が発売されている1990年代以降の作品につい
て検討を加えた。このリストの作品を本章では東京タイトルと呼んでいる。あ
る程度商業的にも成功していると思われる東京タイトルであるが、今や漫画で
「東京」を冠することは読者を非日常的な世界へ誘う道標であり、分析からは
インパクトやユニークな作品が志向される傾向が見えてきた。登場人物の内面
を掘り下げて親密性を描く作品の場合、首都や大都市であるという「東京」の
特徴からは距離を置き、舞台を下町や地方都市に設定していたり、「アーバン」
と呼び得るような匿名化された「東京」が用いられている例も確認した。

　本章で見た「東京」を舞台にした漫画作品では、シンボルとしての「東京」
と「アーバン」である匿名化された東京が使い分けられていて、どちらも東京
の一側面であるにもかかわらず、親密性の舞台として交わるのは難しいように
見える。

　ここで、東京タイトルの中で異質だった『東京心中』を見てみよう。本作は
渋谷にあるテレビ番組制作会社の物語である。登場人物たちは都内の職場とア
パートを往復する暮らしをしているため、生活圏には首都や大都市の要素が登
場しない。仲間との交流やパートナーシップは、匿名化された「東京」でおも
に育まれる。しかし物語の終盤になると、出向先に大手テレビ局が登場するこ
とになる。生活圏に割り込んできた首都かつ大都市としての「東京」によっ
て、登場人物たちは大きな転機を迎えていくのだ。仕事に関連した展開を描く
際に首都かつ大都市という「東京」が、愛や親密性は私的な領域で営み、仕事
や政治は公的な領域で営むという近代社会の構図そのものである。

　他方、冒頭で見たように漫画は多種多様であり、ここで検討したのも一定の
基準で選び出したごくわずかな作品にすぎない。本章の結びに代えて、東京の
真ん中でガールズが親密性を育むという物語のあり方について、さしあたり2
つの例を紹介したい

　1つは、『3月のライオン』で描かれた月島のように首都や大都市ではなく
生活圏としての東京を掘り下げるという方向、いわば地元としての東京の提示
である。東京タイトルでは『東京自転車少女。』がこれを試みている。「むやみ

に他人に干渉しないことが東京で暮らすルール」と信じていた女子高生が練馬区大泉学園にある酪農牧場（実在する）を訪問し，地元の魅力を再発見するエピソードが典型例だろう。コミュニティの力を描くことは恋愛以外の人間関係を掘り下げるストーリーにつながり，人々が信頼し支え合いながら暮らすという意味での親密性に接近することができるように見える。

　もう1つは，東京を舞台に女性の多様なライフコースを肯定する物語である。第39回講談社漫画賞少女部門受賞，2016年と2021年にテレビドラマ化されて大ブームとなった海野つなみ『逃げるは恥だが役に立つ』が有名だが，より東京に接近した良作として，2016年にテレビドラマ化された池辺葵『プリンセスメゾン』を紹介しておきたい。居酒屋で働く年収250万円の独身女性が1人でマンション購入するという物語だ。テーマが不動産であるため，様々な物件と立地が作品中に紹介されるだけでなく，広告代理店で働くキャリアウーマンや大御所漫画家など，そのマンションで暮らす単身女性のエピソードも挿入される。本作の読みどころは，真摯に住処を探す主人公に打たれた周囲の女性たちが少しずつ手を差し伸べ，いつしか互いに支え合う存在になる展開だろう。独身女性が自力でマンション購入というと夢のようだが，それを実現させる人が東京にいることを信じさせてくれる作品だ。

　ガールズが登場するアーバンと言えば，華やかな職業の登場人物がブランド品に囲まれ，首都かつ大都市であるコンクリートジャングルをハイヒールで闊歩する女性像を想像することもできる。1988年に連載開始した柴門ふみ『東京ラブストーリー』のような世界観だ。しかし，令和のガールズは，コンクリートジャングルを仲間と共に自転車やスニーカーで移動する。彼女たちの移動の目的は，恋人との出会いではなく，自らを包摂してくれる居場所を自力で探すことである。この視点に立つことができて初めて，親密性の舞台として東京が立ち上がるのだ。

参考文献

芥見下々，2018-，『呪術廻戦』集英社。

安童夕馬・大石知征，2003-2005，『東京エイティーズ』小学館。

池辺葵，2014-2018，『プリンセスメゾン』小学館。

羽海野チカ，2002-2006，『ハチミツとクローバー』宝島社・集英社。

羽海野チカ，2016-，『3 月のライオン』白泉社。

うめ，2005-2013，『東京トイボックス』講談社。

江川達也，1992-2001，『東京大学物語』小学館。

北川みゆき，1996-1998，『東京ジュリエット』小学館。（注1）

吾峠呼世晴，2016-2020，『鬼滅の刃』集英社。

柴門ふみ，1988-1990，『東京ラブストーリー』小学館。

咲坂伊緒，2011-2015，『アオハライド』集英社。

さぎり和紗，2014-2018，『東京スーパーシーク様!!』ジャイブ。（注1）

サラ・イイネス，1992-1998，『大阪豆ゴハン』講談社。

椎名軽穂，2006-2017，『君に届け』集英社。

末次由紀，2008-2022，『ちはやふる』講談社。

稚野鳥子，2005-2015，『東京アリス』講談社。

トゥテムポール，2012（2013）-2021，『東京心中』クリエイターズギルド・茜新社。
　　（注2）

二ノ宮知子，2001-2010，『のだめカンタービレ』講談社。

平井りゅうじ，1998-2003，『まいど！南大阪信用金庫』小学館。（注1）

ヤマシタトモコ，2017-，『違国日記』祥伝社。

吉田秋生，2006-2018，『海街 diary』小学館。

和久井健，2017-，『東京卍リベンジャーズ』講談社。

わだぺん。，2011-2016，『東京自転車少女。』アース・スターエンターテイメント。

全国出版協会・出版科学研究所，2021，コミック販売額（2022年8月10日取得，https://
　　shuppankagaku.com/statistics/comic/）。

注1：単行本発刊年を参照した作品。他は連載期間を採用している。

注2：2012年にドルチェシリーズより電子書籍化，2013年単行本化。

📖 おすすめ文献・映画

近藤聡乃，2015-2020，『A 子さんの恋人』KADOKAWA／エンターブレイン。

＊ニューヨークに残してきた恋人と大学時代の元彼の間で揺れる漫画家 A 子が，美大の同窓生と交流しながら人生を決めていく物語。阿佐ヶ谷を舞台にリアルな暮らしぶりが描かれるが，主要な登場人物は全員匿名化されている。彼らが本来の名前を取り戻す過程が読みどころ。

高松美咲，2018-，『スキップとローファー』講談社。

＊「石川県のはしっこ」から東京の進学校に入学した成績優秀な女子高校生を主人公に，クラスメイトとの友情や恋愛を描いた学園もの。地元石川と東京を対比させながら物語が進み，魅力的な登場人物たちがそれぞれのペースで成長していく。2021年にアニメ化が決定した。

狩山俊輔監督，2022，『メタモルフォーゼの縁側』〈映画〉。

* 75歳の老婦人と書店でアルバイトをしている女子高校生が共通の趣味である BL漫画を通じて交流を深める物語。芦田愛菜と宮本信子が主演している。鶴谷香央理による原作漫画は2017年にKADOKAWAのウェブコミック配信サイト『コミックNewtype』に掲載されSNS等で評判となり，2019年第22回文化庁メディア芸術祭マンガ部門新人賞を受賞した。

☙ 調べる・考える

・あなたの好きな漫画作品を取り上げ，以下の視点で分析をしてみよう。主人公は誰ですか。ジャンルは何になりますか。舞台はどこですか。なぜその舞台が選ばれたのだと考えますか。

・首都，大都市，アーバン，下町，地元など，東京は様々な顔を持ちます。あなたにとっても最も身近な「東京」はどれですか。その理由も併せて意見交換してみよう。

第9章 家父長制と地方出身女性の選択肢
——山内マリコ論を手がかりに

轡 田 竜 蔵

1　地方出身女性の生きる選択肢

田舎から出てきて搾取されて…私たちって東京の養分だよね。

（『あのこは貴族』〈映画〉）

東京一極集中の進行過程で，地域間の人口バランスは，量的な意味だけでなく，ジェンダー的にも崩れてきている。地方圏の大半の自治体が女性比率を減らす一方，東京圏の人口に占める女性の割合が増加し，2000年以降にその傾向は顕著である。そして，これは日本だけではなく，世界の中枢的な大都市圏において普遍的な現象である（林 2016）。

東京圏の女性比率が高まる理由の中で最も重要なのは，グローバル資本主義の論理に基づく産業立地のあり方である。金融・情報関連の高度な専門技術職は東京を中心としたグローバルシティに集中・拡大する傾向にあるが，これを支える都市型の事務職やサービス業に女性が就くことが多いためである。また，1990年代以降，女性の大学進学率や就業率が急上昇し，男性の比率に追い付いてきたことも重要である。以前よりも，女性が有力な大学や企業で就職することが増えたが，結果として東京に居住する女性が増えたのである。さらには，女性の場合，配偶者や恋人の男性より収入が低いことが多く，自分の意思で居住地を決められずに，Uターン比率が低くなることの影響も考えられる。

一方，東京圏の女性比率の高まりに関しては，東京の方が地方よりも家父長制から自由で，「寛容性」を尊重する価値観が根付いているからだという説明の仕方も根強い。ただし，この点については慎重に考える必要がある。近年行われた計量調査データの多くは，性別役割分業規範において顕著な地域差がな

くなっていることを示している。現在は，伝統的な地縁社会が地方圏でも空洞
化し，地域を超えるウェブ社会の影響力が強まった結果，都会と地方の関係が
シームレスになりつつある時代である。東京の方が家父長制から自由であり，
地方圏の方が伝統的な価値観に囚われているから仕方がないのだ，という色眼
鏡を外してみないと，地方出身の女性の選択肢を広げる可能性は見えてこない
のではないか。

　地方圏で生まれ育った女性にとって，家父長制（＝性別と年齢に基づく男性の
女性支配）の地域的な現れ方も１つの考慮要素として，「将来どこの地域で暮ら
すのが正解なのか」という問いは重要性が高い。この問いに関する社会学の調
査研究も蓄積されているが，本章ではこの問いを質的に深めるために，山内マ
リコの小説・エッセイを手がかりとして考察したい。*

　＊地方出身女性という属性に注目し，地域移動を含む人生選択について，ジェンダー
　の観点から考察した研究には余白が大きい。以下の社会学的研究は，ジェンダー論
　を中心に据えたものではないが，このテーマに関わる先行研究と言える。吉川徹
　『学歴社会のローカル・トラック』，石黒格・李永俊編『「東京」に出る若者たち』，
　そして拙著『地方暮らしの幸福と若者』等（吉川 2003；石黒・李 2012；轡田
　2017）。また，首都圏に比べて関西の大卒女性はキャリア志向を断念する傾向が顕
　著なことについては，前田正子『大卒無業女性の憂鬱』が示唆的である（前田
　2017）。

　山内マリコは1980年，富山市生まれ。富山第一高校を出て，大阪芸術大学映
像学科を卒業後，京都でのライター生活を経て，25歳の時に東京に移住し，地
方都市に暮らす若者の群像を描いた小説『ここは退屈迎えに来て』（2012年，幻
冬舎）でデビューした。同作のほか，『アズミ・ハルコは行方不明』（2013年，
幻冬舎），『あのこは貴族』（2016年，集英社）の３作が映画化されている。2022
年夏現在，長編作品としては，この他に『メガネと放蕩娘』（2017年，文藝春
秋），『一心同体だった』（2022年，光文社）があるが，５作とも山内と同じポス
ト団塊ジュニア世代（1980年前後生まれ）の地方出身女性の経験が軸になってい
る。また，雑誌『エトセトラ』（2019 vol. 2）で，田嶋陽子特集を柚木麻子とと
もに責任編集するなど，フェミニズムに関するエッセイも多い。

　山内の小説は，同時代の「地方」と「東京」が主なる舞台となるが，「地方」
については都市圏から離れた過疎自治体ではない。小説では具体的な地名は書
かれていないが，エッセイやインタビューからは，山内の出身地である富山市

を中心とした地域を舞台にした物語であることが明らかである。すなわち，県庁所在地のある都市圏だが，00年代より人口減少で中心市街地は回復不可能なほどに賑わいを失い，大型ショッピングモールが消費秩序の中心であるような地域である。山内自身，『ここは退屈迎えに来て』の中で，地方郊外の現状を描いた三浦展の『ファスト風土化する日本』を参照している（三浦 2004）。

　山内が主題とする地方出身女性の経験は，以下の３つのフェイズに分けられる。

(1) 10代～20歳前後までの地元の共同性との関わり（『ここは退屈迎えに来て』や『アズミ・ハルコは行方不明』等）
(2) 20歳前後から30代までの上京した地方出身女性の経験（『あのこは貴族』等）
(3) 20～30代の地方暮らしの女性の経験（『メガネと放蕩娘』『一心同体だった』等）

　以下第２～４節では，上記３つそれぞれのフェイズを描いた山内マリコの作品に注目し，そこで描かれる家父長制的な関係に注目しながら，これを社会学的に位置づける。それを踏まえたうえで第５節では，地方出身女性たちの抱える問題に対する山内マリコの立ち位置について，「トランスローカリティ」と「シスターフッド」という２つの視点から読み解く。

2　地方都市における地元の共同性

　十八歳以下の日々を思い返したとき，あの朽ちかけたゲームセンターで過ごしたひとときしか，青春と認定できる時間なんてない気がする。あの時間だけがすごくすごく良くて，それ以外はスカだった。

（『ここは退屈迎えに来て』）

男子の共同性としての地元，その溶解　この節では，山内マリコの小説を手がかりに，地方都市の10代～20歳前後の女性にとっての「地元」の意味について考える。

　『ここは退屈迎えに来て』は，富山市と想定される地方都市を舞台に，椎名

第Ⅱ部　都市で「つながる」

一樹という男性となんらかの接点のある数人の女性（その他に，椎名に思いを寄せる「ゆうこ」という男性）を中心とする物語の連作である。椎名は，高校時代はサッカーが得意で，「やることなすことサマになる」モテ男子で，少しやんちゃで腕白な性格だが，常にクラスの仲間の中心にいた。同級生の女子たちは，個々に椎名への憧れや想いを抱き，卒業後10年が経っても椎名を中心とする男子グループと遊んだ時間を美しく，甘美な青春物語として振り返るが，物語の中では互いに絡まり合うことがない。

　地方都市に10年ぶりにＵターンした「わたし」（映画版では橋本愛が演じた）もまた，その一人である。「わたし」は，「何者か」になろうとして東京の大学に進学し，「はみだし者の女の子」に惹かれるサブカル好きの女性であるが，そんな「わたし」でも高校時代の「椎名みたいな男の子だけが作り出すことのできる，あまりにも楽しい時間」が忘れられない。

　椎名とその周囲の男子たちのホモソーシャル*な関係性がクラスの空気を支配し，「彼らと同じ空気を吸っているだけで，アドレナリンがどばどば溢れ出す」という女の子たちがその男子たちを取り巻く高校生の社会は，男性中心的なジェンダー秩序にほかならない。だが，物語の中の女性たちは，この秩序に抗ったり，下らないと思って距離を取ったりすることもない。女性たちはそれぞれに，椎名のマジックにかかってしまっている。

　　＊女性と同性愛者を排除したところに成り立つ男性間の絆のこと。イブ・セジウィックの概念。

　ところが，高卒後12年が経ち，30歳になると，椎名を中心とした地元の男の子の同級生たちの秩序は溶解している。高卒後の椎名は，地元の仕事がうまくいかずに，大阪に行くことを選択するが，結局そこでもなじめずに，地元に戻り，低賃金で長時間労働のゲームセンターの店長になった。その後，何とかハローワークで見つけた自動車教習所の教師の仕事でささやかな安定を得て，知人に紹介された女性と結婚して子どももいる。すでに男の子たちの地元の同級生たちの共同体からは抜け出していて，小さな家族の幸せの世界を生きているのだ。30歳の椎名からはかつてのオーラは失われ，同級生の「わたし」は，十数年ぶりに再会した時，思わず「なんか椎名，縮んでない？」と言ってしまう。また，別の同級生の「あたし」（映画版では門脇麦が演じた）は，椎名に見捨てられるように会えなくなってしまい，荒んだ毎日を過ごしている。そんな自

136

分に嫌気が差して,「あたし」はつぶやく。

　　誰にも頼らないで生きていこう。誰にもっていうか,男に。行きたいとこ
　ろに自力で行って,したいことをする。誰にも貸し借りはなしで,後腐れも
　なく。
　　とりあえず車だ。移動手段だ。最悪なわたしに必要なもの。

(『ここは退屈迎えに来て』)

　「あたし」のような地方の高卒女性は,そのまま地元に残った場合,同級生
つながりで早く結婚する場合が少なくない。同級生つながりは田舎で生きるう
えでの生命線である。だから,その関係が断たれてしまい,他に活発に関わっ
ているコミュニティがなければ,世界が一気に閉ざされた感覚になる。
　地方の女性が,地元に居場所を失い,このような生きづらい状況に陥った場
合,これをどう打開すればよいのか。『ここは退屈迎えに来て』という標題か
らは,洗練された都会の男が迎えに来ることを期待し,地方都市を脱出したい
女性の話にも思える。ところが,実際はそうではない。山内自身は,同書のタ
イトルは「『王子様みたいな存在に迎えに来てほしい』という意味ではなく,
離れ離れになった女友達に迎えに来て欲しい,もしくは迎えに行きたいという
意味でつけたんです」と語る。ただし,椎名を失った「あたし」には,身近に
思いを共有できる女友達はいない。これもまた地方都市のリアルである。そう
なると,まずは男に期待せず,「誰にも頼らないで生きていこう」とひとり決
意するところから始めるほかない。
　＊「山内マリコ・特別インタビュー(幻冬舎ルネッサンス新社)」(gentosha-book.
　　com) https://www.gentosha-book.com/special_interview/yamauchi/02.html
　　(2022年 8 月31日閲覧)

　女友達同士の連帯という主題は,続く長編小説の『アズミ・ハルコは行方不
明』では,より明確に表現される。同作は,成人の日に再会した小中学校の同
級生つながりから広がる物語だが,中心となる女性たちはいずれも高卒で階層
も低く,地元で出会った男性たちから,それぞれ軽く扱われ,傷つけられた経
験を共有している。そうした女性たちの鬱憤が,地方都市に跋扈し,男性を襲
う「謎の少女ギャング団」というファンタジーに仮託されている。

地元と階層性　山内作品における「地元」の描き方を社会学的に位置づけるにあたり，岸政彦・打越正行・上原健太郎・上間陽子『地元を生きる』における議論が参考になる（岸ほか 2020）。

　この本の中で岸らは，沖縄の若者を中心とした地元つながりについて，階層性の違いによって，地元つながりに対するコミットの仕方が異なるという重要な論点を提示している。市役所職員や教員，大企業社員らからなる「安定層」は，地元外に出た経験のある者も多い。そういう層からすると，地元の共同性は閉鎖的に映り，発展性の欠け，どっぷりとは関わりたくない対象として「距離化」が図られる。これに対して，地元の中小企業や飲食店などで働く「中間層」にとっては，同級生を核とした地元つながりは情緒的にも手段的にも生命線となっており，それは「没入」の対象となる。ところが，建設業や風俗業に従事する「不安定層」は，幼い頃から孤立した家族で育ったり，不登校だったために学校関係のつながりが希薄だったりといった事情のために，地元の社会から「排除」されている。それでも，男性の場合は下層なりの身分制的な社会が機能しているが，女性の場合は「ひとりでいきる」しか選択肢がない状況があるという。

　この枠組みに当てはめれば，『ここは退屈〜』の椎名を中心とした男の子たちの強固な地元つながりは「中間層」の世界観である。そこでは，地方都市の高校生たちは，男女問わず，ゲームセンターやショッピングセンターのフードコート，カラオケやボウリング場，ファミレスやコンビニを居場所として，実に楽しそうに地元に「没入」している。こうした地元大好きの高校生のリアリティの描写の確かさは，山内自身が進学エリート校ではなく，進学志望者と就職志望者が混在する富山市内の私立高校出身者だということが関係するのかもしれない。これが進学エリート校で東京の大学進学を必死になって目指した『あのこは貴族』の時岡美紀の高校生活には，家と学校と参考書しかなく，地元へのまなざしも冷めている。

　これに対して，『アズミ・ハルコ〜』に出てくる元キャバクラ店員の木南愛菜のような地方の高卒女子が，同級生の男の子たちに気に入られようとし，排除され，孤立に追い込まれていく描写は，「不安定層」の世界観と言える。3度の無職の期間を挟み，何とか中小企業の事務職に就いた安曇春子も，朝8時半出勤で夜10時以降に帰宅するという長時間労働にもかかわらず，手取り13万

円と安月給である。ただし，「不安定層」が分厚く，「中間層」と分断された社会として可視化されやすい沖縄のような地域とは異なり，富山のような比較的に豊かな地方都市では，「中間層」と「不安定層」とを表裏一体のものとして捉え，その境界領域に注目する視点が相対的に重要になる。なぜなら，「中間層」をぎりぎりのところで支える同級生の地元つながりの幸福は，地域社会の有力者が支えているわけでなく，脆くて崩れやすいものであり，「不安定層」との境界は曖昧だからである。その点，山内マリコの「不安定層」の描き方は，社会学者の川端浩平が「地域社会のドメスティック・バイオレンス」とよんだ，不可視化されやすい私的領域で起こっている差別や排除のリアリティについての想像力を喚起する（川端 2013）。

　また，『ここは退屈〜』では，椎名を中心とした同級生の地元つながりが，卒業後にはあまり機能せず，その中心にいたはずの椎名自身が長い間不安定な職業を転々として漂流した過程が描かれる。これは，地方都市郊外の中間層の地元つながりのリアリティであって，地縁社会の後ろ支えがなく，それほど強固なレジリエンスがないことを示す。貞包英之は，地方都市の「まちづくり」においては「地域カースト」が成立しており，それは地元の同級生の間でのヒエラルキー，すなわち「学校カースト」が延命した形であると指摘するが，それは「安定層」であるか，あるいは，古い地縁組織の共同性が残る地域に限られたリアリティであろう（貞包 2015）。だからこそ，このような中間層の男の子たちの「地元つながり」に過剰な期待をすることはリスキーな選択である。そこに自らの幸福を期待する女性たちは，その幸福感を手放せずにいるうちに，気がついたらはしごを外され，「不安定層」に落ち込んでしまうかもしれない──。『ここは退屈〜』や『アズミ・ハルコ〜』の「地元つながり」の物語は，そのような不安感につきまとわれている。

3　上京の東京／地元民の東京

ポスト団塊ジュニア世代にとっての「よそものの東京」　難波功士は『人はなぜ〈上京〉するのか』の中で，「上京」の社会意識の100年間の変容に関する表象を分析している（難波 2012）。同著は，多くのテキストを扱っているが，三大都市圏以外の出身の女性が自身の「上京」体験を主題化した小説やエッセ

イとなると圧倒的に少なく，最も古いのは，高知県生まれの漫画家の西原理恵子（1964年生まれ）の『上京ものがたり』（2004年）になる。難波はこの種の作品を「サブカルの首都東京にて地位を確立した上京者が，1980年代に20代だった時代を振り返った作品」と位置づける。

　その後，1990年代に上京した団塊ジュニア世代（70年代前半生まれ）以降は，東京の世界都市化に伴う地価高騰によって，高所得者以外は，地方出身者は23区内に家を購入して定住することが困難になった。そんななか，上京を描いた作品においても，東京での成功にこだわる焦燥感や切迫感は薄れ，難波によれば「脱力した郊外感」を伴う作品が増えた。ただし，団塊ジュニア世代までは，20代の頃には東京本社の雑誌文化を中心とした「サブカルの首都」のリアリティは，まだそれなりの求心力を発揮していた。

　ところが，00年代に上京したポスト団塊ジュニア世代にとっては，ウェブ社会やSNS文化が広がり，その影響が大きくなった。サブカルで東京に拘る者は希少種となり，オタクがマジョリティである時代になった。郊外のみならず東京の都心も含めた全般的なショッピングモール化が進行し，マス消費において，東京に住んでなくては手に入らない商品や情報がなくなってきた。一方，全国的に地元進学・地元就職の比率が高まり，東京の大学進学者の多数が首都圏内の地元出身者で占められ，少数派となった上京者は地元出身者との階級格差を意識せざるをえなくなったのも，この世代以降の特徴と言える。

　それでは，00年代に上京した地方出身女性にとって，東京の魅力とは何であるのか。巨大企業の本社が集積する東京の都心は，資本主義の力に物を言わせた女性向けの消費文化が狂奔している場所であり，その真っ只中にいられることの選民意識に拘る者も少なくない。たとえば，山内マリコより4歳年上の地方都市から上京した作家である雨宮まみは，東京の生み出す消費主義の欲望の幻想に身を委ねる自分自身のことを，その痛々しさや悲哀も含めて肯定する（雨宮 2015）。

　だが，こうした系列とは異なり，ポスト団塊ジュニア世代の中間層の価値観は，ギラギラとした消費主義に対してより抑制的である。00年代に上京した山内は，こうした世代の当事者であり，エッセイ『買い物とわたし』（2016年，文藝春秋）では，「反消費でも，消費礼賛でもなく，そこそこまじめな消費者」という立場を表明している。

　上京してもうすぐ10年。憧れの東京は、住んでみると意外と驚きのない街
だった。テレビや雑誌やネットによって、知らず知らずのうちに予想以上に
予習できていたらしい。なんでも事前に情報を入れられる世の中では、無知
ゆえの強烈な感動を味わうことは難しい。　　　　　　　（『買い物とわたし』）

　山内は、小説の中でも、なけなしの貯金を高級バッグに費やす上京女性を
痛々しく描き、「なにさ、都会の女ぶっちゃって。田舎でプラダなんか持って
たら、分をわきまえないトンチキ女と思われるだけよ」という台詞をぶつけて
いる（「お嬢さんたち気をつけて」『かわいい結婚』2015年）。若い女性向けのエッセ
イ『The Young Women's Handbook』（2020年）では、「モテ」の強迫観念に
駆られ、無理して「カワイイ」存在であろうとする消費主義ではなく、「変な
背伸びもせずに、ただ自分でいること」を旨とする考えを述べている。
　だが山内は、そういう抑制的な消費の時代にあっても、地方都市出身の女子
にとって東京は魅力的である点を強調する[*]。それは、地縁からも血縁からも自
由であり、「躊躇なく自分でいられる」からである。江戸時代から現在まで変
わらない、東京の都市としての懐の深さを、「匿名性よりも、もう一層深い自
由」と山内は表現する。東京では子どもを持たない地方出身女性が増えてお
り、「人口のブラックホール」（増田寛也）と呼んで問題化されているが無理も
ない。女性たちはこの旅人的な自由の特権を手放す理由がないからである。
　＊「「東京」は地方出身者のわたしにとって、あまりに居心地がいい（山内マリコ）」
　　FRaU（gendai. media）https://gendai.media/articles/-/80582?imp=0（2022年 8
　　月31日閲覧）

　一方、山内は、東京を地元とする者には、よそものが享受できるような自由
の感覚はないのだ、という点に注意を促す。親の価値観に応えようとしてプ
レッシャーを感じているし、「案外、近所の目を気にしていたりするし、実家
が盤石であればなおさらその傾向は強い」という。だが、都市の消費社会の自
由を謳歌する単身者、あるいは子どものいない上京者には表層しか見えておら
ず、この点に気づかない。
　ところが、東京に長く住み、結婚・出産を契機にして定住を意識するように
なると、よそものは表層の消費だけにとどまらず、地元民が作り出していた都
市・地域のルール、歴史や文化の深い部分に関わりを持ち、またそこに入り込

むうえでの壁を意識することにもなる。その過程では，結婚や子育てに関する家父長制的な規範にも直面する。そして，地方出身女性は，地元の社会から離脱して東京に出ても，家父長制からは簡単に逃れることができないことを知るのである。これが長編小説『あのこは貴族』で強調されたポイントである。次に具体的にみてみよう。

都市の古層に埋め込まれた家父長制　山内の作品の舞台となる「地方」は，その大半が地方拠点都市とその郊外を中心にしており，条件不利性が著しい過疎・農山村地域の話はまったく出てこない。ただし，『あのこは貴族』の時岡美紀の場合は例外的に，「新幹線の止まる駅」から1時間あまりを要する「漁港で知られる街」（映画では，富山県魚津市がロケ地）が地元として，少し田舎寄りの設定になっている。その理由は，その家庭の貧困と保守的なイメージを強調したかったからではないか。この設定は，富山県の漁港のある街から上京したというまったく同じ設定の女性主人公とした2つの作品を想起させる。1つは，1960年代の作品であり，その後何度も映像化された松本清張の『けものみち』，もう1つは，90年代のテレビドラマ『やまとなでしこ』（脚本・中園ミホ，相沢友子）である。『けものみち』の成沢民子，または『やまとなでしこ』の神野桜子は，いずれも貧困を背景に激烈な上昇志向の自意識を持ち，東京で出会う富裕層の男たちを翻弄し，ライバルの女たちを蹴落としていく。

　時岡美紀の家庭背景も，地域の産業衰退の影響を受け，貧困の色が濃い。父は家業である漁業を廃業し，下請け工場で働くようになり，母も魚の工場のパートを辞めて，郊外のホームセンターでレジ打ちをしている。時岡美紀が県トップの高校に進学し，慶應義塾大学に合格するほどに成績優秀にもかかわらず，父は東京の大学に進学することを渋る。また，上京後に，父親の会社が倒産すると，時岡美紀は学費を払えずに大学を除籍になってしまう。

　ところが，同じ小さな漁港の町の出身の上京女性という設定でも，『あのこは貴族』と90年代までの作品世界とは，決定的に異なる点がある。『けものみち』と『やまとなでしこ』では，自身の出自は恥ずかしいもの，忌まわしいものとして隠蔽される。社会学者の阿部真大は，『やまとなでしこ』における「地方から出てきた若者が東京で豊かになる」という物語展開について批評し，これをもはや現実性のない「おしつけ地方論」の類型に位置づける（阿部2018）。一方，『あのこは貴族』の時岡美紀の場合は，剥き出しの上昇志向はな

く，激しく転落するわけでもない。また，時岡美紀には，田舎への激しい自卑感情はない。高校の同窓会にも淡い期待をもって参加しているし，同窓会を主催した金持ちそうな既婚者の土建屋の三代目からナンパされても，ショックを受けた様子もない。また，帰省時に父親から「女なんだから料理くらいしろ」と女性蔑視的な言葉を投げかけられても，何も言い返さずに食卓を共にしている。

　　いつごろからか悟ったのだ。
　　父みたいな人には，なにを言っても無駄なのだ。美紀はもう十代の不機嫌な娘のように，考え方の違いを主張したり，食って掛かることなどしない。
　　父のような人を，変えることは不可能だろう。　　　　　（『あのこは貴族』）

　このような時岡美紀の思いは，必ずしも田舎に対する幻滅を意味しない。それはむしろ，どこの地域に行っても逃れられない家父長制に対する諦観である。大学を除籍になった後，ラウンジで働き，「ありとあらゆる職種の男たちの会話に混ざり，彼らが酒を飲んで現す本性を知ったこと」で得られた認識である。そしてこの認識は，東京を地元として，そこから出ようとしない上流階級の人々，すなわち青木幸一郎や榛原華子との邂逅を経て，さらに深められる。
　青木幸一郎は幼稚舎から大学まで慶應に通い，弁護士となった。明治時代以来の名家の出身で，一族はみな慶應を出ている。一方，その幸一郎と結婚した榛原華子は，小学校から大学までを名門私立女子高で過ごしたが，それは幸一郎の母親の出身校でもある。「生まれ育ちや家柄，学閥，地元意識のあるエリア」が共通し，その狭いサークルの中にいる人々しか結婚対象と見なされない。興信所に依頼して，婚約者の女性の身元調査をするような男尊女卑的な習慣は，何の疑いもなく引き継がれている。
　時岡美紀は，東京を地元とする「いいとこの子」たちが，自分の地元で生きている人々と同様に，そこに安住する居心地の良さとともに，家父長制的な論理に縛られて生きがたさを感じていることを知る。それゆえに，時岡美紀は，よそものである地方出身の自分のことを10年間も「都合のよい女」と見なしてきた幸一郎を恨まず，その幸一郎と結婚する榛原華子を単純に羨望することもない。東京の「いいとこの子」にとっての地元の論理は，階級や地域の違いを

超えて，自分の出自である地元の論理と相似形である。さらには，自分のように，地方と東京の間でよそ者としての自由を手放さずに生き続けようと思っても，階層の高い男には，都合のよい女として「東京の養分」とされるだけかもしれない。すなわち，時岡美紀はどこに行っても，地元の論理の家父長制と性的欲望の資本制の二重構造から逃れられる自由な場所はないと悟るのである。

　なーんか地元に帰ったみたい。
　美紀は思った。
　中学時代からなに一つ変わらない人間関係の，物憂い感じ。そこに安住する人たちの狭すぎる行動範囲と行動様式と，親をトレースしたみたいな再生産ぶり。驚くほど保守的な思考。飛び交う噂話，何十年も時間が止まっている暮らし。同じ土地に人が棲みつくことで生まれる，どうしようもない閉塞感と，まったりした居心地のよさ。ただその場所が，田舎か都会かの違いなだけで，根本的には同じことなのかもしれない。　　　　　　　（『あのこは貴族』）

4　地方暮らしの幸福と女性

　この町に暮らす人々はみな善良で，自分の生まれ育った町を心底愛していた。なぜこんなに住みやすい快適な土地を離れて，東京や大阪などのごみごみした都会に若者が流出するのか解せないでいるし，かつて出て行きたいと思ったことがあったとしても，この平和な町でのんびり暮らしているうちに，いつしかその理由をきれいさっぱり忘れてしまうのだった。

（『ここは退屈迎えに来て』）

地方暮らしの　　山内マリコの小説に出てくる地方都市に暮らす女性たちは，
幸福と結婚　　物的な便利さという意味でも，人間関係的な緩さという意味
でも，その快適性を強調する。『ここは退屈〜』に登場する森繁あかねは，東京での雑誌の専属モデルの仕事がなくなり，地元に戻って，スターバックスの店員となった。こう書くと挫折物語のようだが，森繁の地方都市暮らしについての満足度は高く，東京への執着は「チョコレートと一緒に口に入れたガムみたいに溶けて」しまったという。その語りからは，地元に帰って人生の次のス

テージに進める意欲こそあれ，「都落ち」と表現されるような悲哀や未練はない。

　地方都市の方が東京よりも快適だという語りは，強がりでも，特殊でもない。筆者は，広島県における20〜30代を対象とした意識調査のデータから，地方の拠点都市の地域の現状評価は高く，この点について属性による有意差はないことを指摘した（饗田 2017）。その一方，東京が「一生住みたい場所」と考える20〜30代の若者の割合は1割台にすぎない。また，生活満足度や幸福度に関しては，社会的属性による違いは明白だが，地域特性による有意差はない。

　肝心なのは，地方暮らしにおいて，何が幸福度の高い人とそうでない人を分けるのかという点である。この点について，筆者の関わってきた計量調査も含め，幸福度に関わる調査の中では，圧倒的に「配偶者の有無」に規定されることが分かっている。特に30代について，結婚している場合は，そうでない場合より大幅に幸福度が高いという身も蓋もない現実がある。この結果は，必ずしも結婚が幸せをもたらすという単純な因果関係ではなく，「あなたは幸せですか」と問われた時に，「幸せ」＝「彼氏・彼女がいる／結婚している」という理解枠組みが一般化しているためと考えられる。

　だから，特に同級生つながりで結婚相手を探すことの多い高卒女子は，それが無理と分かると，人生のステージを前に進めようとして，婚活に意識が向かう。先述の森繁あかねは，高校から東京に出ているので，地元の同級生のつながりが薄い。そこで，Ｕターン後，25歳にして婚活にはまり，あっさりと中年の中小企業の経営者と結婚する。

　一方，先述の饗田の調査では，20〜30代の中でも，地方都市の大卒女性は「今後結婚できないのではないかと心配」なのが約8割と割合が高い。また，30代の地方都市の単身者の7割が「20年後，子育てを経験し，配偶者と暮らしている」とは考えていない。つまり，地方都市でも生涯未婚率が高まっているのに，現状では結婚を幸福の条件とする社会規範が一般化しており，未婚女性が生きづらい状況なのである。

　わたしたちはなにも知らない方がいいし，なにも出来ない方がいいのかもしれない。古来言われているように，可愛くて少しおバカさんくらいが，楽に生きられるというのは真実なんだろう。加賀美の娘にちらりと目をやっ

て，そんなことを思う。そして加賀美は，手遅れになる少し手前で軌道修正できた，わたしの姿みたいだ。主体性が育ちすぎて複雑にならずに済んだ——そのおかげで地元の暮らしにすんなり適応できている——もう一人の自分の姿。　　（「遊びの時間はすぐ終わる」『さみしくなったら名前を呼んで』所収）

　山内の作品は，結婚が前提となっている地方暮らしの幸福モデルに対して，正面から嫌悪感を表明したり，オルタナティブをぶつけたりはしない。山内は，地方都市を地元とし，地元で結婚相手を見つけて子育てをする幸福モデルを「ベタ」に生きる女性の等身大の姿を描きつつ，それとは異なる生き方をする女友達の視線とともに，「もう一人の自分の姿」として読者の前に差し出す。

　たとえば「遊びの時間はすぐ終わる」（2014年，『さみしくなったら名前を呼んで』所収）では，地方都市の狭い範囲で得られる幸福で満足している専業主婦の加賀美の生き方について，元同級生の「わたし」の葛藤が語られる。「わたし」は，加賀美と違って世界を広げたいと思って東京で一人暮らしをしているが，現状を振り返るに，バイト先のインド料理店で習得したチャイを注ぐ技術しか誇れるものがない。「自分にはなにが出来て，なにが向いていて，なにをするために生まれてきたのかを，ひと通り試してみる時間」が必要だと思うものの，加賀美の生き方にもう一人の自分を見出して，焦っている。また，中篇集『かわいい結婚』（2015年）の同名の小説では，地元で主婦を続ける「ひかり」が，東京に行った地元の同級生たちの人生と対比して動揺しつつも，女性が「毎日毎日洗濯して，掃除して，ご飯を作る」のは東京でも地方でも同じ，と現状と折り合う様子が語られる。

　このように，山内マリコは，女性たちが地方暮らしの幸福を求めた結果として，その前提条件となっている「結婚」や「子育て」という選択をし，そこに内包される家父長制の問題に巻き込まれていく過程を描写する。「結婚」や「子育て」とは異なる幸福を目指す女性の価値観を描くのではなく，あくまで「結婚」を望んだ女性のジレンマを描くのである。

　このスタンスの背景には，「25歳までは恋愛第一の，普通にミソジニーが入った，男性社会に適応した女子」だったと語る作者自身の経験が関係していそうだ。山内は，25歳で単身上京して以降，それまでと異なり，恋愛弱者になったと自覚し，28，29歳の時に「フェミに目覚めた」のだ，と語っている。*

その時期に，女性が自身のミソジニーに向き合うべきだと述べた上野千鶴子の著書『女嫌い』を読んだことが大きなきっかけだったという。こうした「遅れてきたフェミニスト」としての経験を背景にして，山内の作品には20代半ばを分岐点にして「モテ」を意識するのをやめて，フェミ的な視点に目覚めるという設定の人物がしばしば登場する。

＊「私たちを幸せにするフェミニズム（山内マリコ＆柚木麻子対談）」（elle.com）
https://www.elle.com/jp/culture/career/g30292520/feminism-makes-us-happy-
vol1-mariko-yamauchi-vs-asako-yuzuki-191227/（2022年8月31日閲覧）

**「結婚＝幸福」の
オルタナティブ**　　地方暮らしの幸福の条件として，家父長制を前提とする「結婚」の重さを少しでも回避する可能性はないのか。1つの選択肢としては，「結婚」によって成り立つ「家族」の機能を「地域」に開いていくという方向性がある。具体的には，家と職場以外の「まちの居場所」を確保し，家族という閉じられたメンバーシップに負わせられた家事や育児，介護といったケアの機能を外に開くことである。日本は「家族主義」が強い国であるため，家族資源を利用できない層のためにどのようなオルタナティブを用意していくのかは，福祉やまちづくりの取り組みにおいて重要な課題となっている。

そうした文脈で興味深いのが，小説『メガネと放蕩娘』（2017年）である。これは，地方都市の中心市街地商店街の老舗書店の2人娘（市役所に勤める姉「タカちゃん」と，離婚してUターンした妹「ショーコ」）を主人公としたコメディタッチの小説の形をとるが，商店街研究を中心に15冊もの社会科学の参考文献が挙げられている。90年代から10年代にかけての現実の富山市の中心市街地商店街の衰退と軌を一にしたエスノグラフィのようにも読める。

この小説で，姉のタカちゃんは独身，妹のショーコは離婚してシングルマザーという設定で，典型的な地方暮らしの幸福の条件からは外れている。2人は結婚して標準的な家族を作ることよりも，書店の娘として小さい頃から自分を可愛がってくれた商店街という居場所を守るために奮闘する。そのため，地元の商店街再生のために多くの試みに挑戦するのだが，何をやっても二階から目薬のような経済効果しかなく，ついには実家の書店も閉店となる。結婚後に家を出て行くことが想定された娘2人は，店を継ぐことを期待されておらず，父の決定に抵抗することもなかった。ただ，それでも2人は諦めずに，空き店

舗活用に挑戦するが，そこも結局，再開発で取り壊される。商店街が滅びた後に残ったのは，「まちなかハウス」である。ここは，デイサービスと託児所が一体化して，介護と保育を同時に行う施設である。これはいわゆる富山型デイサービスをモデルとした施設である。その核には，家族の代替物として，地域という枠でケアという課題を引き受けようとする理念がある。この実践に対しては，家族という積み過ぎた箱を開き，ケアを地域に開いても，共助がもっぱら女性たちによって支えられるなら，家父長制を乗り越える実践としては限界があるという指摘もある（斉藤 2019）。だが，それは堅牢な家族主義によって支えられた地方暮らしの幸福モデルとは別のところに，女性の居場所を用意する試みではあるだろう。小説は，そこに希望を残して閉じられる。

　　商店街だろうが，住宅街だろうが，マンションだろうが，そこに子どもがいて，その子どもたちが楽しそうに遊んでるんなら，別になんだっていいやと，わたしは思った。子どもたちよ，ここでいっぱい思い出作って，大きくなれよ。そしてこの街を，大好きになって。大人になったときも，大好きでいてね。わたしは，そんなことを思っていた。　　　　　　　　（『メガネと放蕩娘』）

この『メガネと放蕩娘』と対比できるのが，やはり富山市出身で東京からＵターンした，山内と同世代のライター・藤井聡子のＵターン後の10年を綴ったエッセイ『どこにでもあるどこかになる前に。』である（藤井 2019）。
　藤井はＵターンするなり，単身女性として地元で生きていくことの苦しさを感じる。同居する母親からは，「富山で一生懸命，子どもを育てながら働いとる子たちは，あんたの何歩も先に行っとるよ」とか，「一生，自分探しするつもりなん？」「これからどうやって，ひとりで生きていくが？」等々とえげつない言葉を浴びせられ続ける。そんななか藤井は，自分を保つために街の「変な人」であろうとし，「ピストン藤井」という性別不明な筆名で執筆活動を始めた。そして，ガラス張りの綺麗なビルが増えていく富山市の中で，寂れた裏路地に集まるサブカル好きの希少な人々とのつながりの中に居場所を広げてきた。だが，この藤井の試みは，敗北の連続であった。Ｕターンして10年，富山市の中心市街地再開発によって愛する居場所は一掃され，「変な人」仲間も次々と失い，撤退戦を強いられている。藤井の著書には，そうした逆境で

も，自らの言葉の力を信じる矜持が示されている。

　山内マリコの作品の多くは，地方暮らしの幸福の条件としての結婚制度の罠を描きながらも，それでも結婚を望む女性の多数派の姿を描いてきた。地方暮らしの幸福を，サブカルや若者文化を卒業した後のステージの問題として捉えているところがある。これに対して藤井は，「みなと同じ幸せを迫る閉鎖性」に疑問を感じ，サブカルへの愛を手放さず，結婚以外の地方暮らしの幸福のオルタナティブをストレートに追求してきた。両者は異なったアプローチでありながら，Uターンした地方都市出身の女子がまちの居場所づくりという課題にどう向き合うかという点において交差している。結婚する人生と結婚しない人生のそれぞれの希望と困難とについて考えさせられる。

5　トランスローカリティとシスターフッド

　田舎はねぇ，どこもいいとこなんだけど，人の流れが淀んでいるから。人の流れが淀むと，なんでもダメね。お金も回らなくなるし，どんどん内向きになってちっちゃいことで揉めたりね。だから外から人に来てもらって，風通しよくしなきゃダメなんだよ。

（『あのこは貴族』）

自ら生きる場所の選択肢を広げる
──トランスローカルな視点　これまで，女性の地方暮らしの幸福モデルの条件として，結婚が避けては通れない問題となっている状況に注目してきた。だが近年，必ずしも結婚を前提としない地方移住が1つのトレンドとなっており，自分で人生を選び取り，仕事や暮らしに手応えを感じたいというローカル志向の価値観に駆動されて移住する女性が増えているという時代状況もある。

　本章の冒頭で述べたように，地方は特に高学歴女性の雇用の選択肢がないことが問題であった。ところが，コロナ禍を経た現在は，IT技術を駆使して都会と田舎を結びつけるクリエイターが地方都市や田舎で存在感を増している。山内マリコ原作の世界観に共感し，『あのこは貴族』を撮った映画監督の岨手由貴子も，地方移住者（金沢市）の一人として，自治体の移住支援のホームページに紹介されている。第3節で注目した『あのこは貴族』の時岡美紀も，高校・大学の同級生である平田佳代と一緒に地元で「新しいお土産を作ったり，

街の案内用アプリを開発」したり，「もっと観光客に来てもらうためのいろんな企画を練る，なんでもやる会社」を立ち上げて，地元と東京を往復する「トランスローカル」な仕事と暮らしに活路を見出している。地方には大卒女性向けの雇用やクリエイティブな知的産業がないと嘆くのではなく，都会のリソースを活用して地域課題を解決しようとする試みが活性化しているが，時岡美紀と平田佳代の会社もそうした時流に乗ったローカルベンチャーであろう。古い地域社会が空洞化して衰退した反面として，その同化圧力は弱まっている。田舎の方が排他的というのは一昔前の話であり，人口減少が著しい地域においては，都会的センスを持った若い移住者が吹かせる新しい風への期待も強い。地方でも，東京のようによそものの自由が得られる可能性が広がりつつある。

　山内マリコ自身も，覚悟を決めて富山を捨ててきたタイプではなく，東京と富山の２拠点を股にかけた「トランスローカル」な作家である。東京で結婚し，生活の拠点を置いているが，その一方で，富山のローカルメディアに連載を持ったり，ラジオのパーソナリティとして地域で活動する様々な女性の話を聞くコーナーを担当したりしてきた。山内のオリジナリティの源泉は，東京と富山という２拠点で活動を継続していることにあるのは疑いない。その意味で，山内の言う「匿名性よりも，もっと深い自由」は，東京という１つの都市への執着を超えて，地域を跨ぐモビリティを手に入れ，様々な立場の女性たちの生き方の分断を乗り越えようとする実践によって，より広い世界観に接続している。

地域移動と　シスターフッド　地方から東京へ，そしてまた東京から地方へ。トランスローカルな地域移動によって視点を動かし，異なる生き方をしている女性たちを出会わせて，シスターフッドの物語によってつなぐ。こうした山内マリコの創作手法の集大成が，『一心同体だった』（2022年）である。

　この作品は，1990年から2020年の間で，10歳から40歳になった同じコーホートの女性のライフコースに沿った短編８篇の連作である。前の作品の登場人物の一人が次の作品の主役になるという「輪舞形式」で，女性どうしの友人関係についての物語が展開する。地方の地元の同級生との関係の物語から始まり，上京した地方出身女性の友人関係，地方赴任になった東京のキャリア女性と地方暮らしの女性の邂逅，地方で子育てをする女性間のつながりなど，同時代の女友たちの関係を通して，様々な地域移動の経験が掘り下げられる。

山内自身が指摘する重要なポイントが，この作品の登場人物で，「自分の意志で選択して，自分の経済力で好きな場所に住めている女性は，一人も出てこない」という点である*。

> *「山内マリコさん「一心同体だった」インタビュー　女性たちが生きてきた平成の30年を虚飾なく」好書好日（asahi.com）https://book.asahi.com/article/14651645（2022年8月31日閲覧）

たとえば，田舎から映画監督になることを夢見て上京した大学の北島遥は，映画サークル内の家父長制的な秩序の経験を機に思いは冷却し，最終的には地元に帰ってレンタルビデオ店の店員をしている。あるいは，房総から上京して大企業のキャリア女性となった小林里美は，34歳にして予想外の単身転勤で地方支店勤務となり，慣れないライフスタイルにカルチャーショックを受けつつも，高卒のローカルキャリアの大島絵里との交流を通して，地方暮らしの合理性について理解を深める。そして大島絵里もまた，立場の違う女性たちとの交流を通して，30代の10年をかけて離婚と再婚・出産を経て，自身のミソジニーを克服し，自分の言葉を得ていく。

こうしたいくつかの物語を読むだけでも，女性がどこに住むことになるかは自分の意思だけではなく，経済的な制約に加えて，家父長制の論理とのせめぎ合いによって決まるものだという複雑な状況が浮き彫りになる。こうした状況の中で悩む女性たちのために，山内は優しいシスターフッドの物語を提供する。すなわち，東京と地方の間を移動する女性どうしの間の邂逅や友情を描くことで，孤立した女性には共感する女性がいることを示すのである。あるいは，地域移動の経験や階級の違いによって価値観が分断している女性たちには，異なる考え方があることを学ぶための関係性を与え，それによって男性に振り回されずに，自分の意思で生きる場所を見出す重要性を示すのである。

6　異なる選択をした「もう一人の自分」を想像する

本章では，地元の共同性，上京した場合の東京暮らし，そして地方で暮らす場合の幸福の条件という3つの論点を検討した。それぞれにおいて，家父長制の罠があり，それによって生き方を左右されている地方出身女性の選択肢について，社会学の観点から考察した。

　そのうえで，「地方出身女性は，東京と地方のどちらで生きるのが正解なのか」という本章の最初の問いに対して，山内の作品からあえて答えを出すとしたら，どうなるだろうか。どちらにしても家父長制から逃れるのは難しいので，地域を超えて視点を移動できるように世界観を広げ，シスターフッドを手がかりとして自分と異なる選択をした女性たちを「もう一人の自分」として受け入れる過程を通して，自身の家父長制への対峙の仕方を確かめていくことが大事だ，となるのだろうか。

　筆者は『地方暮らしの幸福と若者』で，「地方暮らしの若者の多くは「幸福」であると言えるが，社会的属性による違いが大きく，大都市よりも幸福であるとか不幸であるかといった一般的な言い方は適切ではない」と述べた。この認識は，「東京と地方のどちらで生きるのが正解なのか」という問いに対してフラットな立場を示す山内の地方出身女子の描き方と相通じる。また，女性の幸福に対して結婚が与える質的な意味について，本章では，山内の作品の登場人物の視点を借りて考察を深めることができた。

　ところで，筆者は，山内と同じく富山市出身者である。そのため，地方出身者としての感覚，地域についての印象は共有できる。だが，その一方，少し年上の団塊ジュニア世代であり，時岡美紀が卒業したような地元の進学校を卒業して上京した男性であるゆえに，地元への距離感が異なる点がある。同じ地元に育ち，同じ地域に暮らしていても階層やジェンダー，世代や年齢の違いによって，見え方は異なる。地元に残った「もう一人の自分」を想像することから，どういう新しい視点が生まれるだろうか。今後の「地方」を生きる人々に関する調査研究の課題としたい。

参考文献

阿部真大，2018，『「地方ならお金がなくても幸せでしょ」とか言うな！――日本を蝕む「おしつけ地方論」』朝日新書。
雨宮まみ，2015，『東京を生きる』大和書房。
石黒格・李永俊・杉浦裕晃・山口恵子，2012，『「東京」に出る若者たち――仕事・社会関係・地域間格差』ミネルヴァ書房。
川端浩平，2013，『ジモトを歩く――身近な世界のエスノグラフィ』御茶の水書房。
岸政彦・打越正行・上原健太郎・上間陽子，2020，『地元を生きる――沖縄的共同性の社会学』ナカニシヤ出版。

斉藤正美，2019，「富山のどこがスウェーデンか？──大都市圏からのアウトサイダー視点による地方の描写」『論座』2019年5月号，朝日新聞出版。

貞包英之，2015，『地方都市を考える──「消費社会」の先端から』花伝社。

難波功士，2012，『人はなぜ〈上京〉するのか』日本経済新聞出版（日経プレミアシリーズ）。

林玲子，2016，「女性の活躍と人口移動」『ビジネス・レーバー・トレンド』2022年5月号，独立行政法人労働政策研究・研修機構。

藤井聡子，2019，『どこにでもあるどこかになる前に。──富山見分逡巡記』里山社。

前田正子，2017，『大卒無業女性の憂鬱──彼女たちの働かない・働けない理由』新泉社。

三浦展，2004，『ファスト風土化する日本──郊外化とその病理』洋泉社新書y。

吉川徹，2001，『学歴社会のローカル・トラック──地方からの大学進学』世界思想社／新装版，2019，大阪大学出版会。

✎ おすすめ文献・映画

轡田竜蔵，2017，『地方暮らしの幸福と若者』勁草書房。
＊地方暮らしの幸福の条件について，広島県の20～30代を対象に876人への計量調査と58人へのインタビューの両面から考察。山内マリコ作品と同様，地方暮らしの女性の人生選択について考える資料として。

上野千鶴子，2010，『女嫌い──ニッポンのミソジニー』紀伊國屋書店／2018，朝日文庫。
＊ミソジニーとは，男性にとっては女性嫌悪，女性にとっては自己嫌悪。女性の生きづらさの根幹に何があるかを考察する。山内マリコが，20代後半にこれを読んでフェミニズムに目覚めたという一冊で，作品にも影響が窺える。

岨手由貴子監督，山内マリコ原作，2021，『あのこは貴族』〈映画〉。
＊東京を地元とする上流階級の若者たちと，地方出身の上京組の女性たちとの出会い。同じく地方暮らしの監督が，原作の小説の世界観を丁寧に描いた傑作。女性どうしが，男性を奪い合うキャットファイトにならず，立場を超えて理解しあうのがポイント。

✿ 調べる・考える

・東京で生まれ育った女性と，地方（地方都市，過疎地域）で生まれ育った女性の人生の選択肢はどのように違っているだろうか。
・あなたは，20年後，どんな地域に住み，誰と暮らしていたいだろうか。そしてその理由は何だろうか。

コラム2　都市空間とマッチングアプリ
　　　　——匿名性を越えて，つながる

木村絵里子

　恋人や結婚相手との出会いはどこにあるのだろうか。

　第16回出生動向基本調査によれば，結婚相手と知り合ったきっかけは，「友人・兄弟姉妹を通じて」が25.9％と最も多い。次いで「職場や仕事」が21.4％，「学校」が14.1％，「SNS，アプリ」が13.6％，「見合い」が9％，「街なかや旅先」が5.8％，「アルバイト」が4.5％となっている（国立社会保障・人口問題研究所，2018年7月〜21年6月の間に結婚した初婚同士の夫婦の出会い，他は省略）。

　高度経済成長期以降，見合いをきっかけとしたいわゆる「見合い結婚」に代わり，恋愛関係を経て結婚へと至る「恋愛結婚」が多数派を占めるようになった。結婚相手の選択過程は，家柄の釣り合い等に基づくものから，当事者同士に委ねられ，個人化してきたのである。

　とはいえ，それでも多くの出会いは，先の調査データが示すように友人の紹介や職場，学校などの既存の社会的ネットワークの内側にある。社会的ネットワークでは，おおよそ同質的な者同士，つまり似た者同士によるコミュニティが形成されていることが多く，その似た者同士による結婚は「同類婚」と呼ばれる。国内の研究では，同類婚の傾向として学歴に着目するものが多く，同程度の学歴を有する者同士の強い結びつきがみられるという。同類婚の増加は，社会経済的格差の拡大や階層分化，さらに次世代への再生産などが懸念される。

　一方，冒頭で紹介したデータにおいて，いわば社会的ネットワークの外側にある出会いとして位置づけられるのが，「SNS，アプリ」「街なかや旅先」「アルバイト」である。特に「SNS，アプリ」による出会いは，友人や職場などの既存の社会的ネットワーク内のそれに比べると必ずしも割合が高いわけではない。だが，「SNS，アプリ」は社会ネットワーク外における他の出会いの中では割合が最も高く，また，前回（2015年7月〜18年6月の間に結婚した初婚同士の夫婦の出会い）の6.0％から倍増している。若年層のソーシャルメディア利用率の高さに鑑みるならば（第6章参照），今後，「SNS，アプリ」による出会いは

増加することが予想される。

　マッチングアプリの魅力の1つは，社会的ネットワーク内の出会いとは異なり，日常生活ではあまり接することのない者同士の偶発的な出会いをもたらすことにあるのかもしれない。特に女性の場合，メディアを通じた出会いが自分より学歴の高い相手との結婚である「上方婚」を促進する（佐々木 2018）。

　実はマッチングアプリが誕生する前から，「インティメイト・ストレンジャー」（富田 2009）という伝言ダイヤル，ダイヤルQ^2，テレクラなどの固定電話を利用したサービスやポケベル，出会い系サイトなどを介してつながる非対面的な匿名の友人や恋人の存在が指摘されてきた。匿名性に守られていると，安心してプライベートな話をすることができ，親密さが急速に深まることがある。また，実際に対面する場合でも，そこで求められているのは無数の匿名者との間で交わされる偶発的なコミュニケーションであった（宮台 2006）。

　匿名で，かつ親密性を備えた関係性とは，既知の人間関係には決して回収されない異質な他者が多数集う都市空間と，両者の接触を可能にするツールとしてのメディアが交錯するところでこそ，取り結ばれることが可能になる。この点は，マッチングアプリによる出会いも同様だろう。じっさい，マッチングアプリの利用者には都市在住者が多いことが指摘されている（羽渕 2023）。

　社会的ネットワークの外側にメディアを介して広がるのは，高い人口量を保持する「偶発的な都市世界＝非共同体」であり，それは安定した「非偶発的な共同世界」からの剥落を意味する（宮台 2006）。

　ただし，恋人や結婚相手を見つけるためにマッチングアプリを利用する際には，「偶発的な都市世界＝非共同体」で，匿名者として一対一のただ二人きりの出会いを遂げた後，親密な関係性を築いていく必要がある。顔写真が掲げられ，どれほどプロフィール欄がつまびらかに記されようとも，マッチングアプリは匿名者との出会いの場であり，なかには匿名的なコミュニケーションを欲する者が紛れ込んでいる。女性向けのある指南書では，「マッチングアプリなら手っ取り早く理想の人を見つけられる」と強調しながらも，「ワンチャン狙いのヤリモク」（ワンナイトのみの遊び目的の相手）や，独身を装った既婚者などを避けるために「相手の見極め方」が重要であると語られる（おとうふ『今すぐ！最高の彼に出会うためのマッチングアプリ恋愛術』）。だから，マッチングアプリを利用する婚活経験者の特徴としては，ソーシャルスキルを持ち，「人を見

る目があり，信頼できる人と信頼できない人を見分けることができる」とする自己信頼が高いタイプが挙げられるのだろう（羽渕 2023）。

さらに，マッチングアプリやソーシャルメディアなどのメディアによる出会いでは，幾度かデートを重ねていたのにもかかわらず，まるで相手が「ゴースト」のように消え，突然，関係が断たれてしまうことがある。この「ゴースティング」（中森 2021）という別れは，LINE などのメッセージアプリやメディアを通してつながっている場合に，どちらかが「既読／未読スルー」や「ブロック」するだけで達成される（明らかに違法性がある際には，弁護士等を通してLINE の ID から氏名や住所を特定することもできるようだ）。こうした別れの戦略が可能になるのも，やはり両者の関係性が社会的ネットワークの中に埋め込まれていないことに大きく起因するのだろう。

マッチングアプリで知り合った相手と個別的で親密な関係を築くためには，互いの氏名はもちろんのこと，さまざまなバックグラウンドを共有しながら，匿名性という，実は大きな障壁を乗り越えなければならないのである。

参考文献

佐々木昇一，2018，「日本の配偶者選択における出会い方の機能に関する実証分析」『國民經濟雜誌』217(6)。

富田英典，2009，『インティメイト・ストレンジャー——「匿名性」と「親密性」をめぐる文化社会学的研究』関西大学出版部。

中森弘樹，2021，「ゴースティング試論——CMC 空間をめぐる一考察」『現代思想』49(10)，青土社。

羽渕一代，2023，「マッチングアプリ利用の現在——アーリーアダプタの属性とその傾向」『メディア研究』102。

宮台真司，[1994] 2006，『制服少女たちの選択—— After 10 years』朝日文庫。

第Ⅲ部

都市で「生き抜く」

第10章

都市に生きる「女子」と労働
——非正規，貧困，そして「夜職」

奥 貫 妃 文

1 働く「女子」に立ちはだかるもの

　本章では，「女子」を「おおよそ40代前半までの女性」を念頭に置いたうえ
で，首都圏ならびに地方都市で生きる女子が直面する労働を取り巻く問題につ
いて考える。男女雇用機会均等法が制定されて37年の歳月が経つが，平成不況
以降，閉塞感から抜け出せない日本社会において，職場の女子に対する差別や
格差は今なお確固として存在する。女子ならびに女子「以降」の女性を取り巻
く「貧困」の正体とは何なのか，探ってみたい。

　なお，「女子の労働」について考える時，いわゆる「夜職（よるしょく）」の存在は切り離
せないと筆者は考えている。これまで筆者の研究分野である労働法学におい
て，夜職を対象とした研究を寡聞にして知らない。労働法のテキストにも夜職
について触れられた箇所は見当たらない。実態が明らかにならない＝闇に潜る
ことが可能となる存在であることが，夜職に就く女子にとって「好都合」な側
面があることは事実だろう。しかし同時に他方では，労働者である女子と事業
者双方の権利義務意識の希薄化や，女子の心身に向けられる剝き出しの危険等
を生み出し，権利主張やSOSを出すことへの躊躇にもつながっている。これ
らはおそらく，女子を雇う事業者に「好都合」な部分となるだろう。こうした
構図からは，人権意識の欠落した技能実習制度から逃れ，「不法就労」状態と
なってもなお働こうとする外国人労働者と，ある種の類似を見る思いがする。

　働く者と雇う側，両当事者の力関係に圧倒的な差がある状態では，健全で公
正な透明性ある契約関係を構築することは困難である。ではどのように克服す
べきなのか，最後に第6節で女子と「夜職」について深掘りしてみたい。

2　都市に生きる女子の「その先」

渋谷の路上で殺さ　覚えているだろうか。大都会東京の渋谷区のバス停で
れた，かつての女子　ホームレス状態となっていた60代女性が近隣に住んでい
る男性に殴られ，死亡した事件のことを。

　時はコロナ禍真っ最中の2020年11月16日。被害者の身元はしばらく判明しな
かったが，やがて広島県出身の大林三佐子さん（当時64歳）であることが明ら
かになった。彼女は2019年初めまで首都圏各地のスーパーマーケットで試食販
売員として働いていた。彼女と一緒に仕事をしたことがある人によると「いつ
も明るく楽しそうに働いていた印象」だったという。ただこの仕事は非正規雇
用の短期契約で常に不安定だった。限られた知人に「家賃を滞納して部屋から
出ざるを得なくなった」と話していたのが４年ほど前のことだという。その頃
から住居を持たず，キャリーケースにすべての荷物を入れて，大都会の夜を漂
流していたのだろうか。亡くなった時，彼女の所持金は８円だったという。

横になれないベンチ　これは大林さんが深夜身を寄せていた渋谷区のバス停の
と排除アート　　ベンチだ（図10-1）。最近都市で増殖している「横にな
れないベンチ」だ。写真を見ていただくと分かるように，きわめて狭い座面に
なっており，横になるどころか，座ることすらままならず，もたれるのが精一
杯だ。真ん中に固定された区切りをつけて，横になれないよう「工夫」も施さ
れている。このようなベンチは，都市部の公園や駅など公共空間の至るところ
で見られる。言うまでもなく，街からホームレスを排除することが目的である。

　同じ目的で作られているものとして「排除アート」もある。人の往来が激しい大都市の駅や地下通路の一角で写真（図10-2）のような摩訶不思議なオブジェや人が入れないよう水を張ったスペースを目にする。

図10-1　大林さんがよくいたバス停ベンチ（筆者
　　　　撮影）

図10‐2　様々な「排除アート」（撮影場所：西新宿・新宿西口構内）
　　　　（筆者撮影）

アートという名前をつけているがゆえに，よけいにグロテスクな印象を受ける。

　1990年代には，新宿西口の地下通路にダンボールハウスを作り寝泊りをするホームレスを警察が有無を言わさず強制排除した。あの頃は剝き出しの権力が可視化されていたが，排除アートや横になれないベンチが増殖した都市は，かつての喧騒の代わりに，実にスマートなやり方で，歓迎しない者を確実に排除する。都市が歓迎しない者とは誰かと言えば，端的に「都市に金を落とさない，消費しない者」である。だから，ホームレスは真っ先に排除される。

　女子が都市でお金を落としてくれる間，都市は女子にとことん優しい。しかしひとたびめくるめく消費の世界から脱落したとたん，都市は排除アートの無数の突起のように容赦なく刃を向ける。それは女子のみならず男子に対しても変わらないが，その先の行き場において男女で差異が生じる。その差異について，次項でもう少し詳しく述べてみたい。

さまよえる
女子の行き場

　本来，ホームレスは男性が圧倒的に多い。統計上（厚生労働省「令和３年ホームレスの実態に関する全国調査」）も，男性1106人に対し女性は48人と，全体のわずか約４％である。女性が路上で寝ることの危険性が男性と比較して相当高いということは明白であるが，女性ホームレスが少ないということは，女性が男性よりも住所不定でさまよえる存在になりに

くいことを意味するわけではない。むしろ，路上の剝き出しの危険を回避すべく，男性とは異なる行動をとることになる。それはどのような行動になるだろうか。

　さまよえる女子がとる典型的な選択肢として2つ挙げることができる。まず「夜職に就く」こと，次いで「知人宅に身を寄せる」である。

　1つ目に関して言えば，夜職は一般的に身分証明書の提示や履歴書や採用試験など，採用プロセスにおける諸々の手続が皆無に等しいため，その日に即採用，現金日払いも可能というスピーディさが大きい。2つ目については，この「知人」の幅が非常に広いため，お互いに信頼関係を築いている友人の場合もあれば，SNSでその日に出会った名前も知らない異性の場合もあり，かなりのリスクを伴うのが実情である。

　なお，ティーンエイジャー女子ならば，新宿歌舞伎町の「トー横」（＝新宿歌舞伎町のコマ劇場跡に出来た新たなランドマークである新宿東宝ビルの横，の意），なんばの「グリ下」（通称「ナンパ橋」としても名高い大阪道頓堀の巨大グリコの看板の下，の意），名古屋の「ドン横」（名古屋栄の繁華街に立つドン・キホーテの横，の意。なお，2022年6月にドン横は閉鎖され，現在は付近のショッピングモール「オアシス21」などに移ったといわれる）なども居場所としてありうるかもしれない。また本来ならば，生活困窮に陥った時のための公的扶助として「生活保護制度」があるが，ほとんどの女子は選択しようとはしない。こうしてみると，女性ホームレスとして身一つで路上を生きる場とした大林さんが，いかに苛烈な選択をしたのか，改めて思い知らされる。

　「彼女は私」　2020年12月6日の夜，約170人の人々が渋谷の街をキャンドル片手に静かに歩いた。「殺害されたホームレス女性を追悼し暴力と排除に抗議するデモ」。それは，大林さんを悼み，女性ホームレスへの暴力に対する怒りと悲しみを表明するためのサイレントデモであった。

　参加者の中に20〜30代の女子の姿が多く見られたのはやや意外だった。彼女たちは，自分たちと世代の異なる高齢女性の事件として捉えるのではなく，むしろ，自分と近しい存在として大林さんの孤独や苦しみ，悲しみ，不安を共有し，静かに死を悼んでいた。若年世代も，労働の貧困，都市からの排除，SOSを出せない孤立感，といったものは，心の奥底で深く共鳴したのであろう。そう考えると，すとんと腑に落ちる気がした。

　大林さんもかつて「女子」として都
市で働き，人生を謳歌していた。生き
生きと明るく働く姿が印象的だったと
いう大林さんは，ずっと不安定で先の
見通しが立ちにくい非正規雇用労働者
であった。「彼女は私だ」。サイレント
デモの時にプラカードに掲げられてい
たこの言葉は，都市でサバイブする女
子の内なる心の叫びのようだ（図10-
3）。

図10-3　サイレントデモで掲げられたプ
　　　　ラカード（筆者撮影）

3　女子をめぐる労働問題

女子の半数
は非正規
　女子の労働問題は，コロナ禍以前から「働く女性の半数以上が
非正規」という形で表面化しており，いまさらというテーマで
はある。ただコロナ禍によって，「働く女子の貧困」がより先鋭化して目の前
に現れたということができるかもしれない。先述の大林さんの事件の背景に
は，日本の女性労働者が長きにわたり置かれている憂うべき実情がある。それ
を端的に示すデータをいくつか紹介する。

女性労働者に関連するデータ

　　①女性の就業者数：　3025万人（男性は3704万人）　※役員を除く

　　②男女間賃金格差：　22.1%（OECD の平均は12.0%）

　　③女性労働者の非正規雇用の割合：　52.6%（男性は22.0%）

　　④ひとり親の平均年間就労収入：　母200万円，　父398万円

　　⑤ジェンダーギャップ指数（GGI）：　146ヵ国中116位

　出所：①③「労働力調査」総務省統計局　2022年7月1日公表，②「男女間賃金格差」（Gen-
　　　　der Wage Gap）OECD 2021年調査，④「平成28年度　全国ひとり親世帯等調査」，⑤世
　　　　界経済フォーラム　2022年7月13日発表。

---

　①をみると，就業者数は男性と女性でほぼ同じと言ってよいだろう。だが②
の男女間賃金格差を見ると22.1%，これは OECD 加盟国のうち下から3番目

という残念な状況である。少しずつ差は埋まっているとはいえまだまだ開きがある。また，③の非正規雇用の割合は男女間で大きく差が開いている。

　「フレキシブルな働き方」とポジティブな表現で進められてきた雇用の多様化政策だが，実情は大量の不安定就労層を生み出した。非正規雇用の１つである「派遣労働」も1985年の導入以来，規制緩和を繰り返して拡大の一途を辿ってきたが，結局のところ，必要な時に必要なだけ労働力を調達する企業のニーズに合致しただけで，労働者の生活保障は著しく後退することになった。

　この動きはもちろん性別を問わず当てはまるわけだが，とりわけ女子がその波を前面でかぶることになった。④のひとり親の就労収入の約２倍に及ぶ男女差を見ても明らかであろう。⑤の2022年のジェンダーギャップ指数の日本の順位について，筆者の授業を受けている学生たちに感想を聞いたところ，「まあそんなもんでしょ」「もっと下の順位だと思ってた」など，失望を超えて諦めに近い声が多数集まったことに，筆者も肩を落とすしかなかった。

「Ｍ字」「Ｌ字」そして「胃袋型」　女性の働き方を象徴するものとしてかねてから「Ｍ字カーブ」の存在があった。出産や育児を機に一度仕事を辞めて，再び働き始める——。そんな女性の働き方を表す用語として広く知られている。20代に上昇した労働力率が出産・育児期にあたる30代に落ち込み，再び上がる様子が「Ｍ」の字に似ていることから，Ｍ字カーブと呼ばれてきた。近年Ｍ字カーブの“谷間”部分は徐々に平坦になりつつある（図10-4）。

　最近新たに出現したのが「Ｌ字カーブ」である。2020年の政府文書（政府の有識者懇談会「選択する未来2.0」中間報告）で初めて登場した。「Ｌ字カーブ」は女性の正規雇用率の年齢ごとの推移を表すものである。女性の正規雇用率が20代後半に５割を超えてピークに達した後，下降の一途を辿る形がアルファベットの「Ｌ」のようだと形容されている。

　育児休業の拡充などもあり「Ｍ字」は解消されつつあるものの，未だ再就職の際に正規雇用で働く女性は少なく，労働条件が相対的に低く不安定な非正規雇用「しか」残されていない現状が明るみになった。

　ここでもう１つの図（図10-5）を見ていただきたい。これは日本の非正規雇用の比率を男女別ならびに年齢階層別に表したものである。男性労働者の場合，非正規雇用の割合が多いのは若年期と高齢期で，中年期は正規雇用が主流であるのに対し，女性労働者は年齢とともに非正規雇用割合が一貫して伸びて

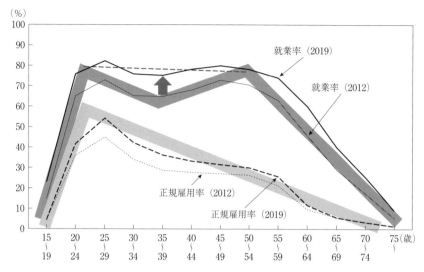

図10-4　女性の就業率と雇用率
出所：内閣府「選択する未来2.0中間報告」(2020年)。

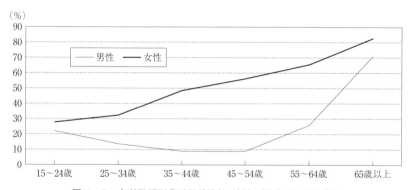

図10-5　年齢階層別非正規労働者の割合（男女別，2021年）
出所：総務省「労働力調査」に基づき権丈英子氏作成。

いることが一目瞭然である。なお，労働経済学者の権丈英子は，この形から
「胃袋型」と呼んでいるが，的確な表現である。

　出産後も働き続ける女性は増えており，第1子出産後の継続就業率は約53%
(2010〜14年に第1子を出産した女性の場合。国立社会保障・人口問題研究所「出生動

向基本調査」）にまで上昇した。2005〜09年の第1子出産女性の統計では約40%
だから，育児休業や保育所の整備・拡充などで，就業を継続する女性が増えて
きたことが分かる。

　それでも半分近い女性が辞めているのも事実だ。辞めた理由は人によって
様々だろうが，離職した女性が再び働こうとした時，残業もあるフルタイムの
就業は難しく，結果的に働き口としては非正規雇用が多数を占めるという状況
が窺える。

　　コロナ禍の　　コロナ禍が長期化し，時が経過すればするほど，困窮を訴える
　　中の女子　　女性たちの数は増え，その職種も増えていった。最初は飲食や
宿泊業，小売業，イベント業などに集中していたが，やがて，フリーランスの
インストラクター，コールセンター，キャバクラ，性風俗業，超短期の日払い
バイトなどで働く女性からも，SOSの声が全国各地から寄せられた。

　筆者の経験で言えば，2021年の正月，新宿歌舞伎町のど真ん中に位置する区
立大久保公園で開設された「コロナ相談村」で相談員として参加した時には，
あらゆる年齢層や職種の女性たちが，寒空の下で列を作って相談に訪れる様を
目の当たりにした。外国籍の女性も多く見られたのが印象的であったが，新年
の浮かれた雰囲気の対極にある女性たちの姿を見ていると，血は流れていない
ものの，さながら野戦病院のようだと感じたことが，今でも鮮やかに記憶に
残っている。

　コロナ禍により女性の貧困の実態が各地で表面化すると，内閣府の予算によ
る「女性のつながりサポート事業」が地方自治体で実施されるようになった。
筆者も神奈川県相模原市の同事業に関わったが，その経験からみると，圧倒的
に非正規雇用で働く女性たちからの相談が多かった。つまり，雇用による
「セーフティーネット」がもともときわめて脆弱な状態にあった女性たちが，
コロナ禍で耐え切れず一気に噴き出してきたと言うことができる。東京つくろ
いファンド代表の稲葉剛の言葉を借りれば，「社会の底が抜けた」状態である。

　もし自分だったら，と考えてみる。コロナで収入が途絶えて家賃を滞納し，
友人や家族にも相談できず，連日「滞納分をすぐ払うか，荷物をまとめて出て
いくか」と迫られ，携帯も止められ，ついに所持金も底をついてしまったとし
たら…。都市でさまよう女子たちは，いったいどこに行けばいいのだろうか。

4　女子のバイト事情

**とある女子大学
のひとこま**　ここまで書いてきたことは，もしかしたら「ごく一部の特別に困窮した女性の話」だという印象を持たれた方もいるかもしれない。しかし，実はそうではない。コロナ禍に入る以前から，そして，中高年の女性に限らず「女子」に対しても，様々な理不尽，不当な差別や不平等な取扱い，人間の尊厳を奪うような落とし穴が潜んでいる。それは個人の資質や能力といった問題にとどまらない，きわめて社会的なものである。たとえば，それは学生時代のバイトの中でも顕在化することがある。

　筆者は，現在の勤務先の女子大学で，全学部の1年生約1000名に「ブラックバイト」（※2012年の今野晴貴著『ブラック企業──日本を食いつぶす妖怪』出版を契機に，労働法令に違反し労働者の尊厳を奪うような働かせ方をする企業を「ブラック企業」「ブラックバイト」と呼ぶことが普及したと言われる）に関する講義を行って8年になる。大学入学と同時に新しいアルバイトを始める学生が多いので，最初の段階で，労働法令違反や遵法意識の希薄な職場が世の中にかなり多いということ，そして，ブラックバイトの危険性を自分事として考えてほしいという目的で始まったものだが，普段あまり授業を聴かない学生も，身近なテーマであるせいか熱心に聞いており，授業後に「労働相談」をする学生も毎年何人かいる。一番多いのは，「勝手にシフトを入れられる」，次いで「タイムカードの一定時間の切り捨て」，「人手不足で辞めたいといっても辞めさせてくれない」となる。なかには，目に涙を浮かべてバイト先でのハラスメントやいじめを訴える学生もいる。

**「正しく怒る」
ということ**　筆者はバブル崩壊後のいわゆる「就職氷河期」に大学時代を送ったが，当時を振り返ってみると，自分も周りもおしなべて自分の趣味や遊び，サークル活動のためにアルバイトをするのが最大（＝唯一の）の理由であった。しかし現在は，「家計を助けるため」「親になるべく負担をかけたくない」「将来の奨学金返済のために貯金しておきたい」といった声がきわめて多い。筆者の学生時代から考えれば，格段に地に足のついた学生生活を送っているように思われる。これはもちろん，地に足のついた生活を送らざるを得ないといった，学生の親世代（すなわち筆者と同世代）の経済状況が

背景にあることも明らかであろう。

　この授業をやっていて，最後に学生が提出するリアクションペーパーには，次のような反応が寄せられることが多い。

　「話を聞いて，自分のバイト先はブラックじゃないことが分かってほっとしました。」

　「世の中にはずいぶんひどいバイトもあるんだと思いました。」

　「これまで自分のバイト先に不満がありましたが，もっとブラックなバイトがあることがわかって，あまりぜいたくを言ってはいけないなと思いました。」

　取り立てて珍しい感想ではないだろう。ただ，筆者はこれらの感想にある「ひっかかり」を感じる。それは何か。おそらくそれは，いうならば，底流にある学生たちの受動的な諦観や達観のようなものに関係すると思われる。ブラックバイトは自分たちの力で改善することができる，ということを最初から捨象しているように思われ，そうじゃないということを伝えるにはどうすればいいのか，授業する側も試行錯誤することになる。

　「もしブラックバイトに遭遇したら，あなたはどうしますか」と，筆者は毎年学生に，次の5つを提示して1つ選択してもらっている。

　　　①何もしない（＝くやしいけれども泣き寝入り）
　　　②すぐバイトを辞める
　　　③店長に直談判して改善を求める
　　　④ネットで調べて第三者機関に相談する
　　　⑤労働組合に入って（を作って）団体交渉する。

　圧倒的に多いのは②，次に多いのは①である。③と④は少数で，⑤に至っては質問の趣旨が分からないという反応を示されることも多い。

　大学生のアルバイトだから，②が多いというのは至極当然のことだろうと理解できる。そして，退職の自由は労働法上認められている労働者の権利であり，「逃げる勇気」が必要な場面があることは否定しない。ただ，理不尽な行いに対して，きちんと異議申し立てをして是正を求めることも，労働法上保障された労働者の権利であるということも，きちんと頭の中に入れておいてほしいと思う。労働法を学ぶことは，自分だけでなく自分の周りの大切な人を守ることにもつながるから，学生には「正しく怒る」方法を知ってほしい。そのう

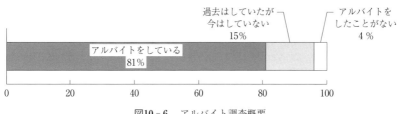

図10‐6　アルバイト調査概要

調査期間：2022年3月9日（水）〜11日（金）
調査対象：全国，ガクセイ協賛に登録する約600の学校の学生
調査方法：インターネット調査
対象者数：4年制・短期大学・専門学校を含む学生487名

えで，どんな選択を取るか，最終的には自分自身で決めてほしいと願いつつ，
毎年授業をしている。

　アルバイトに　ここで，最新の学生アルバイトについての全国調査を紹介
　関する全国調査　しておこう。株式会社ガロア（2014年にサービスを開始した
大学生専門の協賛プラットフォーム「ガクセイ協賛」事業を皮切りにネットを介した送
客プラットフォーム事業を展開。「ガクセイ協賛」の導入団体は現在600大学5500団体
超）は，日本全国の学生を対象にアルバイトの調査を行った（図10‐6）。

　「現在アルバイトをしていますか？」（n＝487）と質問したところ，「アルバ
イトをしている」が80％，「過去はしていたが今はしていない」が16％，「アル
バイトをしたことがない」が4％となった。大学生の多くはアルバイト経験が
あり，いっさいアルバイトをしたことがない人は全体の4％であった。

　「現在どんなアルバイトをしていますか？」（n＝391）との質問に対しては，
「飲食店」や「塾・家庭教師」の割合が突出していることが分かった（図10‐
7）。シフトの入れやすさや給料，求人の見つけやすさ，仕事の難易度，一緒
に働く年齢層など様々な要素を踏まえたうえで，飲食店でのアルバイトは大学
生からの人気が高い。そのほか，現役大学生ならではの能力を活かせる「塾・
家庭教師」にも人気があるようだ。

　「時給はどれくらいですか？」（n＝391）との質問に対しては，「1000〜1200
円」が49％，「1000円以下」が28％，「1200〜1500円」が6％となった（図10‐
8）。時給については男女の差が見られ，「1200〜1500円」と回答した割合は，
男性9％，女性5％であった。

　男性の方が割増賃金となる深夜時間帯で働きやすいことなどが理由として考

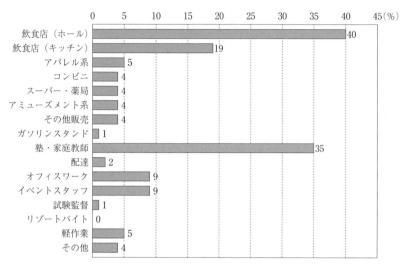

図10-7　アルバイトの種類

出所：図10-3と同じ。

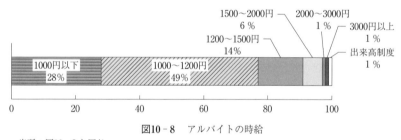

図10-8　アルバイトの時給

出所：図10-3と同じ。

えられるが，学生アルバイトの段階で既に男女の賃金格差が生じているというのは，なかなかショッキングである。

5　女子の就活——コロナ旋風の中で

2019年末から地球上を席捲したコロナウイルスは，就活の形にも影響を及ぼした。インターンシップ，会社説明会，OB・OG訪問，SPI受験，面接等々，就活のプロセスのすべては，これまでは「対面」が当然の前提であった。それ

がコロナ禍によって一転，オンライン化が一気に進んだ。2022年10月現在，コ
ロナウイルスは未だ収束しているとは言えないものの，少しずつコロナ前に戻
りつつあり，対面実施が見られるようになってきた。今は，コロナと関係な
く，オンラインを積極的に駆使して採用活動を行う企業と，やはり対面に勝る
ものはないと全面的に対面に戻す企業とで二極化が見られる。

　当の学生を見ていると，意外と混乱することもなく，オンラインと対面の両
方を渡り歩きながら，淡々と就活スケジュールをこなしているといった印象で
ある。でも何と言っても学生のリアルな本音は，「オンラインだと交通費がか
からないのがとても助かります！」ということのようだ。

変わりつつある？
変わってない？
　「女子　就活」と入れて検索してみると，「女子　就活
不利」「女子　就活　前髪」「女子　就活　スーツ」「女
子　就活　バッグ」「女子　就活　勝ち組」といったワードがずらりと出てく
る。日本の新卒一括採用による一大イベントたる「就活」は，見事にマニュア
ル化されており，とりわけ女子に対しては，見かけも（が？）大事と刷り込ま
れ，好感度の高い就活メイクや就活ヘアスタイルのハウツー，リクルートスー
ツの着こなしなどが大学のキャリア支援講座の１つとして位置づけられている
ほどである。

　その一方で，就活関連企業に対して，極端に男女を二元化した偏った表現へ
の見直しや，LGBTQ等性的少数者の学生への配慮を求める動きも徐々に浸透
しつつある。

　たとえば，毎年リクルートスーツを大々的に打ち出している「洋服の青山」
の web サイト「マイナビ未来応援：オンライン面接での好印象の与え方」の
イラストでは，男子は面接の態度に言及しているのに対して，女子はメイクの
ことに終始しており，性差別的だと批判の声が上がった（その後，表現は修正さ
れた）。

　また「SSS（スマッシュ就活セクシズム）」という市民団体は，「＃就活セクシ
ズムをやめて就職活動のスタイルに多様性を保証してください！」とハッシュ
タグをつけて社会にアピールした（図10‐9）。近年，履歴書の性別欄の廃止に
踏み切ったり，ジェンダーニュートラルな採用方法を導入したり，少しずつ，
性別の垣根が低くなってきた感はある。

　ただ，別の見方をすれば，外見を重視する傾向が女子以外にも広がったとも

図10‑9　「SSS（スマッシュ就活セクシズム）」によるア
　　　　ピール
出所：署名ページ：https://chng.it/VB6dC8rVhH
　　　ブログ：https://note.com/shukatsusexism/

言える。若者の間で整形手術に対する理解が広がり，「自分がなりたい自分に
なる」ことをポジティブに捉える傾向がある。最近では，男性がメイク用品の
キャラクターを務める場面もよく見られるようになり，男子メイクは当たり前
といった風潮すら感じる。美容業界やアパレル業界にとって，就活ファッショ
ンは一定の市場を獲得しており，簡単に手放したくはないだろう。現在は女子
にとどまらず男子にもその市場を広げたということもできるが，かつて女子に
偏っていた就活の「外見重視」の傾向が，今後はあらゆる性別にも及ぶのでは
ないかと，老婆心ながら懸念する。そうなると，もともと目指していたはずの
「多様性を尊重した」就活とは言えないのではないだろうか。

　就活セクハラ──　　就活やインターン中の学生に対する「就活セクハラ」問
　女子に限らない　　題が全国各地で表面化した。厚生労働省はリーフレット
を作成して，都道府県労働局の相談窓口を掲載している（図10‑10）。

　2021年に厚生労働省が，2017〜19年度に大学などを卒業して就活やインター
ンシップを経験した男女1000人を対象に，就活セクハラに関する調査を実施し
た。その調査によると，回答者の4人に1人（25.5%）が被害の経験があると
答えた。セクハラと聞くと被害者は女性だという思い込みがあるかもしれない
が，男子学生も，なんと5人に1人がセクハラの経験があると回答している。

　被害の内容は「性的な冗談やからかい」（40.4%）が最多で，次いで「食事や
デートへの執拗な誘い」（27.5%），「性的な事実に関する質問」（26.3%）となっ
ている。「性的な言動に対して拒否・抵抗したことによる不利益な取り扱いを

された」（11.0%）という事例や「性的
な関係の強要」（9.4%）といった非常
に深刻な被害を受けた人もいた。

　セクハラを受けた後の行動につい
ては，「何もしなかった」（24.7%）が
最多で，大学のキャリアセンター，
家族・友人，大学の指導教授などに
相談した人はいずれも 2 割に満たな
かった。「就活自体をやめた」（7.8%）
人もいた。

　一般的にハラスメントは立場の弱
い人が被害に遭いやすい。とりわけ
就活中の学生は，「誘いを断ったら内
定を取れないかも…」と考えがちに
なる。男女雇用機会均等法に基づき，
企業はセクハラの相談窓口を設置す

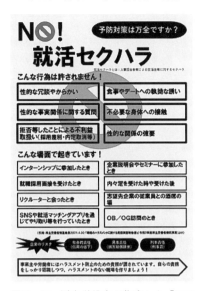

図10-10　厚生労働省が作成した「NO！
就活セクハラ」リーフレット

る義務があるが，その対象はあくまでも雇用している労働者なので，採用
「前」の学生には法の効力が及ばないという限界がある。

6　女子と「夜職」

　女子にとって「夜職」とはいかなるものだろうか。

　「私には夜職しかない」と夜職の世界を渡り歩く女子もいれば，「夜職だけは
絶対しない」と堅く決めている女子，または，興味があるが決心がつかず迷っ
ている女子など，様々だろう。夜職に親和性のある女子と，拒否感や戸惑いの
ある女子，どちらも「女子」だが，いずれにしても，女子にとって夜職は一定
のインパクトをもつものとして存在し続けていると言える。今日も，渋谷，新
宿，池袋，その他大都市の繁華街では，「高収入バイトでハッピーになろう♪」
と大音響で女子を夜職へ誘うアドトラックがけたたましく走り回っている。女
子たちは，それが日常の光景となっている都市でサバイブしている。

　もちろん夜職に就いているのは女子だけではない。しかし，夜職の労働市場

の大半を占めるのは女子であるし，それに対峙する形で夜職の世界の顧客＝消費者の大半が男性であることは間違いない。すなわち，夜職は構造的にジェンダー不均衡性をはらんでいる。だからこそ，女子の労働を語る時に夜職を外すことは，現実において多くの女子を捨象することにほかならないのではないかと思うのである。

　そうした問題意識のもとで，第6節では夜職について取り上げる。夜職が昼職と比較して一般的にはるかに「高収入」という事実が，女子の労働環境全体にいかなる影響を及ぼしているのか，共に考えてみたい。

　夜職の定義　夜職とは一般的には，キャバクラやホスト，クラブ，ニュークラブ，ラウンジ，ガールズバー，スナックなどのお店や，デリバリーヘルスやソープランドなどの風俗店などの職業を合わせた呼び方である。法律用語ではないので，あくまでも筆者の理解によるが，夜職と呼ぶからといって夜のお仕事をすべて含むわけではなく，昼営業の風俗店や昼キャバ，朝キャバ等も夜職に含まれる。開けっぴろげに言うならば，夜職とは「水商売」と「性風俗」を合わせた呼称と考えられる。

　混同されることの多い夜職と水商売だが，厳密に言えば異なる。水商売はいわばお酒を提供するお店に限った呼び方で，性風俗店は含まない。対して夜職は，性風俗も含めた呼び方と考えらえる。つまり，水商売より夜職の方がより広い領域を指す。

　性風俗関連特殊営業の届出数（営業所等数）の推移　性風俗に関しては，「風俗営業等の規制及び業務の適正化等に関する法律」（風営法）が根拠規定となっている。かなり込み入った内容ではあるが，日本の性風俗というものの複雑さを理解していただくために，ここで警察庁生活安全局保安課が発表している「令和3年における風俗営業等の現状と風俗関係事犯の取締り状況等について」（令和4年4月）をもとに，風俗営業の中の「性風俗関連特殊営業」の届出数を紹介しておく。

　過去5年間の性風俗関連特殊営業（店舗型性風俗特殊営業・無店舗型性風俗特殊営業・映像送信型性風俗特殊営業・電話異性紹介営業）の届出数（営業所等数）はほぼ横ばい状態である。令和3年末の性風俗関連特殊営業の届出数は3万2349件で，前年より283件（0.9％）増加傾向を示している。

　①店舗型性風俗特殊営業：店舗型性風俗特殊営業（1号〔ソープランド等〕，2

号〔店舗型ファッションヘルス等〕，3 号〔ストリップ劇場等〕，4 号〔モーテル・ラブ
ホテル等〕，5 号〔アダルトショップ等〕，6 号〔出会い系喫茶等〕）は毎年減少傾向
を示している（令和 3 年末の届出数7215件，前年より187件〔2.5%〕減少）。このう
ち最も多いのが 4 号（モーテル・ラブホテル等）の5042件， 1 号（ソープランド
等）の1185件となっている。店舗型の減少に代わり，デリヘルのような無店舗
型が，最近の主流になりつつあるようだ。

　②無店舗型性風俗特殊営業：過去 5 年間の無店舗型性風俗特殊営業の届出数
（事務所数）は毎年増加傾向を示している。令和 3 年末の届出数は 2 万2021件
で，前年より184件（0.8%）増加した。1 号（派遣型ファッションヘルス等）と 2
号（アダルトビデオ等通信販売）があるが，1 号が圧倒的に多く，2 万674件と
なっている。

　上記①②の統計からも，現在の性風俗の主流は「無店舗型」であることが
分かる。無店舗型の場合，見知らぬ不特定多数の人間と密室で会うことになる
ので，働く女子への危険度は自ずと高くなる。また，この統計に上がってこな
い，いわゆる「パパ活」や「ギャラ飲み」といった，事業主を介さないフリー
ランス的な形態も多数存在すると思われる。

　　コロナ禍の夜を　　2022年 3 月30日の NHKWEB のニュースで「コロナ禍で
　　さまよう女子　　生活に困窮した女性の売春が増加した」ことが報道された
（https://www3.nhk.or.jp/news/html/20220330/k10013558231000.html）。

　報道によると，「新型コロナウイルスの影響で生活に困窮した女性が都内の
繁華街で売春を行うケースが増えたことなどを受け，警視庁は，取り締まりと
は別に，検挙された女性を対象に自治体の生活相談窓口に同行するなどの支援
を行う担当者を配置することになった」ということである。つまり，本来売春
した女性を厳しく取り締まる役割を負った警察が，取り締まりだけではなく，
社会福祉的な観点に立って女性たちの今後の生活のサポートを始めたのであ
る。

　なお，売春防止法（1956年制定）では，買売春は「違法」とされるが罰則は
ない。同法 2 条では，「売春」の定義として「対償を受け，又は受ける約束で，
不特定の相手方と性交すること」と定められており，同法 3 条には「何人も，
売春をし，またはその相手方となってはならない」と規定されている。なお，
本法はあくまでも「不特定の相手方」であり，夫婦や恋人といった特定の人間

の間で金のやり取りをして性交していたとしても，売春には当たらない。

　ただし，買売春行為を斡旋する行為をした場合や，場所を提供した場合は刑罰の対象となる（買春行為の斡旋は2年以下の懲役，または5万円以下の罰金）。たとえば，買春するために自宅を貸し出した場合や，知人の買春をマッチングした場合などがそれに当たる。

　さらに，18歳未満に金銭を支払って性行為等を行った場合は，児童買春罪に問われる可能性がある。児童買春罪とは「児童買春，児童ポルノに係る行為等の規制及び処罰並びに児童の保護等に関する法律」違反となる犯罪である。

売春防止法の枠外にある「性交類似行為」　上記の通り，売春防止法では「性交すること」（＝性器の挿入，俗に「本番」と言われる）が要件となっているので，挿入を伴わない「性交類似行為」は含まれない。日本の「性風俗業」は，本番行為以外は「風俗営業等の規制及び業務の適正化等に関する法律」（風営法）の下で合法化されており，その呼称も「ソープランド」「デリヘル」「ファッションヘルス」「ピンサロ」など，細分化されている。

　この中でも「ソープランド」は違法な「本番行為」ができることは周知の事実となっており，金額も他の店と比べて高額に設定されている。つまり，実態としては違法な存在なのである。だがタテマエとして，働く女性と客との関係はあくまで「性交類似行為」にとどまり，性交には至っていない，そして，働く女性と客が，"自由な恋愛"の末に結果的に性交に至ったのであれば，それは店側としては関知しないといった，実にインチキ臭い弁解によって，ソープランドは存在している。警察が本気で捜査をすれば，ある日突然ソープランドが一斉摘発されるなどといったことも十分考えられる。いまのところ，警察はとりあえず「見て見ぬふり」をしているということだ。

夜職と「自己決定」　夜職に対して，日中の仕事を「昼職」と呼ぶが，コロナ禍になってから，もともと昼職に就いていた女性たちが，仕事を減らされたり解雇されたりしたことで，夜職の方に流れてくる傾向があることが報告されている。女性にとって夜職は通常，非常にハードルが高いものである（少なくとも，筆者にとってはそうだ）。きらびやかなドレスを着て，ヘアメイクをばっちりきめて，男性客を惹きつけるために日々努力をしなければならない。また，人気商売であり，容姿や年齢で常に自分に値段がつけられる世界であり，足の引っ張り合いも多いであろう。

キャバクラやホストの広告には，「ナンバー1になれば，1億円プレイヤーになれる。君もめざせ，1億円プレイヤー」といった煽りキャッチフレーズも目にするが，夜職に就く多くの人は，お酒を飲み過ぎて身体を壊したり，客の相手や店長や同僚との人間関係で心身のバランスを崩し，それを埋めるために酒や薬物，ギャンブル，買い物などに依存してしまい，結果的に身体も心もボロボロになってしまう。

筆者の個人的感情として，また同じ女性として，夜職は様々な意味で危険を内包するもので，積極的にやってほしい職業と言うことはできない。夜職の中でもとりわけ性風俗業は，身体の健康はもちろんのこと，心の健康も大きく損なうことになると思うからだ。こう言うと一部から，「性風俗だって立派な職業だ」「昼職だって，セクハラやパワハラ，いじめなど，酷いことはいくらでもある」「女性本人が自己決定して性風俗を選んでいるのだから，それを尊重すべき」「性風俗だけを特殊視するのは職業差別だ」といった批判が飛んでくる。

筆者自身，未成年でない限り，本人の自己決定がすべてとの立場であることはいうまでもない。しかし，自己決定と言う際には，女性を取り巻く労働環境が，はたして自己決定が可能なほどにフェアなものとなっているのか，をまず考えてみる必要があるのではないだろうか。

たとえば，昼職の中に，女性が自立して生活していけるだけの労働環境がどの程度備わっているのか，たとえば，小さな子どもを抱える女性が，家庭と仕事を両立して働ける労働環境がどの程度整備されているのか，たとえば，物心ついた頃から，親の暴力や虐待に苦しみ，満足に教育を受ける機会を得られなかった女性が，後からちゃんと教育支援や生活支援を受けて，安定した仕事に就けるだけの労働環境がどの程度あるのか…。

子どもの頃から何一つ心配のない，裕福で温かい家庭に育ち，十分な教育を受ける機会に恵まれた女性以外は，自己決定しようにも，そこで提示されうる選択肢はきわめて狭いものである。そして，性風俗業を自ら「選択」したという女性のほとんどすべては，「自己決定」という名のもとに，実は，その段階で，性風俗業しか選択しえない状況に置かれているのだと思うのだ。

人間の身体と心は分かち難くつながっている。自分の性器を1つの商売道具と割り切って，報酬を得るために，1日に何回その商売道具を使って効率よく稼ぐべきか…，そうした発想で仕事をするためには，自分の心に麻酔をかけて

麻痺させなければ，とてもやっていけないだろう。「麻酔」と称して，違法薬物やオーバードーズに走る女性を複数知っている。ここまでしないとできないような仕事が存在し，それが女性の労働市場の中で昼職では得られない高報酬が設定されている現実は，やはり何かがおかしい，と思うのだ。

夜職には，むろん物理的な危険も伴う。2021年には，デリヘルで働く30代女性が，東京都立川市のラブホテルの部屋で客の男に刃物で70ヵ所以上刺されて死亡する事件が起こった。また2022年にも，池袋で売春を持ちかけた20代女性が，金銭トラブルから客の80代男性をカッターナイフで刺して殺害する事件も起こった。前者は女性が被害者，後者は加害者になった事件だが，見知らぬ男と密室で2人きりになること自体，想像を絶する状況である。

大阪ミナミ，そして飛田新地から　筆者は，大阪で夜職で働く人たちや彼らの悩み事や困りごとを聞き，支援をする人たちの話を聞く機会があった。私はそこで約50年の人生で初めて「ホストクラブ」に行ってみた。ちなみにホストクラブと言えば，何十万円もお金を取られるようなイメージがあるが，初回は1000円程度でお酒飲み放題で気軽に楽しめるシステムになっている。

70分という限られた時間の間に，総勢23名の息子くらいの年齢のホストたちが入れ替わり立ち替わりやってきては，「ぜひ，次回は僕を指名してください」とアピールする。それぞれ，高価なスーツを着て，ブランドものを身に着け，自分を魅力的に見せるための努力をして，ナンバー1を目指すために必死だった。私は，彼らのひたむきさ，そしてコミュニケーション能力の高さにひたすら感動していた。手を抜かずに一生懸命仕事する彼らに敬意を抱いた。一般的に「ホストはちゃらちゃらして，酒飲んで騒ぐ楽な仕事」というイメージがあるかもしれないが，とんでもない話だと思った。

話をしたホストの1人は，「深夜1時の閉店までひたすらお酒を飲んでいるので，毎日家に帰ったら記憶ないですよ」と笑って話をしてくれた。また「ボクの親は毒親なんで，学校に行くお金も出してくれないし，よくボコボコに殴られてました。高校の時に家出して，いっさい連絡とってないですね」とさらっと言っていた。彼には戻る場所がないんだな，彼にとって，ホストという道は，生きるうえでの唯一の場所になってるんだな，でも，もし彼がティーンエイジャーの時に他の景色を見ることが出来ていたら，それでもホストを選ん

だのだろうか，と複雑な気持ちになった。

　また，大阪の西成には「飛田新地」という大正時代からある売春街が今も営業している。小さな古い家が立ち並び，それぞれのエントランスにぼんやりと灯りがともり，そこに女性が座り，道を歩く男たちを誘うのだ。夜になると，男たちが次々とエントランスの中に吸い込まれてゆく。飛田新地の特徴は「短時間」に「本番」ができる場所だということである。今回，一緒に飛田新地を歩いた，元性風俗業に就いていた20代女性と，子ども・若者支援に携わる40代男性，のそれぞれの感想が対照的だった。

　男性は，「飛田新地は，本番だけやる場所だから，話をしたり，人間としてのコミュニケーションを考える必要がいっさいない。割り切ってしまえば，デリヘルなんかより，ある意味楽かもしれないね」。他方，女性は，「飛田新地にいた女性たち，みんな目が死んでたね。そりゃそうだよね。自分を100％商品として高く売ることだけ考えなくちゃいけないんだから。頭で深く考えてたら死んじゃうと思う。私もそうだったから，よくわかる」。

　ここまで，「都市に生きる女子」と「労働」そして「貧困」をつなぐ三角形を頭に思い描きながら，書き進めてきた。筆者の予想以上に，この三角形は「苛烈」で「孤独」で「貧困」であった。もちろん，大変なのは女子だけではない。しかしながら，女子であるがゆえの生きづらさは確実にある。その生きづらさは，労働政策や社会保障政策の不備に起因するものであるが，それだけではなく，女子の身体を絶えず値踏みし，商品化し，とことん消費し尽そうとする都市の視線があるような気がしてならない。そんな視線から逃れることができず取り込まれ，がんじがらめになって苦しむ女子。そこから自由になるためには，何が必要だろうか。今のところ，社会保障や社会福祉の公序よりも，夜職の業者の方が，女子たちを多く掬い上げる力をもっていることを認めなければならない。

　コロナ禍で生活困窮に陥る人が急拡大している。その中には「女子」の割合が相対的に高い。これまで見てきたように，女性労働者を取り巻く環境はシビアであり，贅沢ではなくても日々安定した生活を送るために仕事を得るというごく当たり前のことが，きわめて難しくなっているのが現状である。このような状況のなか，女子にとって夜職の存在感が，より大きくなってくるのかもし

れない。しかし，そもそも，夜職と昼職でかくも労働条件が隔絶されていることに，何かおかしいな，と疑問をもつことは大切なことだと思うのだ。

　現に夜職で働く女子はたくさん存在する。夜職に就く女子の職場環境を少しでも整え，危険の軽減を図りながら，同時にすべての女子が「真の自己決定」ができるような社会の選択肢を増やすために，いったいどこに向かうべきだろうか。このテーマは，究極的には，日本国憲法13条「個人の幸福追求権」に行き着く。自分が考える「幸せ」の実現に向けて，現在女子に提示されている選択肢とは，はたして十分なのだろうか。

参考文献

熊田陽子，2017，『性風俗世界を生きる「おんなのこ」のエスノグラフィ──SM・関係性・「自己」がつむぐもの』明石書店。
坂爪真吾，2018，『「身体を売る彼女たち」の事情──自立と依存の性風俗』ちくま新書。
坂爪真吾，2021，『性風俗サバイバル──夜の世界の緊急事態』ちくま新書。
新宿19の会編，2022，『歌舞伎町で再犯防止について考えてみた』学文社
シンパク・ジニオン（金富子監訳），2022，『性売買のブラックホール──韓国の現場から当事者女性とともに打ち破る』ころから。
陶久利彦編著，2017，『性風俗と法秩序』尚学社。
永井良和，2002，『風俗営業取締り』講談社選書メチエ。
ぱっぷす編，2022，『ポルノ被害の声を聞く──デジタル性暴力と #MeToo』岩波書店。
丸山里美，2021，『女性ホームレスとして生きる──貧困と排除の社会学［増補新装版］』世界思想社。
森田成也，2021，『マルクス主義，フェミニズム，セックスワーク論──搾取と暴力に抗うために』慶應義塾大学出版会。
村上薫・川澄恵子，2021，『大阪ミナミの貧困女子』宝島社新書。
山本武利監修，永井良和・松田さおり編，2015，『占領期生活世相誌資料Ⅱ　風俗と流行』新曜社。

✎ おすすめ文献・映画

桐野夏生，2018，『路上のX』朝日新聞出版。
　＊居場所をなくして，周囲の男たちや「JKビジネス」に搾取される現代の女子高生たちが主人公。緊迫感あるストーリーにぐいぐい引き込まれるが，同時に

出口のない閉塞感も感じさせられる。夜の街が，少女たちを値踏みし，消費
し，搾取し尽くす…。読後感は重いが，都市と女子のリアルな姿を小説の中に
見ることができるという点において，おすすめ。

山家悠平，2015，『遊郭のストライキ——女性たちの二十世紀・序説［新装版］』共
和国。

　＊1920〜30年代に隆盛を極めた労働争議に呼応するかのように，遊廓の女性たち
　が自分の生と性を男社会から奪還するべく闘った。100年近く前の日本で，名
　もなき女たちが団結して大きなムーブメントを起こしたその底力に驚嘆するの
　み。当時の日本文化や社会情勢を知るうえでも有益な一冊。

ケン・ローチ監督，ポール・ラヴァーティ脚本，2000，『ブレッド＆ローズ』
（*Bread ＆ Roses*）〈映画〉。

　＊アメリカで働くラティーノの移民労働者による労働条件改善運動に焦点を当
　て，厳しい状況も笑い飛ばしてたくましく生きる若い移民女性マヤが主人公。
　タイトルの『ブレッド＆ローズ』とは，移民労働者が掲げたスローガンで，
　"パン"は最低限の生活，"薔薇"は豊かに生きるための尊厳を表している。個
　人的に一番胸を打つのは，マヤの姉ローザが，幼いきょうだいを食べさせるた
　めに売春をしていた事実をマヤに告げるシーン。それでも「人生には，パンも
　薔薇も必要だ」と高らかに声を上げるラストシーンは感動的である。

❦ 調べる・考える

・生活保護を受けながら求職活動をしている女性に対して，福祉事務所のケース
　ワーカーが「女性なんだし，夜の仕事をしたらどうですか」と言葉をかけたとし
　たら，何か問題があるだろうか。あるとすれば，それはどんなことだろうか。
・働く女子にとって，社会の「何」が一番の生きづらさの原因になっているか考え
　てみよう。

変容する女性のライフコースと就職活動
──女性ファッション誌『JJ』を手がかりに

妹 尾 麻 美

1 女性のライフコース変容

将来への想像力 次の2つの記事を見比べてみよう（図11-1，図11-2）。こ
れらは女性ファッション誌『JJ』に掲載された「働くこ
と」に関する記事の一部である。1993年の記事では実際の仕事の詳細以外に，
各業種の結婚状況，社内結婚，結婚後の様子が記載されている。2020年の記事
では，働くことは「結構な時間を使うこと」とされ，現在の労働環境について
触れられている。これを見るだけでも，女性の働き方や生き方は30年前と現在
で大きく異なることが分かるだろう。

日本における女性のライフコースは祖母，母，自身と三世代で大きく変容し
てきた（落合 1994=2019：21）。かつて女性は学校を卒業後，数年間 OL として
働き，結婚と同時に退職，家庭で家事や子育てを担った。だが，女性の年齢別
労働力率が M 字カーブから台形へと変化してきたことからも分かるように，
今では未既婚問わず子育て中の女性を除いてなんらかの形で働くことが普通に
なりつつある。

こうした背景をふまえつつ，本章は就職活動の時どのような働き方・生き方
が女子大学生に示されてきたのかを考える。読者の中には日本社会において男
女平等はすでに達成されたと考える者もいるかもしれない。だが，女子大学生
が想像できる将来はやはり男子と同じとは言い難いのではないだろうか。

女性ファッショ 冒頭に示した『JJ』は1975年に創刊され，2022年に休刊し
ン 誌 『JJ』 た女性ファッション誌である。この雑誌は東京や神戸の大
学に通う女子大学生のファッション，オフィスへの通勤やデート時の服装を取
り上げ，80年代に花開いた消費文化を牽引してきた。服装の背後には，都市で

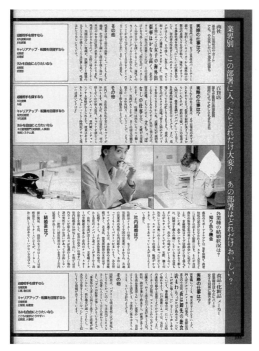

図11‐1　「結婚」を見据えた仕事に関する『JJ』（光文
社）の記事（1993年4月号，220頁）

図11‐2　「労働」中心の生活を前提とする『JJ』（光文社）の記事
（2020年3月号，34-35頁）

のキャンパスライフやオフィス勤務といったライフスタイルがある。女性ファッション誌はまさに女性の生き方を示すメディアと位置づけられてきた（米澤 2010；坂本 2019；鈴木 2021）。

　女性ファッション誌『JJ』を対象に議論を展開する米澤泉（2010, 2017）や鈴木涼美（2021）はこの雑誌を男性に選ばれるための教科書だったという。高い教養を身に付け，生活に困らない経済力を持つ男性と結婚するお嬢様。こうしたお嬢様を目指し，女性らしいファッションを取り上げてきたのが『JJ』なのである。女性らしい「コンサバ」（保守的）なファッションを取り上げてきた雑誌群はタイトルが赤字で示されていたことから「赤文字雑誌」と呼ばれている（米澤 2017：23；坂本 2019：254）。この代表的なものとして『JJ』，くわえて2000年代半ばにエビちゃんファッションを流行させた『CanCam』を挙げることができる。こうしたファッションを前面に出した『JJ』は衣服のみならず，その背後にある父親よりも地位の高い男性との結婚を意味する「上昇婚」という目標を提示してきた（米澤 2017：22；鈴木 2021：93）。

　どのようなファッションを身に纏っているのか，どのような雑誌を読んでいるのかによって，生き方もおのずと分かるとされてきた（小倉 2003：58-59；鈴木 2021：58）。女性の生き方を論じる小倉千加子（2003：59）は『JJ』を「結婚で階級上昇を狙う女性偏差値重視派」とカテゴライズし，酒井順子は『JJ』を含む光文社系の雑誌を「『夫と子供とお金とお洒落』を得ることイコール幸福」（酒井 2003=2006：284）を疑わない勝ち犬系女性誌だといった。このように『JJ』は「男性に好かれる」「本命」女性としてお嬢様のファッションと幸せな結婚という目標が示されるメディアとして確固たる地位を確立してきた（米澤 2010, 2017；鈴木 2021）。若い読者はお母さんに尋ねてみてほしい，「JJってどんな雑誌だったの？」と。上記のようなイメージで語られるだろう。

　その『JJ』が仕事について扱っていること自体やや不思議に思われるかもしれない。しかし，女性の生き方やライフスタイルまでを視野に入れていた『JJ』は大学生にとって現実的な関心事である就職を休刊まで継続的に取り上げてきた。ここで取り上げられる就職情報は主に東京の大学に通う女子大学生がいつ，どのように活動しているのかなど，読者の体験や悩み，大学就職部の職員やキャリア・コンサルタントなどの専門家のアドバイスである。女性の生き方を前面に押し出した雑誌に描かれる就職活動は，女性のライフコース表象

の変化を捉えるうえで重要な研究対象となる。『JJ』誌面に記載されるような
就職活動を実際に行ったのは一部の女子大学生にすぎないだろう。けれども，
これらは女子大学生に示される就職情報の１つだったことには違いない。2010
年代以降就職情報がインターネットで流通し，同一雑誌における記事の検証が
難しくなっていくこともあり，これらは貴重な資料でもある。

　＊たとえば1992年６月号では『面接の達人』の筆者中谷彰宏が面接を指導している。

女性のライフコース
と 女 子 大 学 生
女子大学生の就職活動について論じる前に，女性のライ
フコースや女子の大学進学についてごく簡単に実態を述
べておきたい。

　そもそも，日本において女性が企業で長期雇用されるという選択肢が登場し
たのは1986年以降だといっても過言ではない。86年に男女雇用機会均等法が施
行されるまで，女子にとって企業への就職は男性社員の補助業務をこなす「女
性職」に就くことであり，20代で結婚退職することを意味した（濱口 2013：
252）。法律施行後，「女性」も「男性」同様の長期雇用を前提とした総合職に
就く選択肢を得たものの，当初その門戸はかなり限定されていた。多くの若年
女性は，女性職の言い換えとして登場した「一般職」として就業し，結婚に
伴って退職した。80年代まで一定以上の年齢の女性は既婚であることはもちろ
ん家事や育児に専念するものだと考えられ，企業で働き続ける選択肢を持って
はいなかった。

　『JJ』が刊行された1975年頃，女性の地位（幸せ）はもっぱら夫の地位で測ら
れていた。そのため，誰もが知っている企業に勤務する男性もしくは経営者層
の男性と出会い恋愛し，結婚することが目標となり，農地でも工場でもなく都
会のオフィスで働くことがその達成への第一歩であった。女性は25歳までに結
婚すべきであり，12月25日を過ぎると売れなくなるクリスマスケーキとして揶
揄されることさえあった（落合 1994=2019；小倉 2003）。『JJ』が女子大学生の教
科書とされたのは，女性の生き方が画一的だったからだと言える。

　だがバブル崩壊後，こうした働き方・生き方は様々な点で困難になってい
く。第１に，男性を補助するための人員を雇う余裕が企業になくなり，一般職採
用を停止した。この時期以後，企業は一般職を非正規雇用へ置き換えていく。
第２に，晩婚化が進み，20代での結婚が現実的なものではなくなっていった。

　同時期，女子の大学進学に関しても変化が生じる。『JJ』が創刊された1975

年，女子の4年制大学への進学率は12.7%，女子の短期大学への進学率は20.2%であった（学校基本調査）。女子教育は教育制度が導入された明治以後，良妻賢母教育と密接に関わっている（斎藤 2000=2003）。先にも述べたように女子は就労において男子とは同様のものと見なされていなかった。そのため，教育においても女子は男子同様の能力を持ち地位を達成することではなく，良き妻・良き母になることが目標となる。70年代から80年代末まで「4年制大学に進学すると就職できないので短大に進学すべき」とも言われていた。4年制大学に進学する女子は男子と同様の能力を持つエリートもしくはプラス2年のモラトリアムを享受できるお嬢様であり，現在の女子大学生とは異なる存在だったと考えられる。そのような都市に生きる女子大学生を『JJ』は取り上げ，多くの若年女性は彼女たちに憧れを抱いてきた。だが90年代以降，女子短期大学は4年制大学へと転換かつ共学化していく。この時期，女子の4年制大学進学率は急激に上昇する。2000年には女子の4年制大学への進学率は31.5%，女子の短期大学への進学率は17.2%となり（学校基本調査），女子大学生になることは「普通」のこととなっていった。

　このようないくつかの現象が重なりあい，1990年代以降若年女性は「数年間OLとして働き，結婚と同時に退職」といったライフコースを前提にできなくなっていく。そもそも，就職すら困難になる。これにより，就職活動の時に示される働き方・生き方も変化を迫られることになったのである。

2　女性ファッション誌『JJ』からみる就活

　ではこの転換期に，どのような働き方が女子大学生に提示され，それはどのように変化してきたのだろうか。『JJ』は1990年以前から定期的に就職を取り上げてきたことが分かっているが（坂本 2019），本章はとりわけ女性のライフコースの変化が著しい90年から休刊までを対象に，そこに示された働き方をみていく。

　主に扱う記事は「女子大生と就職」（1990年1月号〜92年12月号：24件，96年2月号〜2010年6月号：159件），「JJ版就職相談室」（93年6月〜95年10月：27件），「就活の花道」（17件：2013年3月号〜14年8月号），「JJガールの就活ガイド」（2013年2月），「将来，働くことが楽しくなる就活ガイドBOOK "好き" を仕

事にするって幸せ」（2020年３月号），「正しい就活」（2020年１〜12月）である。
その他就職に関連のある記事ならびに理想のライフコースが示される「JJ
ガールの将来」（2013〜16年：35件）についても概観し，必要に応じて言及する。
以下，就職活動で女子大学生に求められた条件の変遷と想定されているライフ
コース展望の変遷を追っていく。

　　求められた　　1990年代初め，多くの若年女性は企業で働き続ける選択肢を
　　条件の消滅　　持っていなかった。このころ女子の就職には実家（自宅），現
役，縁故（コネ）の頭文字である「じ・げ・こ」が必要とされていた（安田
1999：39-40）。

　「自宅外」に住み，「浪人」を経験していることは不利な条件として『JJ』上
でも示される。たとえば，1994年８月号の記事タイトルは「自宅外，浪人，学
校名，教育実習を乗り切る」とあり，ハンディの１つ目が自宅外，２つ目は浪
人と示されている。自宅外の女子大学生が就職に不利な理由として「生活が乱
れていないか，金銭面で不安はないか，東京就職の承諾を親から得ているか」
といったことが挙げられている。女子の一人暮らしは親が管理する実家暮らし
と異なり生活が乱れているといった偏見が持たれていた。くわえて，「女性」
は「男性」と異なり一人暮らしが不可能な賃金しか支払われていなかった。こ
れらのことから，企業は自宅外の女子を忌避したと考えられる。また，女子の
浪人は珍しいこととして扱われていた。企業は若年女性の雇用はたった数年と
考えていたため，浪人の１年差でさえ否定的に評価したのである。自宅外や浪
人は90年代後半も『JJ』誌面上で不利な条件としてたびたび言及される（『JJ』
1996年７月，97年６月，99年６月）。

　だが2001年５月号では，「浪人，一人暮らしがマイナスポイントになるって
本当？」という質問に対して，「一般職と総合職ではかなり状況が違います」
と回答がなされる。このころ一般職採用が縮減し，女子大学生は総合職への応
募を検討しなければならなくなっていく。同時期に四年制大学進学率も上昇す
る。浪人や一人暮らしといった女子に課された条件はこうして誌面上から消え
ていった。

　2010年を過ぎ，女性が転勤のある職に就くようになり，女子の一人暮らしは
ようやく福利厚生として取り上げられるようになった（『JJ』2013年12月号）。さ
らに，雑誌全体で見ると生活力の強化として20代半ばの一人暮らしが推奨され

（『JJ』2016年1月号，「JJガールの将来」），女性の一人暮らしへの評価はかつての真逆のものとなる。

　次に縁故採用について見ていきたい。1990年代前半縁故を頼ることはインフォーマルでありつつも公的な経路であった（安田 1999：38）。たとえば，92年4月号には就職活動におけるメモ例が示されており，コネのチェック欄に「国会ギ員」と記載されている。この例は現実的なものではないにせよ，縁故を探すことも就職活動の一部だった。93年12月では，「縁故入社の裏事情」といった縁故の活動経験が取り上げられている。その後も縁故の記述は残る（『JJ』1995年2月，96年12月）。縁故に関連し，ネットワークを介した就職活動の方法とされるOG訪問にも特徴的な点が見られる。2000年代以前女子が訪問する相手はOGであってOBではなかった。「男性社員を紹介してもらって異性の目からみた働く女性像を聞かせてもらいました」（『JJ』1994年3月）といった記述からも分かるようにOB訪問とOG訪問は同じ意味を持たなかった。

　しかし，2000年を境に急に縁故への言及は姿を消す。法律上の制限や一般職の採用停止が大きい。男女雇用機会均等法が1997年に改定され，女性のみの採用が禁止されるようになる。また，総合職が現実的な選択肢になるとともにインターネットを介した就職活動の標準化が進展し（妹尾 2020），大手企業を中心に男女で採用活動が統一されていった。これらの中で縁故採用は公的な経路として消えていく。

　ある年齢以上の女性にとっては常識であった「じ・げ・こ」は2000年を境に消えていった。翻って，1990年代は実家から通える大学に現役で入学し，縁故のある女子大学生にのみ大手企業への就職が可能だったのである。すなわち，都市部に実家があり，社員とコネのある階層の高い者にしか実質的な大手企業への道は許されてなかった。女子にとっての就職は取りも直さず，親の階層・職業と密接に結びついており，大手企業の少ない地域在住の者や都市出身者以外にはその選択肢はほとんどなかった。*

　＊『JJ』誌面上におけるOL像として，東京中心部での勤務は自明のことだったと思われる。1990年11月号（p. 314）「90年代トレンドOLは"紀子さんOL"だ」には，「会社の立地も一都集中ではなくなり，『都落ちOL』が増えているけど，大学も近郊移転が多いし，そのうち都会を知らないOLが登場するかも」と示されており，東京中心部（本社）で働くことがステイタスになっていた。94年12月号では，

学校推薦枠において本社勤務希望の学生が多いため，あえて千葉支店に的を絞って推薦を獲得したとのエピソードが記載されている。

ライフコース展望の変容　「じ・げ・こ」の消滅と並行して，就職―採用活動の場で想定される女性の理想のライフコースについても変わっていくこととなる。

〈OL になるために（1990年代）〉

これまで『JJ』について論じてきた研究はファッションとその背景にある生き方，もしくはその読者に着目してきた。興味深いのは，米澤（2010：57）も鈴木（2021：134）も『JJ』の「マダムになった OG たち」や「マダム OG の幸せウェディング」といった新婚生活に関する特集・連載に言及していることである。だが，その記事と並んで『JJ』は就職についても取り上げて

表11‐1　恋愛・結婚相手の理想勤務先ランキング

彼にするならこの会社のオトコのコ	
1位　三井物産	39
2位　電通	31
3位　博報堂	28
4位　JTB	24
5位　日本航空	23
6位　日本IBM	21
7位　青年実業家	20
8位　フジテレビ	18
9位　全日空	16
10位　三菱商事	15
結婚するならこの会社のオトコのコ	
1位　三井物産	45
2位　青年実業家	41
3位　三菱銀行	39
4位　医者	36
5位　日本航空	24
6位　弁護士	18
7位　大蔵省	15
8位　三菱商事	14
8位　電通	14
10位　ソニー	12

出所：『JJ』光文社，1992年1月号，236頁。

きた。就職関連記事は先の記事のようには上昇婚を想定したものには見えない。だが，仔細にみると女性の就職が数年後の結婚を見据えた短期間の雇用を前提としていることが読み取れる。たとえば表11‐1では，どの企業に勤める男性と恋愛・結婚したいのかといったランキングが示されている。また表11‐2の1992年12月号の記事内で示された表においても，3年と5年が勤続年数の節目となっている。

具体的な記述をみていこう。「肩たたきはありますか」といった女子大学生の質問に対し OG は「それも会社によってです。ウチは居心地よくていついちゃいます。同じ商社でも S 社や I 社は3年で居辛くなるって聞きました。安いお給料で短くガッチリ働かされるところも」（『JJ』1993年6月）という。「一般職の場合，暗黙の了解的な勤続年数があるので，平均勤続年数を知っとかないと入社後困りますよ」（『JJ』1994年3月）と短期間の雇用の可能性が示されて

表11-2　内定の決まった女子大生50人へのアンケート

初任給はどれくらい欲しいですか	
10万くらい	0人
11万〜14万	1人
15万〜17万	14人
18万〜20万	23人
21万〜24万	3人
25万以上	9人

何年くらい勤めようと思いますか	
1年	1人
2年	4人
3年	13人
4年	5人
5年	17人
6〜10年	2人
結婚まで	1人
できるだけずっと	7人

出所：『JJ』光文社，1992年12月号，243頁。

いる。

　面接にて結婚・出産に関する質問も公然と行われていた。面接でのプライベートな質問がともすると差別的になるという認識も生まれてはいたものの，「お嫁さん候補」の採用だと指摘される企業も存在した。たとえば1993年7月号では，「10年後の自分はどうなっていると思いますか」という面接での質問に対して，「結婚後の仕事をあいまいに問う面接官もうまいですね。これには皆悩んでいました。商社の女子はお嫁さん候補みたいなので，へたに意欲を見せたら落とされるかもしれないという不安がある。でもその会社の女子勤続年数を調べて念頭におきながら素直に答えればいいのではないでしょうか。」と調べたうえで，「素直」に回答することがアドヴァイスされている。また94年2月号では，就職に失敗した女性が自らの進路として「花嫁修業」を挙げ，「私にとっては就職は結婚相手を見付けて結婚するまでの腰かけで十分」と言う。これほどの花嫁修業宣言は一般的なものではなかったと思われるものの，就労は結婚するまでの短い期間という考え方が理解されていたことが伺える。

〈**一般職の減少・高度化，総合職の増加（2000年代前半）**〉

　1990年代後半に差し掛かり，面接で「結婚については尋ねません」といった企業が出てくる（『JJ』1996年7月）。大手企業は一般職の採用をとりやめ，『JJ』誌面で憧れと位置づけられてきた「スチュワーデス」も採用を停止する。たとえば丸紅は，93年に4年制大学の女子卒業者は160人，短期大学女子卒業者は44人採用していたが，2000年には4年制大学女子卒業者は2人の採用のみとなる（『就職四季報　女子版』）。91年に日本航空は4年制大学の女子卒業者336人短期大学卒業者167人採用していたが，2000年には採用を停止する（『就職四季報女子版』）。若年男性の非正規雇用が問題となり始める時期でもある。

　この頃から働く女性を取り上げる記事が出てくる（1997年12月〜98年1月「シ

リーズOG訪問」，99年9〜12月「なりたい人急増中！人気職業レポート」など）。99年6月号の記事では，『JJ』読者のアンケート結果として半数近くが総合職に就くことが示されている。さらに2001年5月号の「先輩たちに聞く。就職活動で勝ち組みになるコツ！」に登場する10名のうち9名が総合職の内定者である。大手企業の一般職採用停止を受けて，女子大学生も営業職・総合職に就くことが「成功」として取り上げられるようになっていく。雇用状況の変化の中で「正解」を示そうとした結果，就職活動関連記事において総合職として働く道を『JJ』は模索していった。

　2000年代半ばにさしかかり景気がやや上向くと，一部の企業は特定総合職や（新しい）一般職といった働き方の選択肢を用意し，結婚後も長く働くライフコースを提示するようになる（2004年5月，05年2月）。エリア総合職・業務職といった形で優秀な女性を活用しようとする一般職の採用が始まっていった。2005年2月号「結婚に優しい企業選び」にて一般職が取り上げられる。こうした変化は，寺村絵里子（2022）が指摘する一般職の高度化と重なる。

　女性も生活の中心に「働くこと」を置くべきといったライフコースが『JJ』上で示されるようになる。むろんそれを多くの女性が達成できるようになったわけではない。だが，結婚・出産を経ても正規雇用で働き続けるといったライフコースが一部の女子にとって理想となり，就職段階から自分が望むライフイベントを踏まえて仕事を選ぶといったあり方が広まっていく。

〈自分らしい仕事（2000年代後半）〉

　続く2000年代後半，『JJ』は就職活動過程で「やりたいこと」を見つける必要を示していく（たとえば『JJ』2006年8月）。ただし，リーマンショックの影響で再び景気が悪化した10年から13年まで『JJ』上から就職関連記事は姿を消し，仕事関連の記事は「おしゃP」（おしゃれプロデューサーの略称で，各ブランドのプレスが読者モデルとして登場していた）の将来像に関する特集のみとなる（『JJ』2011年3月）。おしゃPたちは「自分らしい」「好きな」「やりたい」仕事を選んだ人たちである。たとえば12年3月号では，「「好き」は，仕事にしなくちゃ。」という彼女たちの記事が組まれている。また，12年4月号では「もしもおしゃPが就活生だったら……」というタイトルの記事に「『自分らしい』答えは，この人たちが教えてくれる」とサブタイトルがつけられている。『JJ』全体をみると，おしゃPのように仕事を持ちつつ結婚しさらに子育てをする

ことが推奨されている。このころから，『JJ』は「自分らしく」働くことを是として取り上げることになる。

〈自己選択の強化（2013年以降）〉

リーマンショックによる景気悪化からの回復期において，女性が労働を主とした生活を営むことはもはや「普通」のこととなった。『JJ』が読者として想定するような若年女性にとって結婚は現実的なライフイベントではない（鈴木2021）。女子大学生にとって憧れることのできる魅力的な仕事として広告代理店，金融業界，テレビ局，IT，メーカーなどの業界が並ぶ（「就活の花道」や2020年3月特集）。

ここでも2000年代に続き「自分らしく」「好き」なものを示された選択肢から選びとるあり方は基本となっている（『JJ』2013年8月）。20年3月号のタイトルはまさに「"好き"を仕事にするって幸せ」なのである。

ここで，13年から14年にかけて連載された「就活の花道」に見られる特徴を2点みておきたい。1点目は結婚や出産が不可視化されることである。結婚や出産については各自の選択であって，それへの対応は自身で福利厚生を確認しておくこととされている。2点目に，「自分らしく」という論理が最優先されることである（『JJ』2013年11月）。たとえば，広告代理店での働き方は「私の会社は女性に優しくて，徹夜ってことはありません。終電はザラですけど」「ニキビはもちろん，顔色まで悪くなって，最終的には生理不順まで」と身体的な負担は大きいものの「お金では買えない誇りが持てる」「就活のときにやりたいって思っていた仕事ができている実感がもてます」と労働条件よりも自らの誇りややりたい仕事が優先される。一方，こうした状況の回避も「自分らしい選択」として行われる。たとえば「ある会社で働いている先輩に『ニキビはできるし，生理が来なくなっちゃったりするコもいるけどそれでもいい？』なんて言われて，そこまでして働くのは無理！って，受けるのやめたもん（笑）」（『JJ』2013年4月）と労働条件と自身との相性はOG訪問で確認しておくべきことなのである。結果的に「服装とネイルは自由，それなりに責任のある仕事ができて転勤はないし，出産後の復帰システムもちゃんとしている，しかも残業も少なくて自分の時間が持てる」労働条件も恵まれ，責任のある仕事を任される損害保険会社での勤務が「女のコのワガママが全部叶う損保」と女子の条件を満たすものだという（『JJ』2014年8月）。仕事内容のみならず労働条件も踏ま

えたうえで，「自分らしい」と選び取ることが半ば強制されているのである。

条件の消滅と仕事への専念　ここまで『JJ』が女子大学生に示す働き方について見てきた。若年女性は結婚までの短期間の労働者から「自分らしく」働き続ける者へと変化してきた。1990年代前半女性は企業から花嫁候補として見られ，実家から通える大学に現役で入学し縁故のある女子大学生が就職に有利とされていた。以後，徐々に女子大学生の選択肢は広がっていく。その一方「自分らしい」仕事を持つこと，好きなことを仕事にすることが女子大学生に求められるようになった。このことから，女性は男性と同様に「自分らしく」働き続けることが普通となり，結婚や出産などのライフイベントとそこでの負担は自分の責任の範囲内で引き受けるものになったと言える。

　ただしこうした「自分らしい」仕事の推奨はいまだ女性に課された様々なことを自らの責任として負わねばならない点を覆い隠している。そもそも総合職は世帯維持のために家事・育児を誰かに任せることができ，転勤も厭わない人が就くことを想定した職である（筒井 2015）。『JJ』は広告代理店の働き方が身体的負担も厭わない仕事への専念を求めるものであることを示していた（『JJ』2013年11月）。その後，大手広告代理店で働く新入女性社員の長時間労働による自殺といった事例がニュースで報じられ社会問題となる。この事例は一例にすぎないものの，このような考え方は「自分らしい」働き方を自ら選び取ったがゆえに長時間労働も，転勤も，子育てその他すべて本人の責任としていく論理と隣合わせである。また，福利厚生が整っていれば就労継続と子育てが両立可能とする企業側の言及も，就労が可能な通勤範囲に夫の職場も存在することを想定しており，夫婦ともに子育てしながら日常的に出張したり転勤したりすることを考えてはいないだろう。

　2000年代からゆるやかに，そして2010年代には明確に自分が望む仕事を選びとることが推奨されるようになった。だが，選択肢があること，理想のライフコースを歩むこと自体に恵まれた条件（もちろん地理的条件も含む）と不断の自己啓発が必要とされており，『JJ』が推奨する働き方・生き方は「憧れ」の対象とは言えなくなったと思われる。

3　「自分らしい」仕事に伴う戸惑いと諦め

　さて本章は，「女性らしい」人生を歩むための教科書とされてきた『JJ』における就職活動関連の記事を見てきた。たしかに1990年代前半『JJ』は「OL生活を経て結婚を目指す」目標を掲げていた。だが，その目標は90年代後半から現実の変化に対応して徐々に揺らぎ始める。

　最後に『JJ』が「憧れ」として差し出した，自分らしく働きそこに自分の選択としての結婚や出産，子育てが部分的に言及されるという生き方はポストフェミニズム状況（フェミニズムのあとの問題）として指摘されてきたことそのものだと言ってよい。ロザリンド・ギル（2007：155）は女性誌が身体や筋肉，服装，性的行為，キャリア，家庭，財産形成など，日常的・継続的にモニタリングし，労力を割く問題として女性に求めるポストフェミニズムの状況を指摘する。さらに，菊地夏野（2019）はこのギルの主張を踏まえつつ，日本におけるポストフェミニズム状況として家事能力が女性の特権的な地位を占めるという。雑誌全体では「上昇婚」を推奨していた『JJ』でさえ，2010年代以降「自分らしく」働くことを求めるようになっていった。「不況に強い男女ユニットを組む結婚」を目指して働き続けること（『JJ』2014年2月「JJガールの将来」），家事と仕事を両立するための準備として一人暮らしすること（『JJ』2016年1月「JJガールの将来」）を推奨する。たしかにある年齢を過ぎた女性が退職を促されるなどあからさまに労働の場から排除されることはなくなった。だが，自分らしさを称揚する消費も労働も，結局のところ自分らしく管理しろというメッセージを発するのみである。そうして就職活動で「自分らしい」選択をした人が幸せそうかと問えば，そうでもなさそうといった出口のない状態でもある。

　なんとなく親と同じような人生が歩めればとは思っているものの，親世代のように人生の道筋が定まっているわけではない。個人の取れる対応は限りなく少ない中で，女子大学生は上記のような表象と示される選択肢を前に戸惑っているのではないだろうか（鈴木 2021参照）。とはいえ，与えられた選択肢を積極的に志向してみたり，諦めたり，今しか見なかったりといった揺らぎを飼い慣らす中で選択肢とは異なる新たな働き方・生き方を歩むことが可能になってもいる。閉塞的なポストフェミニズムの状況を打ち破る力も女子大学生は持ち

合わせているように思われる。

参考文献

小倉千加子，2003，『結婚の条件』朝日新聞社。

落合恵美子，2019，『21世紀家族へ――家族の戦後体制の見かた・超えかた［第4版］』有斐閣。

酒井順子，2006，『負け犬の遠吠え』講談社文庫。

坂本佳鶴恵，2019，『女性雑誌とファッションの歴史社会学――ビジュアル・ファッション誌の成立』新曜社。

鈴木涼美，2021，『JJとその時代――女の子は雑誌に何を夢見たのか』光文社新書。

妹尾麻美，2020，「企業・大学生を媒介する就職情報サービスの変化――90年代から00年代における活動時期の検討を通じて」『年報人間科学』41。

筒井淳也，2015，『仕事と家族――日本はなぜ働きづらく，産みにくいのか』中公新書。

寺村絵里子，2022，『女性の仕事と日本の職場――均等法以後の「職場の雰囲気」と女性の働き方』晃洋書房。

濱口桂一郎，2013，『若者と労働――「入社」の仕組みから解きほぐす』中公新書ラクレ。

安田雪，1999，『大学生の就職活動――学生と企業の出会い』中公新書。

米澤泉，2017，「女性ファッション誌を読みとく」藤田結子・成実弘至・辻泉編『ファッションで社会学する』有斐閣。

文部科学省「学校基本調査」。

『JJ』光文社。

『就職四季報　女子版』東洋経済新報社。

Gill, Rosalind, 2007, Postfeminist media culture, *European Journal of Cultural Studies*, 10(2).

🖊 おすすめ文献

斎藤美奈子，2003，『モダンガール論』文春文庫。
  ＊明治以降，女性のライフコースがどのように変遷してきたのか，分かりやすく示されている。女性の生き方を知るうえでの必読書。

米澤泉，2010，『私に萌える女たち』講談社。
  ＊ファッション誌に描かれた女性たちの生き方がいかに変容してきたのか，ファッション誌の歴史とともに示してくれる良書。初学者にも読みやすく論じられている。

菊地夏野，2019，『日本のポストフェミニズム――「女子力」とネオリベラリズム』

　　大月書店。
　＊ポストフェミニズムに関する学術的議論が整理されている。日本社会における
　　ポストフェミニズム状況を「女子力」などを事例に分析している。

✿ 調べる・考える

・もし他の都市で生まれたらならば現在と同様の進路選択をしただろうか，それと
　も異なる進路を選択しただろうか。進学と都市との関連についてデータを集めて
　考えてみよう。
・もし異なる性別を生きていたならば，あなたが今現在描いている将来展望と同様
　の展望を持っただろうか，もしくは別様の未来を想像するだろうか。周囲と意見
　を交わしながら，ジェンダーと将来展望の関連について考えてみよう。

第12章	# まちを縫う「ママチャリ」 ──ジェンダー化された都市のスピード

田 中 大 介

1 「ママチャリ」という糸で縫われたまち

ガールズのスピード　　補助イスに子どもを（場合によっては複数）乗せた通勤服
／ママのスピード　　姿の女性の電動自転車がまちなかを走っていく。買物袋
や仕事バッグを荷カゴに入れ，それでも足りない時はハンドルや腕・肩にかけ
ていることもある。

　ハンドルが高く，サドルの低い，直立姿勢を維持しやすいこのような自転車
のことを，日本では一般に「ママチャリ」と呼ぶことがある。男性がそのよう
にして自転車に乗ることもあるが，「パパチャリ」という言葉はあまり聞かな
い。明確な定義があるわけではなく，速度より安全性・利便性に特化した安価
な自転車を広く指すため，同系統の自転車はガールズやママ以外の人々にとっ
ても身近な存在だろう。ただし，このような汎用型自転車のゆるいスピードの
心地よさは，ガールズの一部が「ママ」になるプロセスで生活のタスクがどん
どん積み込まれ，鬼気迫るものになっていく。

　たとえば，そんなママチャリがふらつきながらまちを走っているのを見て危
険を感じる人もいるだろう。コートの裾は大丈夫か，子どもは暴れださない
か，荷物が多すぎないか，電動自転車の速度が怖いなど。誰より運転者自身が
よく分かっていたとしても，ママチャリに乗らざるをえない事情もあるだろ
う。地方や郊外であれば，自動車を使うこともできる。しかし，鉄道が日常交
通となり，駐車スペースに余裕がない日本の大都市の場合，家から駅や中心市
街地まで自転車で移動することもしばしばだ。

　ジェンダー役割を　　ここでは，「まち」を「時間的制限のなかで生活上必
積み過ぎたママチャリ　　要なタスクを処理できる空間的範囲」として考えてみ

197

よう。そこで多数のタスクを処理しようとしても，徒歩では間に合わないことがある。そんな時，特定の空間に散らばる家事（買物），育児（送迎），仕事（通勤），交流・趣味活動などを一定の時間内でつなぐモビリティが必要になる。逆に言えば，それがないと上記の多様な営みが一定の時間や空間に収まらない。つまり，「まち」を生活可能な範囲としてあてにできなくなる。そこで頼りになるのが自転車である。とくに戦後日本の都市生活を縫い合わせていたのはママチャリという糸だったのではないか。

　しかし，その一方でママチャリは，ジェンダー役割とそれに伴うタスクを載せすぎているようにもみえる。労働者であること，女性であること，母親であること，妻であること――そうした重いタスクの負荷がかかるママチャリという糸は本章冒頭でみたように危い。しかし，それがほどけてしまえば「まち」もバラバラになりかねない。

ポストモータリゼーションと自転車　　近年，自転車はモータリゼーション以降の都市を担うモビリティとしても注目され，「自転車まちづくり」という視点と実践が提唱されている（古倉 2010, 2014, 2019）。また，2017年には国土交通省に自転車活用推進本部が設置され，翌年，「自転車を活用したまちづくりを推進する全国市区町村長の会」が発足している。自転車まちづくりは，環境・健康に良いとされ，ポストモータリゼーションのコンパクトシティの施策として注目されてきた。そして，安心・安全に通行できる自転車通行空間の整備・ネットワーク化というハード面，および「自転車は車道通行を原則とする」ことを含めた交通規則，交通マナー，交通情報の周知などのソフト面の環境づくりが進められている。だがその一方で，規則やマナーが不徹底であると槍玉に挙がりやすかったのは，車道原則の中でも歩道を走ることが多かったママチャリであった。

　自転車まちづくりを牽引する古倉宗治は自身の公式 HP で以下のようにいう。歩道上や歩道からの侵入で発生する自動車との自転車事故が多いというデータを出しても，「怖い，危険だという感覚は払しょくできず，歩道を選択することが多い」。そのため車道でルールを守って走行すべきだが，そうした選択には「車道の安心」が関わっている。

　こうした指摘は正当かもしれないが，都市生活にある――現状で女性に偏りがあり，ママチャリが積んできた――各種の具体的なタスクがあまり考慮され

ていないのではないか。自転車利用者の「安心」には，交通だけではなく，それがつなぐ仕事，家事，育児などの都市生活の複数のタスクをいかにうまくやりくりするかが関わっている。ママチャリの危うさは，その多くのタスクを縫い合わせてなんとか成り立っていたまちのあり方を——自転車が通行すべきは「車道か，歩道か」という二項対立を超えたところで——問いかけている。

　では，大都市の「まち」を生活可能にする重要な「モビリティ」（特定の社会生活を成立させる多様な物理的・社会的移動）の１つであるママチャリは，どのようにして現れてきたのだろうか。ママチャリの形成と変容は，都市の女性のあり方と並走してきた。日本社会における女性と自転車に関する歴史，あるいはママチャリの原型となる自転車については，自転車文化センターの谷田貝一男による一連の研究（2009，2011，2013，2014，2015）に詳しい。それらに留意しつつも，ここでは「ママチャリ」というモノとコトバが，ただの自転車とは区別された符丁のついた表現として流通してきた意味を考えたい。つまり，ママチャリという自転車の様式と言説が日本の都市にどのように現れ，どのような効果を持ち，変化したのか。そのことを分析することで，近代日本の「女性と都市」のモビリティがもっていた役割や意味を考察する。

2　戦前日本の女性と自転車

女性のモビリティの解放　日本社会における女性と自転車の関係の黎明として有名なのは，小杉天外が1903年（明治36）に『読売新聞』で連載をした『魔風恋風』だろう（図12 - 1）。それは，自転車に乗った当時の女性が感じたであろう解放感やさわやかさを思わせる以下の描写から始まる。

　鈴（ベル）の音高く，見（あ）はれたのはすらりとした肩の滑り，デードン色の自転車に茶の袴，髪は結び流しにして，白リボン清く，着物は矢絣の風通，袖長ければ風に靡いて，色美しく品高き十八九の令嬢である。

　当時のベストセラー小説が描き出した「自転車に乗る女学生」というイメージは一大ブームとなり，新しい文化を形作る「近代都市を代表する「記号」」，「「明治」という時代の象徴」（本田 1990）となった。

図12−1　小杉天外『魔風恋風』前編挿絵（自転車文化センター所蔵）

ただし，当時の女性にとって，自転車という新しいテクノロジーを使って速く移動することは，両義的な意味をもっていた。自転車という新たなモビリティは，移動や速度を制限されてきたそれまでの女性にとって，近代社会がもたらす自由と解放の象徴であった。しかし，その分，強い反発を受けたスキャンダルな存在でもあった（Ross 2020=2023）。日本でも明治後期以降，サドルにまたがり，ハイスピードで移動する自転車に乗る女性は，「「良妻賢母」思想とは裏腹な，スキャンダラスで性的に解放された対象」（馬場 2004：82）とされた女学生を象徴する存在であった。自転車に乗る女性は，美しいと崇められつつも，「おてんば」や「はすっぱ」という意味も付与されていったのである。こうした自転車に乗る女性の両義的なイメージは，戦後の大和和紀の漫画『はいからさんが通る』（『週刊少女フレンド』1975-77年連載）などに形をかえて継承されていく。

オテンバ，都市を駆ける　「自転車に乗る女学生」はきわめて見せ物的でメディア的存在であった。「流行の初めには自転車美人と珍しがられて銀鈴の響き朗らかに行人の耳を掠め綾袴の裳緩やかに風に翻ってハイカラ美のモデルよと唄われし女の自転車乗り」であったが，実用的に自転車を利用しているのは女学生の一部でしかなかった（『朝日新聞』1905年7月16日）。そのため，明治末期の女学生の手記によれば，女性が乗る自転車は，その物珍しさによって好奇の目に晒されており，かなりリスクが高かったことが分かる。

たとえば，道路で遊ぶ子どもや高齢者を避けようとして転んで放り出されるだけでない。路面電車の運転手に「競争しよう」と声をかけられる。通り抜けようとした市場の人々に頭を叩かれる。男性から「生意気な」といった罵声や卑猥な言葉を浴びせられることもしばしばであった（『輪界』第12号，1909年8月，輪界雑誌社）。思わぬ事故であれば，男女かかわらず発生する。しかし，都市空間の女性の自転車乗りは，男性であればなかっただろう好奇の視線や乱暴な行為に晒された。自転車に乗る女性は「新しく・珍しく・美しい」──しか

し，そうであるがゆえにリスクも高い。近代初期の都市空間にジェンダーの偏りは，モビリティにおいても顕著であった。女性の自転車は，ただの移動手段として都市空間の背景になりきれず，新しい都市と社会を表現するシンボルとして浮いていたのである。

　ただし，大正期になると女子生徒の自転車通学が普及し始め，自転車練習も行われるようになる。女性の自転車利用に対する蔑視や違和感がなくなったのは，戦時体制の中で男性の労働人口が減少し，女性が社会進出し始める昭和10年代になってからと言われる（谷田貝 2009：3）。

3　戦後日本の女性と自転車

女性の自転車
利用の拡大
　日本社会において女性の自転車利用が急拡大するのは，戦後の高度経済成長期である。この点について詳細に分析している谷田貝（2009）によれば，1950年代後半以降，女性の自転車に乗れる割合，そして自転車の保有率や利用率が上昇した。50年代半ばの自転車に乗れる割合は，男性はあまり地域差がなく，おおよそ全世代にわたって90％を超え，全体平均は93.0％であった。しかし，女性の場合，年代や地域ごとに差が大きく，20代までは50％を超えるものの，特に30代以降の割合は低く，全体平均は40.4％であった。しかし，68年になると，女性もおおよそ60％となっている。一方，55年から64年までの売上台数における女性用自転車の占有率は14.1％から49.8％へと急上昇し，購入台数の割合でみると55.6％に上り，男性を凌駕している。58年の自転車利用者の男女別割合は「女性33.3％／男性66.7％」であったが，64年になると「女性47.4％／男性52.6％」となった。

　女性の自転車乗車率の上昇要因を，谷田貝（2009：28-29）は自転車製造会社の厳しい経営環境に求めている。戦後，自転車販売量は増加したものの鉄鋼資材の高騰が続いており，自転車業界は利益を上げにくかったことに加え，原付バイクの普及に押されていた。その打開策として打ち出されたのが20代主婦向けの製品開発であった。

「Smart Lady」の
国内化・家庭化
　特に女性用自転車の起源の１つであり，その後の普及の火付け役として名高いのは，1956年に発売された山口自転車の「スマートレディー」である。ただし発売初期の新聞広告（図12-2）をみ

図12-2 「スマートレディ」の広告

出所:『朝日新聞』1956年10月11日,57年5月8日,58年11月23日,60年3月27日(左から)。

ると,「ママチャリ」という言葉から想起されるイメージとは異なる。たとえば付属品のカゴ(取り外し可能)は非常に小さく,フレームは直線である。また,「高級婦人車」と銘打ち,外国人女性を用いて足を出した若年女性の快活なイメージを打ち出している。現代の「ママチャリ」よりも,前述の戦前の「ハイカラさん」に近い。

しかし,1960年になると「家庭用自転車」というカテゴリーが前面に出され,「スマートレディー」は,男性用の「ホームカー」と並べて「家庭用自転車」と紹介されるようになる。商品を表現する言葉もアルファベットからカタカナへ,そして漢字へと変化している。乗車する女性は日本人と思しき姿に頬かむりをしており,足が隠され,家庭的な姿に見える。自由な外国の女性を表現し,「嫁入り前」の活動的な若年女性を主要なターゲットにした「Smart Lady」は,次第に国内化・家庭化されて,広がっていったのである。

さらに,この「スマートレディー」の成功に他社が追随し,同系統の自転車が「嫁入り道具」として多数売り出され,ヒットしている。高度経済成長期の女性用自転車は,初期においては外出する活動的な若い女性をターゲットの1つとしたが,徐々に家の中で家事を担う「妻」へ,そして育児を担う「母」へとターゲットが移っていった。

たとえば,1956年頃の自転車メーカーは「若い奥様方」や「お嬢様方」に向けたプロモーションを打ち出している。そして,「スポーツ」「サイクリング」「美容」という余暇向けのメッセージを重要視した。しかし,60年代になると,嫁入り道具・生活必需品・買物用として既婚者の比重が大きくなっていく。た

とえば，60年には日米富士自転車から「マミー」という名の女性用の自転車が発売された。その一方，「スマートレディー」で女性用自転車の口火を切った山口自転車は63年に倒産している。

　女性用の自転車自体も「スマートレディー的なもの」から徐々に改良されていった。たとえば「スマートレディー」は小さなカゴをハンドルに直接つけるタイプで，取り外しができた。しかし，その後，キャリアに網かごを付けるものが増えていく。1960年代になると「前カゴを取り付けて利用する人が多く」なり，自転車製造各社は，「金属棒でカゴ枠を作り，中にバッグを入れる方法」を取り入れるようになった（谷田貝 2009：21）。64年には，大きな金属製枠のみの「ナショナルビューティ」も登場している。

　1966年には車輪が小さく，サドルも低く設定できる「ミニサイクル」が発売され，大きなブームとなっている。このタイプの自転車は，容積の大きい前カゴを設置でき，荷台も低くなるため荷物の積み下ろしが楽になる点が利点であった。そのため，30代以降の女性の51％が使うほど広く普及した（谷田貝 2012：13）。

グレーゾーンを走るママチャリ ——補助イスをめぐるゆらぎ

　では，自転車の幼児用補助イスはどうか。1960年代以降，子どもを乗せた自転車の事故が増え，社会問題になっている。たとえば62年に東京都北区で病院に連れていくため子どもをおんぶして自転車を運転していた女性が，下水道工事の穴に転落し，子どもが死亡したという記事がある（『朝日新聞』1962年1月31日）。他の自転車事故の記事には「荷台に乗せて相乗りしていた」という記述もあり，当時の女性たちは子どもをおぶったり，荷台に乗せたりして自転車を運転していたことが分かる。

　一方，子どもを乗せるための補助イスについては資料が少ない。おそらく「二人乗り禁止」の自治体が多かったためと考えられる。自転車の補助イスは，法律違反だったが，事実上見逃されていた。たとえば，1967年に東京都国分寺市で自転車とライトバンが衝突し，補助イスに乗った幼児が死亡する事故が起きた。事故に遭った母親の夫は「私も家内もしょっちゅう子どもを自転車に乗せているが，二人乗りが違法だとは知らなかった。まして市販の補助イスを使っていたので安全だと思っていた」（『朝日新聞』1967年9月3日）と述べている。警視庁は「補助イスがあっても二人乗りは全面的に禁止している」とした

図12-3　自転車産業協会の新聞広告
出所：『朝日新聞』1970年 4 月12日。

ものの，規則自体が曖昧で取締り側のPRも十分ではなかった。デパートなどでは自主的には補助イスを売らないようにしていたが，一般の小売店ではまだ市販されており，使っている人は少なくなかったという。補助イスは違法だったものの，水面下で多く市販されていたことが分かる。家事・育児に追われて自転車で急ぐ母親のニーズにこたえるために製造され，普及していったのだろう。そして，こうした補助席の事実上の広がりによって，法律の方が変わることになった。1971年以降，東京都道路交通規則が改正され，16歳以上の運転者であれば幼児（ 6 歳未満）を幼児用座席に乗せられることなどを例外として認めている。

　　戦後家族の　　このような自転車に関連する技術改良や制度変更のプロセス
　　モビリティ　　は，日本社会における「家族の戦後体制」と呼ばれる家族モデルの成立と結びつけて考えることができる。高度経済成長に伴う都市化のなか，男性正社員を中心とした企業社会が成立し，女性の主婦化が進む。家族の戦後体制とは，おおよそ1955年から75年にかけて成立した「夫は仕事，妻は家事・育児」という性別役割分業をもとにした家族モデルである（落合 2019）。特に市部と郡部を比較すると，市部の有配偶女子就業率は低く，結婚・出産による離職に伴うＭ字型曲線カーブの傾斜も強い（田渕 2018：18-19）。主婦化は都市部を中心に進んでいったことになる。

　戦後日本の都市化と家族体制の成立のなか，自転車というテクノロジーは，主婦向けに調整された。つまり「妻」や「母」というジェンダー役割を遂行するために，女性用自転車には荷台・カゴ・補助イスなどのオプションが次々に追加され，改良された。この「技術と社会の相互作用」を通して，座席が低く，ハンドルが高いことによって安定性があり，荷台・カゴに荷物や子どもを

積載しやすい「ママチャリ」とのちに呼ばれる自転車の様式が誕生したのである。そして，それにあわせて，自転車産業協会の新聞広告（『朝日新聞』1970年4月12日。図12‐3）に見られる，「母親：ミニサイクル／子ども：スポーツタイプ／父親：実用車」という核家族像を前提としたステレオタイプも成立している。

4　「ママチャリ」言説の現代史

スラングとしての「ママチャリ」　ただし，自転車メーカーの分類として「ママチャリ」という言葉が使われることは稀である。「業界には存在しない"ママチャリ"」，「"ママチャリ"という言葉は，自転車業界では使われていない幻の言葉」（『モノ・マガジン』2003年10月2日：161）とされる。この種の自転車は，「軽快車」や「シティサイクル」などに分類され，その一部が「婦人用・女性用・女子用」と表現されてきた。先の「スマートレディー」は「ママチャリの元祖」（谷田貝 2012：13）と言われているが，当時，そのような言葉があったわけではない。

では，「ママチャリ」という言葉が使われ始めたのはいつ頃だろうか。新聞という公共的なメディアではっきりと使われ始めたのは1990年代以降である。それ以前から「ママチャリ」という言葉は使われていただろうが，公共的なメディアで大っぴらに表現できる用語ではなかったと考えられる。

「ママチャリ」の「チャリ」は，1950年代の「チャリンコ」に由来する。49年の『読売新聞』（12月27日）の今年の「新語と流行語」の中に「チャリンコ」という言葉があるが，これは「少年スリ」を指す隠語であった。「ヒロポン中毒」や「桃色中学生」などと並ぶ，いわば当時の不良少年・少女を表現する語彙の1つである。その後，高度成長期を通じてそのような用法は少なくなり，言葉自体も出てこなくなるが，77年4月に「チャリンコ部隊」の補導記事が出ている。これは世田谷区で暴走族「関東連合卅小僧」の下部組織を指した言葉である。言語学者の井上史雄によれば，チャリンコが自転車という意味で使われ始めるのは70年代からだという（『朝日新聞』1995年10月29日）。たしかに『読売新聞』の記事でも「チャリンコ」は「少年スリ」ではなく，「自転車」の隠語になっている。しかし，逸脱行動に紐づけられているように，「チャリ」や「チャリンコ」はお行儀のよい言葉ではなく，マスメディアで公然と口にする

ことがはばかられる隠語・俗語だったことが窺える。

解放される「ママチャリ」　「ママチャリ」の新聞上の用例を探ると，ずっと時代が下る。たとえば1987年7月11日の『日本経済新聞』の記事に，主婦たちのミニ・シンクタンク「毎日の生活研究所」が発行した小冊子「自転車大好きママの生態研究「ママチャリ街を行く」」の簡単な紹介がある。『朝日新聞』の記事検索サイト『朝日新聞クロスサーチ』での「ママチャリ」の初出は90年，読売新聞『ヨミダス歴史館』での初出は92年である。90年5月14日の『朝日新聞』に国際シンポジウム「都市生活と自転車」についての記事があり，その基調報告の1つに以下のようなママチャリの定義がある。

　ママチャリとは，前後に子どもや荷物を山のように乗せて街を走る，決してカッコよくはない主婦族の自転車のことだ。

　ちょっと前まで，小さな子を持つ主婦の生活圏は歩いて15分，約800メートルだった。それが世田谷，目黒のママチャリ族の場合，片道20-30分，6-9キロの範囲に広がっている。友だちの家も幼稚園も商店街も，この生活圏の中にすべて含まれている。今や自転車は，都会の主婦の生活必需品になったようだ。

　幼稚園への子供の送迎がきっかけで乗り始めることが多いというママチャリ族に聞いてみると，商店街やスーパー，それに団地など住宅に駐輪スペースがないのが悩みの種だが，「気軽，手軽」「ありとあらゆるものが積める」「季節を肌で感じることができる」「街の発見が増える」など，いくつもの利点を挙げてくれた。

　生活活動のような地域のコミュニティー活動の盛んなところには，ママチャリ族が多い。共同購入の集配所から商品を運んだり，お茶の間会合に出かけるのに便利なのはもちろんのこと，活動の情報やイベントのチラシを乗せて街を走り，時々自転車を止めて立ち話をして，自分たちの考えを伝える。こんな風に仲間を広げていけるのだ。

ママチャリが都市を生きる女性にとってどのような役割や意味をもっているかがよく分かる記事である。注目したいのは，それが「カッコよくはない」とされ，この時期ようやく公共的なメディアでも使われる用語になったという点

である。

**蔑称と愛称の間で
ゆらぐ「ママチャリ」**　高度経済成長期が終わって以降も，人口増加や市街地の拡大によって都市化がさらに進む。そのように膨らむ「まち」を素早く移動する主婦たちに最適化した自転車が普及・定着した。そして，それは「女性の主婦化」に伴いのちに「ママチャリ」と表現され，その用途を充実させていく。それは歴史的なプロセスとしてだけの変化ではない。たとえば「ママチャリ鈴ちゃん」（えびすまるぼ）という漫画（1994年）では，カッコいいと思って買った自転車が生活の必要上，カゴをつけたり安定したスタンドをつけることで「ママチャリ化」してしまうことを描いている。自転車は生活の文脈の中で，そのつど「ママチャリになったり／ならなかったり」する。「ママチャリ」は，家事・育児を担わされた女性が「結婚」や「家庭」を安定させるために，ぎりぎりのバランスを保ちながら移動する装置として改良・利用される中で現れるものなのである。

　ただし，それはある種の蔑称に近い表現であるか，括弧がついたり，意味の説明が必要とされる用語であった。自転車メーカー各社も，「ママチャリ」という言葉を知っていても，プロモーションのために積極的に使ってはおらず，公共的メディアで臆面もなく使える言葉ではなかった。

　このように「ママチャリ」という言葉は，大人の男性や子ども，あるいは若い女性にとって「かっこよくない」「かわいくない」と思われる自転車を揶揄する時に使われた。実際，多機能を詰め込み，安定性を追求することが重要であるため，デザインは後回しになる。その結果，走るという単一の機能に特化した「スマートな美しさ」は損なわれ，「ママチャリ＝ダサい」というイメージをつくることになった。「ママチャリ」という言説は，高度成長期に女性のジェンダー役割に特化した自転車が技術的様式として定着したあと，幾重にも否定形を重ねる他称として浮かび上がってきたものと言える。

　その一方で，1990年以降の「ママチャリ」記事の登場と急増は，蔑称・他称を愛称・自称へと転換し，その存在を公共的な場へと押し上げる変化の軌跡とみることもできる。それは，まちづくり運動や消費者運動など，女性の多様な都市的な活動への注目が90年代に集まっていたこととも軌を一にしている。政治学者のロビン・ルブランは，ボランティアや生活クラブなどを通じた社会運動を担う主婦女性を「バイシクル・シティズン」と呼んでいる（LeBlanc 1999=

2012)。実際，女性運動では「ママチャリ班」と呼ばれるグループが活動し，政治家がママチャリを使って選挙運動をすることをメディアが取り上げるようになる。こうした場面でのママチャリは，「庶民性」や「親しみやすさ」を表すポジティブな政治的なメッセージへと反転している。

みんなの自転車になるママチャリ　「ママチャリ」というカッコ付きの用語は，1990年代以降，蔑称・他称と愛称・自称の間を揺らぎながら，留保・説明の必要がそれほど必要のない用語として，次第にカッコを外して公的メディアを流通していった。「ママチャリ」という言葉が一般化するなか，「ママチャリといいながら，パパも息子も娘も，ときにはじいさんやばあさんもそれに乗って走る。だれが乗っても，ママチャリはママチャリだ」（市川 1996：124）と言われるようにもなる。女性向けに製造・改良された自転車の様式が，安全性・操作性の高さと大量生産による安さによって，女性以外にも広がった結果だろう。「かっこよくない・かわいくない」という否定形で表現されつつ，コモディティ化（汎用品化）した便利・気軽な自転車を幅広く指示する言葉になったとも言える。

　さらに2000年代に入ると「スピードはでないが乗りやすい安定した自転車として女性以外にもママチャリは愛好されているのだ。ここでの"ママ"は，お母さんの意味ではなく"日常""生活"という意味合いである」（『モノ・マガジン』2003年10月2日：162）と意味が脱ジェンダー化され，愛好の対象へと変容している。また，「ママチャリ文化」という言葉で，日本特有の文化として再発見・再解釈されていくこともあった（『朝日新聞』2008年9月14日）。

5　アップデートされる「ママチャリ」

「自転車ツーキニスト」vs.「ママチャリスト」　ただし，「ママチャリ」というモノとコトバは，蔑称・他称から愛称・自称へと単純に変化したわけではない。「ママチャリ＝ダサい」というイメージは継続しており，特に2000年代以降はロードバイクの流行と電動自転車の普及の中で強調された。

　たとえば，2003年に自転車通勤をする人々を指す「自転車ツーキニスト」という言葉が現れ，ロードバイクの流行の一翼を担った。これらの人々は，大人が「ママチャリ」に乗るのは少し恥ずかしいが，ロードバイクの通勤ならかっ

こいい，という。車道を走るロードバイクと歩道を走りがちなママチャリの対立の中で，「ママチャリは車道を走れ！」と法律違反をふたたび糾弾されることにもなった（田中 2013）。その一方で，「ママチャリスト」と名乗る人にとっては，車道走行の徹底は危険であり，現実的ではないともされている（横山 2013）。とりわけ，子どもを補助イスに乗せたまま車道を走る恐怖はあまり考慮されない。

　ロードバイクは，サドルを高く，ハンドルを低く設定することで前傾姿勢になり，高速走行を安定的に維持する自転車である。そのため車道通行に適している。ただし，およそ「家事と育児」などのタスクを安全に積み，スムーズに処理できるようにはなっていない。ロードバイクの「カッコよさ」は，そうしたタスクを放棄した「仕事と余暇」の中で成立している。

　2012年11月に国土交通省道路局と警察庁交通局は「安全で快適な自転車利用環境創出ガイドライン」を作成し，「自転車は『車両』であり車道通行が大原則」という提言を出している。ただし，その後，(1)道路標識等で指定された場合，(2)運転者が児童（6歳以上13歳未満）・幼児（6歳未満）の場合，(3)運転者が70歳以上の高齢者の場合，(4)運転者が一定程度の身体の障害を有する場合，(5)車道又は交通の状況からみてやむを得ない場合などの例外条件も付加された。特に(1)の道路の割合は都内で6割にものぼるという。都市の自転車の位置づけは，原則と例外，あるいは「ツーキニスト」と「ママチャリスト」の間で揺らいでいるように見える。そしてそれは，ロードバイクとママチャリの間にあるジェンダー役割をめぐるせめぎ合いでもある。

電動アシスト自転車が「アシスト」するものとは　また，1993年に登場した電動自転車，より正確に言えば電動アシスト自転車が2000年代以降，広がり始めている。ただし，その時点で「電動自転車といえばママチャリ（軽快車）というイメージ」（『朝日新聞』2003年11月16日）であった。そのため，メーカーはそうした「ダサい」イメージの払拭するためにスポーツタイプの電動自転車を売りだそうとしている。

　「ダサい」イメージを打ち破るようにしてヒットした電動自転車の1つが，女性誌『VERY』とブリヂストンサイクルが2011年に共同開発した「HYDEE.B」である。「もともとVERYという雑誌は主婦という言葉がネガティブに使われる"主婦くさい"という言葉が大嫌い。その代名詞のように言われるママ

チャリを，“主婦らしく，かっこいい”ものにする」,「ハンサムマザー」(『朝
日新聞』2013年9月4日) のために，夫婦兼用を目指して作られたという。ただ
し，「電動ママチャリ」というイメージが解消されたとは言い難い。

　たしかに女性の労働力率は，男女雇用機会均等法以降高まっていき，M字
型就業構造のカーブも緩やかになっている。1980年から2010年にかけて「最も
大きな上昇を経験した有配偶女性では，25〜30歳で15〜18％ポイント，45〜55
歳で10〜15％ポイントもの労働力率の上昇がみられる」(レイモ・福田 2016：
31)。その一方で，家事・育児のために仕事を続けられずに退職する女性も多
い。また妻や母の役割を重視する規範は依然強く，男性の家事・育児参加が少
ないことも指摘されている (同上)。

　そのように考えると，2010年代以降の「ハンサムマザー」のための電動自転
車は，妻・母としての役割に加えて，さらに労働者としての役割を積み込んで
いることになる。電動アシスト自転車は，より多忙になっていく女性のジェン
ダー役割の増幅・加速を「アシスト」してしまうこともあったのではないか。
もちろん，家事・育児を担う男性が多くなっていく兆しはあり，夫婦兼用とし
て用いられる割合も高まっている。最近では，子ども用補助イスをつけたロー
ドバイクやクロスバイクを見かけることもでてきた。

ママチャリ，ポストモータリゼーションのまちへ　そして，そのようなジェンダー役割がママやママ
チャリからすこしずつおろされていけば，本書の前
半に述べた自転車の原初的な魅力や快楽が戻ってくるのではないか。はいから
さんやスマートレディーなどの「ママチャリ」以前の自転車がもっていた「さ
わやかなスピード」——その忘れていた心地よさを本書に引き付けて「ガール
ズ・バイシクル」といってもいい。たとえば「ママチャリはダサい」といいな
がら，それを母親から借りて乗っていたハイティーンの息子。そして，育児か
らすこしずつ解放されてきたその母親は，息子からママチャリが戻ってきた
時，こんなふうに感想を書いている。

　千葉県北部の今日の気温35度，じっとしていても汗が流れます。でも私
は，やっと戻って来た大事なママチャリをこいで，炎天下を鼻歌まじりで，
いつものお買い物1週コースを回って来ました。忘れ物を全部思い出したよ
うなさわやかな気分です。　　　　　(『朝日新聞』1990年8月20日，傍点引用者)

　ポストモータリゼーションのモビリティを考えるヒントは，このようなママ
チャリの多様なタスクと心地よいスピードを，いかにしてまちの中で受け止め
るかにあるのではないだろうか。

参考文献

市川隆，1996，「CITY CYCLE　カゴ付き自転車」『グッズプレス』1996年12月号。

落合恵美子，2019，『21世紀家族へ──家族の戦後体制の見かた・超えかた［第4版］』
　　有斐閣。

田中大介，2013，「都市をこぐ〔自転車〕」近森高明・工藤保則編『無印都市の社会学
　　──どこにでもある日常空間をフィールドワークする』法律文化社。

田渕六郎，2018，「〈戦後家族モデル〉再考」『学術の動向』第23巻第9号通巻第270号，
　　公益財団法人日本学術協力財団。

本多和子，1990，『女学生の系譜──彩色される明治』青土社。

馬場伸彦，2007，「小杉天外『魔風恋風』をめぐるメディア的トポス」『甲南女子大学研
　　究紀要　文学・文化編』。

谷田貝一男，2009，「昭和30年代における女性の自転車乗車率の上昇原因」『自転車文化
　　センター研究報告書』第2号，財団法人日本自転車普及協会　自転車文化センター。

谷田貝一男，2011，「シティサイクルの誕生と社会文化との関わりの歴史」『自転車文化
　　センター研究報告書』第3号。

谷田貝一男，2012，「ママチャリと社会との関わりの歴史」『Civil Engineering Consul-
　　tant』vol. 257。

谷田貝一男，2013，「女性用自転車の形式・形態変化と普及との関係」『自転車文化セン
　　ター研究報告書』第5号。

谷田貝一男，2014，「明治期の自転車利用女性に対する差別化の様子」『自転車文化セン
　　ター研究報告書』第6号。

谷田貝一男，2015，「明治期の女性　自転車乗車時の服装と髪型」『自転車文化センター
　　研究報告書』第7号。

谷田貝一男「明治の女学生　自転車通学奮闘記」自転車文化センター（https://cycle-
　　info. bpaj. or. jp/?tid=100113取得日2022/3/15）

横山直樹，2013，「ママチャリストの主張」『みやびブックレット』第46号，みやび出版。

レイモ，ジェームス／福田節也，2016，「女性労働力率の上昇──結婚行動の変化の役
　　割」『日本労働研究雑誌』2016年9月号（No. 674）。

LeBlanc, Robin M., 1999, *Bicycle Citizens : The Political World of the Japanese
　　Housewife*, Los Angeles, and London: University of California Press.（尾内隆之
　　訳，2012，『バイシクル・シティズン──「政治」を拒否する日本の主婦』勁草書房。）

Ross, Hannah, 2020, *Revolutions : How Woman Changed the World on Two Wheels*, Plume.（坂本麻里子訳，2023，『自転車と女たちの世紀——革命は車輪に乗って』Ｐヴァイン。）

---🐞 おすすめ文献・映画 ---

ロビン・ルブラン（尾内隆之訳），2012，『バイシクル・シティズン——「政治」を拒否する日本の主婦』勁草書房。
　＊主婦を中心とする女性たちは男性を中心とする「政治」の世界から切り離されているように見える。だが，自分たちが大事にしている生活を維持するうえで欠かせない「自転車」の速度と範囲の中で「政治」との別様の関係を作り上げていることが分かる。
古倉宗治，2019，『進化する自転車まちづくり』大成出版社。
　＊自転車を活用したまちづくりについては，いくつかまとまった成果が出ているが，その第一人者の近著。自転車まちづくりが進んでいるヨーロッパの諸都市，自動車大国アメリカ，および日本の先進事例が紹介されている。自転車が置かれている都市環境が各国でずいぶん異なっていることが理解できる。
ハイファ・アル＝マンスール監督・脚本，2012，『少女は自転車にのって』（*Wadjda*）〈映画〉。
　＊女性が高いモビリティをもつことに，どのような反発があり，それをどのように乗り越えていくのか。厳格な宗教戒律のあるイスラム教文化を背景にしたストーリーだが，速度をただの物理的・技術的な現象ではなく，社会的・文化的なものとして考えることができる。

---🐝 調べる・考える ---

・現代社会には自転車だけではなく多種多様な移動手段がある。履物（スニーカー，革靴，ハイヒールなど），バイク・自動車（自家用車，バス，トラック，タクシーなど），船舶，飛行機などがあり，それぞれ多様なデザイン，ジャンル，種類，用途が存在している。これらの移動手段の中で「女性らしさ／男性らしさ」などのジェンダーと結びつけられているものを挙げ，それがどのようにしてその人の生活を広げたり，狭めたりしているかを考えてみよう。
・「ママチャリ」は今後，どのような形態・名称・用途の自転車として，どのような場所をどのように通行・駐輪していけばいいか話し合おう。そのうえで，「自転車がつくるまち」とはどのようなものでありうるかを考えよう。

第13章

通勤通学というモビリティ・サバイバル
──公共交通をめぐるジェンダー・ポリティクス

田 中 大 介

1 公共交通の水面下で起きていること

**「どこに座るか，立つか」
という問題と選択**　「どこに座り（立ち）ますか？」。大学の授業で毎年，簡単な電車の座席図を提示し，自分なら電車内のどこに座るか，立つかを聞いている。都市という場で人々の行為・関係がどのように現れ，空間の秩序がどのように形作られているのか──それを「座る／立つ」という半ば無意識的なふるまいを振り返ることで，意識してもらうためのものだ。簡略なものであるためおおよそのことしか分からないが，女子学生は男性・年長者とは距離をとり，それらの人々と正対せず，その死角にある場所に位置取ることが多い。

　職住分離の生活スタイルが定着している都市生活においては，通勤通学に少なからぬ時間を費やす必要がある。東京や大阪などの大都市のように，バスや電車などの公共交通を利用せざるをえない場合，狭い車内で少なからぬ時間を多数の見知らぬ人々と共にしなければならないだろう。また，駅やバスターミナルでは，先を急ぐ大量の人々が行き交うなかを縫うように移動する必要もある。通勤通学で用いられる公共交通は目的地に早く着くための手段であり，できれば省略したい，いつのまにか過ぎていてほしい時間‐空間だろう。そのため，モバイルメディアなどで「有効活用」や「暇つぶし」をしてやり過ごすことも多い。こうして通勤通学は都市生活の背景・陰画（ネガ）のような領域となる。けれども，路線・経路や座席・立ち位置の探索・選択のプロセスをみると，その水面下には都市を生きる人々のサバイバルの領域が広がっている。

**都市的コミュニケー
ションをつくる公共交通**　公共交通の中で近接・密着する人がどのような人なのか分からない──そうした都市の匿名性に関わる

213

不安を感じて，精神的・物理的な距離を作り出すことがある。たとえば，都市の公共空間において「すぐ近くにいるけれど，あまり関わり合わないようにする」，「見えているけれど，あまり見ないようにする」，「近くにいるけれど，気にしないようにする」といった態度である。社会学者のアーヴィング・ゴフマンは，これを「儀礼的無関心」（Goffman 1963=1980：93-94）と呼んだ。ただの「無関心」や「無視」と異なるのは，相手を認知しつつ，適切な距離を取り，過度に踏み込まない態度がマナーとして尊重されているためだ。

　また，そうした状況で人々の距離が不意に縮まったり，視線が合ったり，余計な情報が入ることを避けるための工夫もある。先のゴフマンはそれを「関与シールド」（Goffman 1963=1980：43）と呼んだ。たとえば，本やスマートフォンに目を落としたり，吊り広告や車内ディスプレイを見上げていれば，周りをじろじろ見たり，不意に目があうことを避けることができる。イヤホンをしていれば，誰かの会話が耳に入ってきたり，見知らぬ人から話しかけられても，知らないふりをできるだろう。

　そうしたテクニックやテクノロジーを駆使しながら，他人同士という関係と距離を適切に維持する。見知らぬ人々が集まる都市においては，このようなマナーを通してプライバシーの領域を確保し，公的空間の秩序を形作っている。多かれ少なかれ，都市を生きる人々が身に着けている都市的なコミュニケーションと言えよう。このような日々の工夫や作法は，半ば無意識に，そのつど即興的に駆使されている。冒頭の「どこにどう座るか／立つか」という問題と選択は，多くの人々が公的空間の秩序維持のための「解」をそれぞれのやりかたで出していることを表す事例の1つにすぎない。ただし，都市を生きる女性たちにとってそうした距離化は，マナーのような作法以上のもの——つまり，たとえば痴漢・暴漢などの被害に遭うリスクを回避する生存の技法となる。

2　日本的都市が生む犯罪

日本的都市と「痴漢大国」　痴漢は，都市的空間で発生しやすい犯罪だろう。たとえば書店や映画館などの「人が何かに集中する場所」，駅や商業施設のエレベーターやエスカレーター，あるいは路上などの「人が移動している場所」，プールやライブハウスなど「人がひしめき合う場所」などが痴漢の発

生しやすい場所であるという（斉藤 2017：16）。近年では「ぶつかり男」等と称される駅などで女性に体当たりする男性も話題になったが，このような暴漢が発生する状況もよく似ている。特に痴漢という犯罪の温床となっているのは，過酷な混雑で知られる日本の都市部の満員電車である。「世界的にみて公共交通機関で日常的に，これだけの数の性暴力が頻発している国はめずらしい」とされ，日本は「痴漢大国」「痴漢天国」とも言われている（同上：28-29）。逆にロンドンの場合，女性は街にいる時より公共交通を使っている方が安全と感じるという（Gately 2014=2016：197）。痴漢行為は日本の都市交通が生む犯罪の１つだが，より正確に言えば，痴漢は満員電車という都市環境を逆手にとって行為に及んでいる。「ターゲット，場所，シチュエーションなどを総合的に判断し，捕まらないと確信を持てた状況のみで入るスイッチ」をもつのが痴漢であり，彼らは「環境サーチ」と「ターゲット選び」に余念がないという（斉藤 2017：88）。

　　交通空間の特性　　たとえば電車・バスなどの車内空間は「閉鎖性と近接性」
　　と逸脱行動　　という特徴をもっている。さらにそれを駅やバスターミナルなどの公共空間に広げれば，「匿名性と流動性」という特徴を見出すことができる。上記のように「環境サーチ」と「ターゲット選び」が駆使されているとすれば，公共交通における逸脱行動は，被害者には「見えにくく，避けにくい」が，加害者には「行いやすく，逃げやすい」という空間的特性を悪用する形で発生している。とりわけ女性が被害者になることが圧倒的に多い以上，公共交通は，「女性」と見なされることによるジェンダー・リスク（ある人々が「男性」や「女性」と見なされることで現れる性別ごとのリスク）に溢れた空間だと言えるだろう。しかも，そうした交通空間における出来事の捉えにくさゆえに，その実態はなかなか表面化・可視化しにくい。

　痴漢について詳細な研究をしている牧野雅子によれば，2017年の全国の迷惑防止条例違反と電車内の強制わいせつ事犯で検挙された痴漢事件数は3212件であり，なかでもその３分の１が東京都であるという（牧野 2019：20-27）。特に東京都を管轄する警視庁の統計によると，電車内の痴漢の検挙数は痴漢全体の８割近くになる。大阪がその３分の１であることを考えると，首都圏の電車内における痴漢の割合の高さは際立っている（同上：26-27）。ただし，これは犯罪として被害届などが出されたものだけであり，通報・相談などでは認知件数

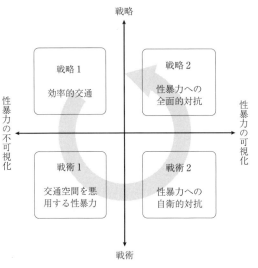

図13‑1　セルトーの概念図
出所：筆者作成。

には反映されない。しかも，痴漢については被害に遭っても届け出ないことも多いとされ，巨大な「暗数」を抱えていることが窺える。「ぶつかり男」などの暴漢についても同様だろう。この「言い出しにくさ」や「表にあらわれにくさ」がジェンダーに由来するとすれば，それを日本的な都市環境やコミュニケーションの文化とあわせて考える必要がある。

都市交通という「戦略」と拮抗する 2 つの「戦術」　都市を生きる女性たちは，「暗数」という闇の中で繰り広げられる逸脱行動・犯罪行為に日々付き合わされている。ここでは，このような主として「男性と女性」というカテゴリーの間でのせめぎあいを「ジェンダー・ポリティクス」と呼び，都市交通におけるそのような暗闘を M・ド・セルトーのいう「戦略」と「戦術」という概念で整理することにしよう（Certeau 1980=2021）（図13‑1）。

　一般に都市の公共交通の計画・政策・運営は，都市計画・交通工学の領域に属する。近代都市の成長に伴い，都市に流入した大量の人々を機能的に分散させ，その間を効率的に移動させる必要が出てくる。それを適切にコントロールしようとするのが都市計画・交通工学などの専門領域である。セルトーは，このようにマクロ（巨視）の視点から都市を生きる人々を科学的・数量的に把握し操作することを，軍事的作戦の語彙を用いて「戦略」と呼んでいる。こうした視点のもとにある交通利用者は，統計的に把握される数量の 1 つとして処理される。そのため，できるだけ合理的・効率的に輸送される荷物，あるいは忠実に進軍する兵隊のようになる。満員電車にぎゅう詰めで押し込まれて移動する時に感じる理不尽・不愉快は，人間よりも物体か何かとして扱われているこ

とにも由来する。ただし，そうは感じても，多くの場合，ことを荒立てず，黙って，我慢しながら移動のプロセスをやり過ごしている。乗客が荷物・兵隊のように従順な存在であることは，大量の人々をスピーディにさばく機能的都市・効率的交通をつくるためには重要である。とくに，都市計画・交通工学，そしてその担い手である管理者・事業者・専門家・実務者などの「戦略」にとって都合がよいと言えるだろう。

　一方，そうしたマクロな「戦略」によって作られた環境の中で，無名の利用者たちが自分たちなりに「うまくやっていくこと」を「戦術」とセルトーは呼んでいる。このミクロ（微視）の視点で捉えられる人々は，数量化された物体ではなく，公共交通を「それぞれのやりかた」で利用している。たとえば，座るために始発駅にいったん戻る，鈍行に乗る，時間帯をずらす，あるいは降りそうな人を見分けてその人の前に立つなど，快適な状況を得るために工夫をする人がいる。あるいは，書籍・雑誌・モバイルメディアなどを持ち込んで，活字・映像・ゲームという夢想の世界を楽しんでいる人も多い。このように，強いられた都市環境をうまくやり過ごす「それぞれのやりかた」を，セルトーは「戦術」と呼び，そこに大衆・民衆の知恵や技芸を見出している。

　ただし本章では，「戦術」を「戦略」と対置させて，「良いもの」としてだけみることはできない。というのも，「戦略」を出し抜く「戦術」——強いられた都市環境でうまくやっていくやりかた——には，通常の利用者たちだけではなく，痴漢・暴漢などの犯罪者・逸脱者のものも含まれているからだ。そして，そうした悪質な行為に対抗する女性たちの戦術もまた存在する。本章では，都市計画・交通工学的な「戦略」によって作られ，強いられた都市交通を悪用する「戦術1」と，それに対抗する「戦術2」の拮抗を考えることにしよう。さらに，このような女性たちの「戦術2」は，都市交通の管理者・事業者などによる「戦略」そのものの変化を促しつつ，「戦略2」とも呼べる都市環境を形作っていく。

3　公共交通のダブルバインドをすり抜けろ

自衛的「戦術」と
しての痴漢撃退法
　　かつて，週刊誌などの定番の特集に痴漢撃退法というものがあった。こうした特集は多数あるが，たとえば，

図13-2　「痴漢電車危険ゾーン」(『女性セブン』小学館，1988年
　　　　　6月23日，103頁)

1988年6月23日『女性セブン』の「女の仇敵痴漢を成敗じゃ！」と1998年3月
17日『TOKYO 1週間』の「東京路線別痴漢防止パワフル情報マップ」を挙
げてみよう（図13-2，図13-3）。

　前者には「痴漢多発路線」と「痴漢電車危険ゾーン」という項目がある。
「痴漢多発路線」や後者のマップには，痴漢リスクの高い時間帯や区間がどこ
なのかを東京と大阪にわけて掲載している。こうした情報を手掛かりにして，
「最短距離の路線を利用したいが，ラッシュ時のその路線は痴漢が多いようだ
から，時間や路線をずらすことも考えた方がいい。でも，間に合わなかったら
どうしよう」──そう思案することもできるだろう。

　また，「痴漢電車危険ゾーン」には，痴漢や「変質者」を避けるために女性
が電車や駅のどこにどのように位置取るべきかが描かれている。この記事で興
味深いのは，ゴフマンが指摘する「儀礼的無関心」を維持する距離や「関与
シールド」になりうる場所──たとえばドア横や端の席が逆に加害者から逃れ

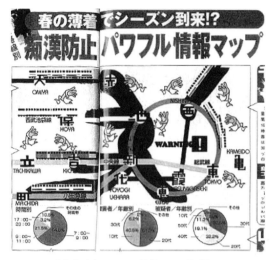

図13-3　「痴漢防止パワフル情報マップ」(『TOKYO 1 週間』講談社，1998年 3 月17日，42-43頁部分)

にくい場所になっている点である。つまり，他者の視線を避け死角に入ろうとするようなマナーは，痴漢を避けるうえでは逆効果になる（痴漢がつけこみやすくなる）可能性がある。そうだとすれば，女性はマナーのみならず，リスクを考慮に入れて位置取りしなくてはならない。

被害者を硬直させる
ダブルバインド　また，痴漢などに直面して「やめてください！」「この人痴漢です！」と拒絶・告発の声を上げたくても，上げられない事情もある。たとえば，恐怖やパニックによって硬直してしまうこともあれば，公共交通の作法やマナーを気にして，大きな声を出しにくい，他の客に頼ることがためらわれる，といったこともあるだろう。このように，女性はマナーを重視すべきか，リスクを回避すべきかの間でジレンマを抱えている。これを，人類学者のG・ベイトソンが提起した「ダブルバインド」(Bateson 1972=2000) の状況として考えてみよう。

　ダブルバインドとは，たとえば家族の間で「愛している／愛していない」「愛してほしい／愛してほしくない」などの矛盾した 2 つのメッセージの間におかれるコミュニケーション状況を指す。では，公共交通において女性が陥りがちなダブルバインド状況とはどのようなものだろうか。

　公共交通では，多数の見知らぬ人と近接・密着することが多い。人と人の距離の「近さ」は，一般に「親しい関係」を表すメッセージとなる。しかし，公共交通では，見知らぬ人々と「近い距離」であっても「親しさ」のメッセージは発生しない。公共交通ではよくあることで，近い距離でも，相互の関与をできるだけ減らし，知らないふりをするというマナー——儀礼的無関心——が「メタ・メッセージ」として設定されているからだ。だからこそ公共交通の混雑が不快・不便であっても，多くの人は不平・不満をその場で言いつのったり，他人を強引に押しのけたりはあまりしない——つまり，平気なふりをしている。

　しかし，執拗・過剰と感じられる接触があった場合どうだろうか。その近接・密着には別のメッセージが発生することになる。たとえば，それをセクシュアルなメッセージとして判断すれば「痴漢」として，敵意というメッセージとして判断すれば「暴力」として認識できる。ただし，それが判別しにくい場合もあるだろう。また，そのように判断しても適切に対応できないこともある。こうなると，近接・密着という出来事を「公共交通のマナー」として認識・処理すべきか，「痴漢・暴力のリスク」として認識・処理すべきかというジレンマに陥ることになる。こうしたことに限らず，公共交通を用いた移動においては，たとえば以下のような多重的なジレンマが潜在的に継起していることになる。

(1)乗車前：効率的な路線・快適な位置で移動したい⇔リスクを避けたい
(2)乗車中：通常の密着・接触？⇔痴漢・暴力？
　　　　　拒絶・告発したい⇔発声・関与しにくい
(3)降車後：この人だった？⇔あの人だった？
　　　　　通報・処罰したい⇔ことを荒立てたくない・先を急ぎたい

　公共交通による移動のプロセスにおいて，いったん暴力・痴漢などを考慮に入れ始めると上記のような板挟み，宙づり状態を強いられる。しかも「ことを荒立てない」ことは，本人の意向ではなく，警官・鉄道員などの第三者によって「あなたのためだから」といった形で求められることさえあった。

　ベイトソンによれば，ダブルバインド状況に置かれた人は，(1)周囲に対する

不信・猜疑心を強める，(2)すべてを戯言・冗談にしてしまう，(3)固く身を閉ざ
して，沈黙するといった反応を示す——そして，それが続けば精神疾患になる
こともある——という（Bateson 1972=2000：299-300）。公共交通の痴漢・暴力に
巨大な「暗数」が生じてしまうのは，多重的なダブルバインド状況を背景にし
て，女性が硬直し，声を上げにくいコミュニケーションの文化と環境を作って
いるからではないか。

自衛的「戦術」の限界　こうしたダブルバインドをすり抜けるための「戦術
2」の1つとして上記の「痴漢撃退法」が存在してい
る。もちろんその取締りは行政機関・事業者などの責任——つまり，都市交通
の効率性・安全性を維持するために管理者・専門家が取り組むべき「戦略」の
一部だろう。だが，そのような「犯罪者」への取締りが完全ではない以上，女
性たちもやむにやまれず，様々な防衛手段——すなわち「戦術」を駆使するこ
とを強いられる。

　たとえばかつては「痴漢に注意」という標語があった。これは，あたかも痴
漢が一定の割合で発生することが当たり前であり，そのうえその対応が——行
政機関・事業者ではなく——女性の自衛に任されていることが前提となってい
る。性犯罪・性暴力の責任は全面的に加害者にある。しかし理不尽にも「被害
者にも隙がある」といった形で責任転嫁されるため，自衛の「戦術2」を工夫
せざるをえないのである。

　ただし，そのようにして編み出された「痴漢撃退法」には実証的に正しいか
が不明なものも多い。たとえば，女性誌の痴漢対策には「痴漢が寄ってくる
ファッションや振舞い」といった例が頻出する（図13-4）。また，「キモイお
じさん」や「普通そうにみえるサラリーマン・学生」などのイラストを掲げ，
「こういう男性は痴漢である可能性が高いため警戒せよ」とされることもある。
こうした記事は，一方で被害者である女性に責任の一部を求める理不尽にな
り，他方で男性にとっては侮蔑的なステレオタイプにもなる。なにより本当に
危険を避ける効果があるのかがかなり疑わしい。だが，都市の公共交通におけ
る「他者の頼りにくさ」や「声のあげにくさ」がある以上，相互の「見た目」
や「振舞い」を手掛かりにせざるをえない。直接的な関与を少なくしつつ，な
んとか痴漢・暴漢を回避する——つまり，マナー維持とリスク回避のダブルバ
インドをすり抜けるためにひねりだされた「戦術2」なのである。

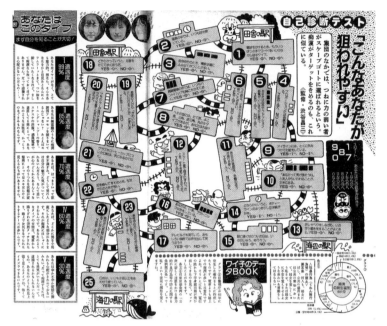

図13‐4　「自己診断テスト」(『女性セブン』小学館，1988年6月23日，104-105頁)

4　公共交通の勢力図を塗り替えろ

**「痴漢は犯罪です」
が画期的だった頃**　だが，こうした電車や駅などのルート選択や位置取り，
見た目や振舞いなどの判断や印象操作——すなわち局所
的な身体を通じた被害者側の個別的な「戦術2」による自衛には限界がある。
特に男性や加害者の意識の低さは問題であった。

　たとえば，牧野は1960年代から90年代までの男性誌においていかに痴漢行為
が肯定的に語られているかを明らかにしている。そこでは痴漢が娯楽・文化の
ように語られ，いかにして痴漢を行うかのマニュアル的な記述が掲載されてい
る。今から見るときわめて下劣で信じがたいが，「痴漢のススメ」のような言
説が男性誌を中心に多数，また定期的に記事になっていたのである。冒頭で，
いかに痴漢が念入りに「環境サーチ」や「ターゲット選び」をしているかにつ
いて指摘したが，そうしたマニュアルめいた言説が90年代までの男性誌という

メディアには頻出していた。

　もちろん，この時代の痴漢も迷惑防止条例違反や強制わいせつなどの「犯罪」である。実際にそうした雑誌をもとに痴漢行為に及んでいたのはごく一部であり，ある種のポルノグラフィとして読まれていたと推察される。だが，痴漢を繰り返しポジティブに語る男性誌の言説によって，そうした行為を大目にみたり，見逃したりする「余地」を大きく残すことになる。そしてそれは，女性にとっては拒絶・告発を諦めさせる「圧力」にもなるだろう。

　このような状況を前提にすると，1990年代以降，「痴漢は犯罪です」というばかばかしいほど当たり前のことを，なぜ打ち出されなければならなかったかが分かる。たとえば上野千鶴子は「長い間，痴漢は遭ってあたりまえ，遭うのは女にスキがあるせい，と思われてきました。ですが1990年代に，東京都の地下鉄で「痴漢は犯罪です」というポスターをみたときの感激を，わたしは忘れません」（上野 2021：119）と述べている。たしかに先の「痴漢に注意」は，被害者（とりわけ女性）に向けて「自衛」を求めるメッセージであった。それに対して「痴漢は犯罪」は，男性に多い加害者に向けた「戒め」のメッセージであり，その点に大きな変化が表れている。

　以上のように，1990年代までの大衆雑誌の痴漢言説において，鉄道の路線図と構内・車内の配置図は，男性誌ではスリルのマップとして，女性誌ではリスクのマップとして描かれていた。痴漢を行う／避けるためにはどの電車に乗り，どういう位置を取り，どういう振舞いをすべきか——そうした「戦術1」と「戦術2」が男性誌／女性誌というメディア空間においてせめぎあう。大都市の公共交通の暗闘とは，そうした相互の戦術の交錯であった。だが90年代以降，大衆雑誌の論調に変化が現れる。

　痴漢撲滅の全面的「戦略」の形成　1980年代末，痴漢行為を注意された男性2人による強姦事件をきっかけとして「性暴力を許さない女の会」が発足した。同会などによるアンケート調査『痴漢のいない電車に乗りたい！』が報告書としてまとめられ，新聞・雑誌で取り上げられ大きな反響を得た。警察も痴漢取り締まり活動を活発化させ，96年2月に警察の被害者対策要綱が制定され，性犯罪事件対策が大きく進んでいく。鉄道警察隊に痴漢被害相談所がおかれ，痴漢防止活動を紹介する記事も多数でている。こうして，「2000年代に入ると，それまで恒例行事のようであった男性誌の痴漢に関する記事が激減す

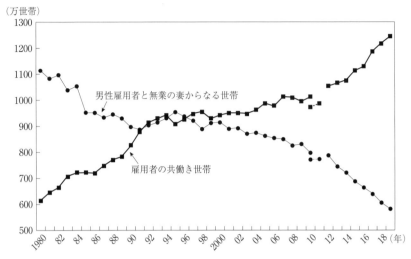

（万世帯）

図13 - 5　共働き等世帯数の年次推移

資料：1980〜2001年は総務省統計局「労働力調査特別調査」，2002年以降は総務省統計局「労働力
　　　調査（詳細集計）（年平均）」。
（注）　1．「男性雇用者と無業の妻からなる世帯」とは，2017年までは，夫が非農林業雇用者で，
　　　　妻が非就業者（非労働力人口及び完全失業者）の世帯。2018年以降は，就業状態の分類
　　　　区分の変更に伴い，夫が非農林業雇用者で，妻が非就業者（非労働力人口及び失業者）
　　　　の世帯。
　　　　2．「雇用者の共働き世帯」とは，夫婦ともに非農林業雇用者の世帯。
　　　　3．2010年及び2011年の実数は，岩手県，宮城県及び福島県を除く全国の結果。
　　　　4．「労働力調査特別調査」と「労働力調査（詳細集計）」とでは，調査方法，調査月など
　　　　が相違することから，時系列比較には注意を要する。
出所：『令和2年版厚生労働白書——令和時代の社会保障と働き方を考える』。

る」（牧野 2019：148）。

　1990年代以降，重要になるのは「痴漢」が悪質な「犯罪」であるという認識
を流通させ，取り締まることであった。そのためには，個別の「戦術2」に頼
るのではなく，メディア・政府・警察・事業者などを巻き込みながら大きな
ムーブメントを作る必要がある。つまり，痴漢のイメージや理解を大幅に塗り
替えて，取り締まっていくという全面的な「戦略2」の展開であった。それは
「パワーハラスメント」「セクシュアルハラスメント」という概念が構築され，
普及することで，日常生活のふるまいを取締るべき対象として見出すことが可
能となっていたプロセスと似ている。

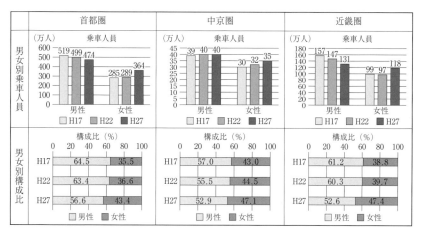

図13-6　男女別乗車人員，男女別構成比の推移（定期券利用者）
出所：『第12回大都市交通センサス調査〈調査結果の詳細分析〉平成30年3月国土交通省』。

　こうした論調の変化，そして「戦略2」の展開が可能となった背景には，女性の社会進出，およびそれに伴う女性の通勤電車の利用の増加があると考えられる。1980年代の専業主婦世帯（雇用者と無業の妻からなる世帯）と雇用者の共働き世帯数の割合はおおよそ「2：1」の割合だった（図13-5）。しかし，共働き世帯は80年代以降急増し，90年代に入っておおよそ専業主婦世帯数との割合は1：1になった。共働き世帯は90年代後半以降，さらに増加し，19年には1：2の割合に逆転している。

　こうした女性の雇用者数の増加によって，都市部の定期券利用の女性通勤乗客数も増加していく（図13-6）。「痴漢は犯罪」という認識が広がるのと並行して，公共交通における「男性と女性の比率」も次第に拮抗するようになっていった。それに伴い鉄道事業者は女性への配慮を重視し，女性乗客の発言力・説得力もさらに増していくだろう。

　たとえば，戦前に導入された女性専用車両は，混雑率が高まる高度成長期を通じて1973年までに「男女平等」に反するという建前で徐々に廃止されていった。ただし，本音の部分は大量の通勤客を捌くための廃止であったと考えられる。実際，64年から82年にかけて国鉄（現JR）は，激増する交通需要による「通勤地獄」に対応するために「首都圏五方面作戦」——まさに「戦略」である——と呼ばれる東海道・中央・東北（高崎）・常磐・総武を対象にしたイン

フラ投資を行っている（老川 2019：99-102）。高度成長期が終わる70年代に首都圏への人口流入が一段落したこともあり，75年に221％であった東京圏の平均混雑率は，2003年に171％にまで低下している。このように平均混雑率が緩和しつつ，女性の乗客率が増加していくなか，再導入されたのが後述する女性専用車両であった。

5　都市の公共交通におけるジェンダー・ポリティクスの現在地

痴漢冤罪と「管理・隔離」という現代的戦略　先に述べたように，男性誌において「文化・娯楽」のようなものとして表現されていた痴漢は，「犯罪の加害者」としてはっきり認識されるようになった。ただし，ことはシンプルには進まなかった。上記のような男性誌における痴漢言説は激減したが，「代わりに増加したのが，痴漢冤罪問題を扱った記事である」（牧野 2019：148）。つまり，男性は「犯罪の加害者」のみならず，「冤罪の被害者」の立ち位置を取るようにもなっていく。なかでも2007年に公開された，痴漢冤罪をテーマにした『それでもボクはやってない』（周防正行監督）は大きな話題となった。

　日本の鉄道交通の混雑——匿名的・流動的な密着状況——は，その行為が「痴漢行為なのか」「痴漢は誰なのか」を捕捉しにくくさせる。つまり，誰がどのような行為をしたのかが「藪の中」になる。そのため，冤罪と痴漢の被害者同士で泥仕合になり，相互に疲弊しかねない。特に「痴漢冤罪」言説は，「痴漢に間違われるかもしれない」という恐怖心と猜疑心を男性に抱かせる女性にとっても「冤罪を生むかもしれない」という不安と隣り合わせになるだろう。こうして，男性と女性の間の相互不信はさらに増幅する。疑いだせばきりがない——痴漢はそうした状況を悪用しているのだが，2000年代以降，疑心暗鬼の無限後退を止める手段となったのは「管理と隔離」であった。

　たとえば，2000年代以降の痴漢対策として注目されるのは，先述の女性専用車両の復活と増加である。同車両は，関西地方では2002年に，首都圏でも京王電鉄，横浜市営地下鉄，JR埼京線で先駆的に導入される。その後，東京都や警視庁などが導入を要望し，国土交通省が鉄道各社で構成された協議会を設置したことで，首都圏のJR，大手私鉄，地下鉄で一斉導入された。同車両は女性を性暴力から保護するために導入されたものだが，男性が冤罪の被害者にな

りうるとすれば，それは「男性のため」にもなる（堀井 2009）。

情報化する痴漢
対策の戦略と戦術　もう１つは，電車内・駅構内における監視・防犯カメラの導入と普及である。2000年代後半に新幹線車両で導入が始まったが，2010年に痴漢多発路線・車両であった埼京線車両の１号車のすべてに防犯カメラが設置されるようになる。その後，その他の首都圏の JR 各線，私鉄，地下鉄で幅広く普及していった。カメラによって撮影・記録することによって，満員電車という「暗がり」を可視化する。監視・防犯カメラは公共交通の暗部を明らかにし，痴漢の抑止と捕捉の効果を期待されたのである。

本章の冒頭に述べた多様なエチケットやマナーを身に着けること——これを，自らルールを意識し，自己や他者の振舞いを正す「規律訓練型」の秩序維持と呼ぶ。一方，上記のような空間的分離と新しいテクノロジーの導入は，自分で意識し，行為する以前に，あらかじめしつらえられた施設や装置によって未然にトラブルを回避しようとしている。これは「環境管理型」の秩序維持と呼ばれるものに近い（東 2007）。

こうした性暴力を防ぐ施策は，都市交通を管理・運営する事業者による「戦略２」のアップデートと言える。その一方で「痴漢防止アプリ」と呼ばれるアプリケーションも開発されている。これはモバイルディスプレイ上に「痴漢です！」と表示したり，被害状況やマップをオンライン上で共有できるアプリである。公共空間で「声を出せない」，匿名的他者に「頼りにくい」といったダブルバインド状況を乗り越えるための情報機器の利用であり，乗客たちの「戦術２」のアップデートと言えるだろう。

このような痴漢対策の情報化した管理や空間的な分離は——管理・監視社会批判があったとしても——現状においては歓迎すべきものだろう。ただし，それは公共交通における「男性と女性」の間の相互不信を信頼へと転換するのではなく，コミュニケーションそのものを断つ方策が含まれていることも注意されてよい。

「病気」化する
痴漢とその問題　もう一点，2000年代以降の大きな変化として，痴漢を性依存症の一種として捉え，病気として扱う視点が現れている。痴漢言説は1990年代に「文化という許容範囲」から「犯罪という取締対象」へ移行した。さらに2000年代になると「病気という治療対象」とみなす言

説が現れたのである。

　まず，1995年に作成されたアメリカ精神医学会の診断基準（DSM-4）で障害のひとつとして認められた窃触症が，痴漢行為を指す「広義の心の病」として紹介されるようになった。2006年になると法務省は，性犯罪の再犯リスクの高い受刑者や仮出所者を対象に心理療法を用いた再犯防止プログラムを実施している。以降，「性依存」の一種として，痴漢を治療の対象とする言説が定着する。たとえば「「性犯罪男」の傾向と対策」（『AERA』2012.9.17）という記事では，痴漢を「性（嗜好）障害」という病気と捉え，「カウンセリングなどの治療をする必要がある」という専門家の意見が紹介されるようになる。

　上記のプログラムを開発した医療従事者は，「『痴漢は犯罪です』と当たり前のことを書いたポスター」の抑止効果に懐疑的であり，エビデンスのある「治療」が有効であるという（原田 2019）。一方で，「痴漢は病気です」と言い過ぎることは免罪符になりかねず，痴漢の根元には男性の支配欲と男性優位社会があると強調する医療従事者もいる（斎藤 2017）。痴漢を病気と見なせたとしても，そこに被害者が存在する以上，加害者の責任を大なり小なり免罪しかねない言説効果には十分な警戒が必要だろう。

　かつての「文化としての痴漢」言説は痴漢行為を「男性がしたくてたまらない欲望（desire）」と見なした。一方，現在の「病気としての痴漢」言説はそれを「やめたくてもやめられない嗜癖（addiction）」と見なしている。しかし，どちらも行為者の意図・意志を超えた，コントロールできない行為として痴漢を扱っている点では同じ平面に立っている。そのため，場合によっては「男ってそういう生き物だから」とか「病気だから仕方ないね」といった形で，生物学的な身体に本質的に規定された行為であるかのように見なす視点を呼び込みかねない。

モビリティ・サバイバルのゆくえ　本章を振り返れば，痴漢は「男性の身体／個人の疾患」の問題として処理できるような，本質主義（ある性質が特定の属性の人々に不可避に備わるとみなす見方）的で，個人化された行為ではないことが分かるだろう。痴漢とそれとの戦いは日本的な都市・文化環境において発生しており，その言説も大きく変容してきた。つまり，このような逸脱行動とその対応は特定の社会的条件のなかで現れ，一部は人々の意志・意図によって実現したものである。そうであればこそ，痴漢は加害者・被害者などの

個人の問題ではなく，都市を生きる人々の社会的な問題——処罰や治療を含めた，より広い意味で学習と教育の問題——でもある。

　都市の公共交通が様々な「戦略と戦術」のせめぎあいであったことを考えれば，都市のモビリティはただの手段や背景ではない。むしろ都市を生きることを左右するやりとりが繰り広げられるサバイバルの領域なのである。しかも，都市を生きる人々が快適で安全な移動の手段・経路を選びうるかは，それぞれの人々がどのような住居・職業・家族などを選択できるかという階級・階層，そしてジェンダーの問題とも複雑に関わっている。

　そう考えると，都市交通をめぐる議論は「そもそも人々は——とりわけ性暴力を警戒しなければならない女性は——長時間，満員電車に乗りたくて乗っているのか」というところに行きつく。たとえば，都心回帰によって通勤時間が短縮され，リモートワークによる職場の分散が進めばどうだろうか。実際，2019年に163％だった平均混雑率は，翌年，コロナ禍によって107％にまで急落している。都市化と情報化——というやや矛盾したようなトレンド——を女性たちがさらに推し進めていくならば，別様の都市交通やモビリティのあり方を垣間見せることの兆しになるかもしれない。

参考文献

東浩紀，2007，『情報環境論集　東浩紀コレクションS』講談社。

上野千鶴子，2021，『女の子はどう生きるか——教えて！上野先生』岩波ジュニア新書。

老川慶喜，2019，『日本鉄道史　昭和戦後・平成篇——国鉄の誕生からJR 7社体制へ』中公新書。

斉藤章佳，2017，『男が痴漢になる理由』イースト・プレス。

原田隆之，2019，『痴漢外来——性犯罪と戦う科学』ちくま新書。

Batson, Gregory, 1972, *Steps to an Ecology of Mind : Collected Essays in Anthropology, Psychiatry, Evolution, and Epistemology*, Chicago: University of Chicago Press.（佐藤良明訳，2000，『精神の生態学 [改訂第 2 版]』新思索社。）

Certeau, Michel de, 1980, *Art de Faire*, Paris: Union générale d'éditions.（山田登世子訳，2021，『日常的実践のポイエティーク』ちくま学芸文庫。）

Gately, Ian, 2014, *Rush Hour : How 500 Million Commuters Survive the Daily Journey to Work*, London: Head of Zeus Ltd.（黒川由美訳，2016，『通勤の社会史——毎日 5 億人が通勤する理由』太田出版。）

Goffman, Erving, 1963, *Behavior in Public Places : Notes on the Social Organization of Gatherings,* New York: Free Press.（丸木恵祐・本名信行訳，1980，『集まりの構造──新しい日常行動論を求めて』誠信書房。）

🖐 おすすめ文献・映画

牧野雅子，2019，『痴漢とはなにか──被害と冤罪をめぐる社会学』エトセトラブックス。

＊本章でも参考にしたが，ぜひ直接読んでほしい文献。粘り強く資料を踏査することの重要さのみならず，「痴漢」のように資料が表しきれないリアリティをどのように取り扱うかについても考えさせられる。

堀井光俊，2009，『女性専用車両の社会学』秀明出版会。

＊女性専用車両が復活し始めた際に，いちはやくそれを分析した著作。女性専用車両について，様々な角度から分析されており，現在でも積み残されている論点や課題が分かりやすく書かれている。

大原とき緒監督，ヘルチャン・ツィホッフ脚本，『*Bird Woman*』〈映画〉。

＊鳥のマスクを着けることで痴漢を撃退した女性──その振る舞いが SNS で拡散されることで，様々な議論を呼びつつも，女性たちが連帯していく。短編のファンタジー作品だが，女性が公共交通を利用して行動範囲を広げていくには，もう1つの「羽」が必要であることを表しているようだ。

🌱 調べる・考える

・電車以外の都市空間で，痴漢や暴漢が現れやすい場所とその特徴を考えてみよう。そして，その対策としてどのような手段や方法があるか考えてみよう。

・痴漢防止のポスターを作るとすれば，どのような図柄で，どのようなメッセージを付けるといいか。できれば，実際に作成しながら考えてみよう。

第14章	東京の一人暮らし女性の住まい
	——どこに住み，どんな暮らしをするのか

大久保恭子

1　一人暮らし女性の新住宅すごろく

　「現代住宅双六」という，人生を住宅選択の過程を通して理解する図が，約50年前に考案された（図14-1）。住まいの選択はその人のライフコースと切り離せない——そのことを強く印象付けてくれる図である。だが，夫婦と子ども2人の4人家族を標準とし，上がりは郊外の一戸建て，とするこのすごろくには，もはや現代の居住環境では理解できないものも多い。ましてや，女性の社会進出以降の多様なライフコースには，およそそぐわない。

　過去の住宅すごろくが手本とならないのであれば，女性たちは自ら思い描くライフコースにふさわしい住まいを，探し求めなくてはならないだろう。

　もし，あなたが学校を卒業しても故郷へは戻らず，このまま東京で働き，一人暮らしを続けるとしたら，どこに住み，どんな暮らしが待ち受けているのだろうか。本章では，そんなあなたの疑問に応えるヒントを網羅している。居住地や住宅を選択する基準，そして一人暮らしならではの住み方についての示唆を，事例を交えながら分かりやすく解説している。さらに，未来予想図として「一人暮らし女性版新住宅すごろく」の作成を試みた。東京を生き抜くための，あなたならではの住まいストーリーを描く一助となれば幸いだ。

2　若い女性はなぜ東京を目指すのか

高い給与と希望の仕事が若い女性を東京へ惹きつける　1995年以降東京は女性の転入超過となり，遅れて翌96年に男性が転入超過に転じ，2008年までは男女ともほぼ同数で転入超過が続いた。だが，09年以降は女性が男性を超

図14-1　上田篤・久谷政嗣「現代住宅双六」
出所：『朝日新聞』1973年1月3日。

え，とりわけ15年以降はその動きが顕著だ。新型コロナ禍の20年においてすら，20代前半女性の転入超過数の6割を東京が占める（東京都住民基本台帳移動報告）。居住エリアからの出控えが起こった年であるにもかかわらず，それでも動いた不用不急ではない若い女性の人口の動きは，平時に比べて，より強い意志によるものだ。

　では，20代女性たちが東京を目指す目的は何だろうか。東京圏への移動理由について20代で一番多いのが「就職」32.4％，次いで「転職・独立・起業」12.6％，「入学・進学」12.4％。就職や進学を目的とする転入が57.4％と過半数を占める（2015年「大都市圏への移動等に関する背景調査」）。また，東京圏の仕事を選ぶにあたり重視したことは，男女ともに「給与水準」65.3％，「自分の関心に近い仕事ができる」63.8％と高い割合になっている（2015年「東京圏に転入した若年者の『働き方』に関する意識調査」）。

　地元には大卒女性にとって
　魅力ある仕事が少ない　　こうした調査データから読み取れるのは，若い女性の東京への移動は，これまでたびたび指摘され

てきた，東京への憧れや遊興施設の多さなどエンターテインメントの魅力を理由とするものでは決してない。高い給与や希望に合った仕事を求めて，というきわめて地に足のついた目的だということが明らかだ。

　男性ならまだ地元に残っても相応の仕事に就く機会があるが，女性は魅力ある仕事になかなか就けない現実がある。高学歴化が進み，特に地方では四大卒女性の割合が男性を超える状況だ。せっかく高い教育を受けたなら，その知識や経験を最大限生かしたいと思うのは当然のこと。地方では理想の人生設計が描けず，東京などの都市部へ若い女性が出て行く，と考えられる。

3　居住地は「家賃」「通勤」「治安」優先で選ぶ

　20代の一人暮らし女性が選ぶのは，城西・山の手と副都心・新宿　日本には複数の大都市があるが，ここでは転入超過が著しかった東京での居住地選択に絞って考えたい。女性たちがなぜ働く場として大都市を選び，そこでどのよ

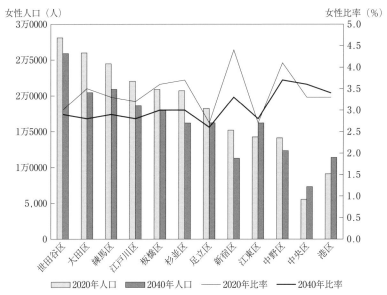

図14-2　25〜29歳の女性人口の多い市区　ベスト10
出所：東京都男女別年齢別人口の予測より作成。

都心：千代田, 中央, 港
副都心：新宿, 文京, 渋谷, 豊島
城東：台東, 墨田, 江東, 荒川, 足立, 葛飾, 江戸川
城西：世田谷, 中野, 杉並, 練馬
城南：品川, 目黒, 大田
城北：北, 板橋
多摩：市部, 郡部

図14-3　東京都地図（島嶼地区は省略）
　出所：国土交通省関東整備局。

うに住むのかを典型的な形で表していると考えられるからだ。

　まず, 職を得て経済的に自立し, 自分本位で居住地選択ができる25〜29歳の女性を中心に, どこに住み, どんな住まい方をしているのかを見よう。

　2020年の25〜29歳女性の人口数の多い市区町村ベスト10を挙げてみる（図14-2）。すべて23区だ。その中で女性比率が3％を超えており, とりわけ若い女性の集積度が高いのは, 城西地区の世田谷区, 中野区, 杉並区, 練馬区, そして副都心の新宿区だ。くわえて, 男性比率が高いとされる, 江戸川区, 足立区, 江東区といった城東・下町エリア（図14-3）にも実は多数の女性が住んでいることも見逃せない事実だ。

**結婚したら郊外, 独身は都区部,
30代の居住地は分岐する**

30代に入ると, 居住地は, 結婚する・しない, で都区部と郊外へ分岐していく。30〜34

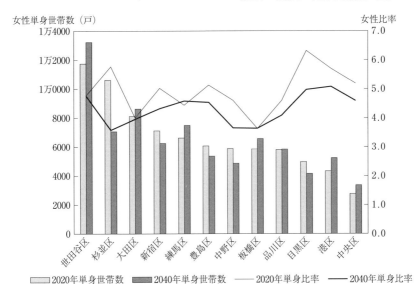

女性単身世帯数（戸）　　　　　　　　　　　　　　　　　　　　女性比率

図14-4　30～34歳女性単身世帯数の多い市区　ベスト10
出所：国立社会保障・人口問題研究所　日本の世帯数推計（2019年）をもとに作成。

歳女性の人口が町田市，八王子市，府中市といった郊外で増加していること
が，2020年の転入超過数から見て取れる。これは，結婚により，より広い住宅
と，将来の子育て環境の良さを求めて，郊外へ居住地を変更したことによるも
のと言えそうだ。

　一方，30～34歳の一人暮らし女性世帯の居住地は，20代同様，すべて都区部
に集中している（図14-4）。世帯数の多さと5％超という女性比率の高さで見
ると，とりわけ，城西地区の世田谷区，中野区，杉並区，副都心の新宿区，豊
島区，そして城南地区の品川・目黒区などに独身女性の集積が目立っている。

居住地選択で重視するのは　　若い女性たちはなぜ，都区部，とりわけ城西地区
「家賃」と「通勤の時間」　　を居住地として選択したのだろうか。

　居住地選択において重視されるのは「家賃」と「通勤の時間」だ（リクルー
ト「401人に聞いた引っ越し・住み替えの実態調査　2011年」より）。支払える家賃の
範囲内で職住近接が可能なところが居住地として選択される。したがって女性
就業者数が多く，かつ女性就業者比率の高い業種の企業が，どこに多く所在し
ているかを見れば，おのずと女性が多い居住地が分かる。若い女性の就業状況

235

を産業別女性就業者数・女性比率（東京，2020年）のデータをもとに見てみてみよう。

学校，塾，病院，介護施設で働く女性は城西・山の手に住む　城西には，女性就業者数，女性比率ともきわめて高い，医療・福祉の事業所と教育・学習支援事業が多い。平均給与31.4万円の医療・福祉には62.5万人（女性比率74.5％）の女性が働いている。また，同37万円の教育・学習支援事業にも26.3万人（同57.8％）が働いている。いずれも女性が主力の仕事だ。

　こうしたことから，世田谷区，中野区，杉並区，練馬区には，専門学校卒で家賃6万円を払い，病院や介護施設に勤める女性，大卒で家賃7万円を払い，保育園，学校，学習塾で働く女性が多く住んでいると考えられる。

　両者には給与の差が生じているが，この地域には30m²未満の狭小な住宅が集積している木賃アパート地帯もあれば，シェア・ハウスや洒落たワンルーム・1DKの賃貸マンションまで，豊富な単身者向け住宅が多数存在する。

　くわえて，詳しくは後述するが都心・副都心でサービス業に勤務する女性の一部も，この地域を居住地としている。結果として城西・山の手地区には多数かつ多様な仕事をする若い女性が偏在することになる。

情報通信，学術研究，金融業の女性は，家賃10万円超の都心，副都心に住む　都心や副都心では，平均給与53.8万円・就業者数26.3万人（女性比率31.7％）の情報通信業，同56万円・同20.6万人（同37.7％）の学術研究・専門技術サービス業，同67万円・同17.6万人（同51.3％）の金融保険業など高収入の仕事をする女性が多い。中央区，港区，新宿区，渋谷区，目黒区にはこうした業種に携わる女性が多く住む傾向にある。

　この地域のワンルーム・1K・1DKの平均家賃は10〜12万円台と高額だ。高学歴で高度な専門知識を有し，激しい競争や長時間労働に耐えながらもキャリアを積み上げていく野心的な女性が，職住近接を優先してここに住んでいる。

　都市社会学者の浅川達人（2021）は，青山から白金高輪あたりにかけて，ホワイトカラー率，大卒者比率，単身世帯比率が高い「ホワイトカラー女性地区」が南北に広く分布していることを明らかにしている。

　また，リチャード・フロリダ（2009）は，才能に恵まれ，野心を持った人々が持てる能力を存分に発揮するには稼げる都市に住む「必要がある」のだとし，才能ある人が寄り集まるとイノベーションや経済成長に大きな効果をもた

らす，と説く。才能と野心を持ち，努力家の女性たちが集まり，キャリアアップを目指して創発する場がこの地域なのだ。

　25～29歳の女性人口において港区と中央区は上位10区の圏外ながら，女性比率はいずれも3.3％と集積度が高い。また，ほとんどの区が2040年の人口，女性比率とも減少するなか，両区は増加する。ちなみに港区は人口数・女性比率ともに新宿区を上回ると予測されている。たとえば「港区女子」と呼ばれる存在が近年話題となったが，彼女たちを含めた野心に満ちた女性はこの先も，この地域に増え続ける。

サービス業の女性は家賃がより安い
都心・副都心の周縁区へ足を伸ばす

しかし，都心・副都心には，高年収の女性ばかりが住んでいるわけではない。

　平均給与32.9万円・29.2万人（女性比率41.4％）のサービス業に就く女性もこの地域に集積している。この業種に携わる女性に10万円超の高額な家賃の支払いは厳しい。収入の３割を超える家賃は生活を圧迫する。とはいえ，広告代理業，インターネット広告業，転職エージェントなどの仕事は長時間勤務が当たり前。職住近接でなければ体力的に続かない。家賃７～８万円で広さや水回りの使い勝手を諦め，古いアパートやシェア・ハウスなどの住まいを選択する。あるいは，より安い家賃相場で，隣接する江東区や大田区，副都心周辺の板橋区，練馬区に住み，JR京浜東北線，都営地下鉄三田線，東武東上線，西武池袋線・新宿線などを利用して通勤することになる。

卸売業・小売業，製造業の
女性は城東・下町に住む

女性就業数No.1で64.4万人（女性比率50.6％）・平均給与41.6万円の卸売業・小売業や，同22.1万人（同31.1％）・同51.5万円の製造業に就く女性が家賃７万円前後で江戸川区，足立区に，９万円で江東区に住んでいる。城東・下町は男性比率が高いとされているが，この20年で足立区は，つくばエクスプレス，日暮里・舎人ライナーの開業，東武伊勢崎線と半蔵門線・東急田園都市線の相互運行により交通利便性が増した。さらに東京藝術大学千住キャンパス，立教大学東京あだちキャンパスなど６大学が開設され，知的好奇心を育む地域へと変貌した。江東区もベッドタウン化が進み，湾岸部を中心に人口が増加している。以前は「江東デルタ地帯」「夢の島のゴミ」といった負のイメージがつきまとっていた。「いまや，海際のサイクリングロードを走っていると，マウイ島あたりのリゾート地に遊びにきた錯覚にとらわれる」（泉 2001：122, 123）というように，現在は超

高層マンションが立ち並び，2021年の24〜29歳女性の転入超過数は No. 1 だ。2040年まで人口が増加するとの予測もある。

非正規で宿泊業，飲食サービス業勤務は下町や山手通り沿いに住む

ところで，城東や副都心には13.6万円と他の業種と比べて極端に低い平均給与の宿泊業・飲食サービス業が多い。26.3万人（女性比率は54.1％）と女性の存在が大きい。給与が低いのは，7割がパート・アルバイトの非正規雇用だからだ。旅館，食堂，酒場，喫茶店，持ち帰り飲食サービス業，配達飲食サービス業などの仕事は，早朝・深夜と不規則なため，長時間の電車通勤は難しい。そこで，職住近接の住まいを家賃3万円以下で探そうとすると，江戸川区や足立区あたりのアパート，ということになる。

また，家賃相場が9〜11万円と高い副都心の新宿区，豊島区，渋谷区でこうした仕事に従事する女性が，家賃3万円以下でこの地域内に住もうとしたら，豊島区雑司ヶ谷の築48年，家賃2.8万円の木賃アパートの4畳半・風呂なしの部屋が検索結果に表示される。より安い家賃の部屋を望むなら，山手通り沿いに板橋区や練馬区へと足を伸ばすことになる。

ちなみに都営三田線高島平駅徒歩8分，アパート形式のシェア・ハウス・1室7m^{2}で2.4万円が検索できた（検索時はいずれも2022年3月30日）。

広がる仕事と居住地の選択肢

若林芳樹ほか『シングル女性の都市空間』（2002年）によれば，25〜34歳の女性比率の高い地区は都心の山の手地区に一貫して偏っている。そして都心に立地する企業の中枢管理部門で高度な専門的職業に従事するシングル女性が存在する一方で，接客サービスも繁華街に最も多く立地する。前者は脱女性職であり，後者は女性性強調職である。女性がひとりで生きていこうとしたらこの2通りの選択肢しかない，と結論づけている。

20年を経た現在はどうだろうか。山の手地区への集積は変わらぬものの，都心，副都心，城東・下町，城南エリアへと女性の居住地は広がっている。これは，希望に合った仕事の選択肢が多い東京へ，若い女性が多数転入していることの証だ。仕事や働き方の多様化を受けて，今や女性の居住地も多様化している。選択肢の多さこそが，都市の都市たる所以だが，居住地選択を通して，それを実感する。

＊産業別女性就業者数・女性比率（東京，2020年）：東京都「労働力調査」より。

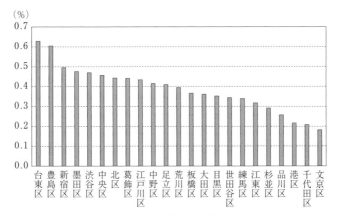

図14-5　東京23区の犯罪率

注：犯罪件数（2020年）÷（2020年昼間人口＋流出人口）にて計算・作成。
出所：犯罪件数は警視庁「2020年罪種別及び手口別認知件数」，昼間・流出
　　　人口は「東京都昼間人口の推計2021年」より。

産業別・地域別事業所構成比（東京，2016年）：総務省・経済産業省「2016年経済
センサス―活動調査」より。

家賃相場：HOME'S 東京23区の家賃相場（https://www.homes.co.jp/chintai/to
kyo/23ku/city/price/）。

女性ならではの居住地選択　ところで，居住地選択をする際，女性特有の重視
の重視項目は「治安」　項目に「セキュリティ」「立地・周辺環境」があ
る。多くの働く女性は，深夜勤務が増え，帰宅時間が遅くなることが当たり前
となった。そのため，夜間の人通りが途絶えない駅徒歩5分以内，外部から侵
入しにくい2階以上の部屋を選ぶ傾向にある。

　治安の良し悪しの基準となるのは主に犯罪件数だが，比較がしやすいように
区別の犯罪率を見てみよう。千代田区のような夜間人口が極端に少ない区もあ
るため，昼間人口＋流出人口（昼出て行って夜帰ってくる人）も加えた数値で犯
罪発生数を割って犯罪率を出してみた（図14-5）。

　この結果を見ると，24～29歳の女性が選択した居住地の多くは，おおむね犯
罪率が低い傾向にあることが分かる。副都心の豊島区と新宿区は高い犯罪率だ
が，犯罪件数が多いのは，池袋駅周辺，歌舞伎町，新宿2，3丁目などの繁華
街で，万引きや自転車盗といった，いずれも非侵入犯が多い。両区内の住宅地

の犯罪率は他の区と比べても高くはない。こうした人的災害に加え，最近は自然災害の激甚化も脅威となっている。ハザードマップは，いまやセキュリティ対策上の必須情報だ。

　しかし，セキュリティ対策は，安全な居住地という外部空間の選択だけでは不十分だ。危険な出来事が身近な生活空間の中で生じる確率を低くするための防犯対策が整った住まいを選択して初めて，安全・安心な暮らしは確保できる（佐幸 2021）。

　最近の賃貸マンションはオートロックや TV 付インターホンが主流となりつつある。防犯カメラや24時間監視システム，24時間緊急対応のものも増えてきた。さらに，ピッキング被害を避けるためカードキーなどの最新設備を導入しているものもある。空き巣被害もさることながら，女性の一人暮らしでは夜間在宅中に不審者が侵入することが心配だ。24時間の監視システムや緊急時にボタンを押せばすぐに駆け付けてくれる対応システムがあると心強い。

4　自由を謳歌し孤独を払拭する一人暮らしの住まい方

一人暮らしのメリット，デメリット　これまで一人暮らしの女性がどこに住むかを見てきたが，どのような住まい方をしているのかも知りたいところだ。

　一人暮らしの最大のメリットは「自由」だ（2002年，第一生命経済研究所「シングルのライフスタイルに関するアンケート」より）。時間，収入という 2 大資源を誰にも気兼ねせずに，自分の判断で自由に使える。もちろんどんな住宅に暮らそうが自由だ。また，親から干渉されることなく，精神的にも経済的にも自立している，という「自信」が得られる。

　その半面，デメリットとしては「何かあった場合の不安」だ。急病で助けて！といっても手を差し伸べてくれる人はそばにいない。あるのは孤独だ。「生活費，家賃」の負担の重さも，自分にのしかかる。

一人暮らしならではの住まい方　では，自由を謳歌しつつ，孤独を払拭できる，しかも経済的負担も軽い，そんな住まい方は可能なのだろうか。いくつか事例を挙げてみる。

シェア・ハウス

　代表的なものとしてはシェア・ハウスがある（図14-6）。社会人としてスタートしたばかりで収入は低いが，都心に近くて，刺激的な街で暮らしたい。しかも何か困った時に，傍にいる誰かが助けてくれる，という安心感を得ることのできる住まいとして定着している。ただし，生活ルールを守る協調性や同居人との円滑な意思疎通が求められる。

　だが，やがて共同生活者間に生じる摩擦を回避したいと思う時が訪れる。仕事人としてのキャリアを積み，収入も自信も高まると，多くの人はシェア・

図14-6　一戸建てシェア・ハウスの部屋
東急東横線「祐天寺」駅徒歩5分。家賃はドミトリー形式で4万9000円（ドミトリータイプ）〜5万8000円（1室タイプ）。共益費・管理費1万2000円。共益費の中には，光熱費，インターネット費，共用部分の清掃費，キッチン用品等の消耗品費が含まれているので，生活固定費の心配がない。
　出所：https://www.hituji.jp/comret/info/tokyo/meguro/feuille-yutenji　（2022年3月10日検索）

ハウスを卒業し，より自分らしく暮らせる住まいへとステップアップしていく。

コンセプト型賃貸その1：音楽愛好家のためのマンション

　住まいのステップアップの1つが，コンセプト型賃貸だ。ある趣味・趣向やライフスタイルに興味がある人たちのための賃貸住宅だ。同じ趣味や生活感を持つ入居者が集まるので，人間関係のストレスを感じることなく，自然と交流が生まれ，親しい友人もできる。万一何かあった場合，気の合った隣人が駆けつけてくれる。

　その草分け的存在が不動産会社リブランの手がける，音楽愛好家を対象としたミュージッションだ（図14-7）。24時間楽器演奏ができるように防音，遮音性能の高さを特徴とする賃貸マンションで，都内に13件ある。筆者が物件情報を検索したところ10件が満室で，入居希望者は，ウエイティングリ

図14-7　ミュージッションの部屋
都営浅草線中延駅徒歩4分　賃料12万8500円〜19万4000円
　出所：https://www.musision.jp/props/7048（2022年4月13日検索）

図14-8　キャットタワー付の部屋
壁や柱は爪を立ててもよいように猫仕様に
なっている
猫付マンション　荻窪駅徒歩15分　賃料6万
8000円（共益費5000円）
出所：https://tokyocatguardian.org/catms-
sh/（2022年3月10日検索）

ストに登録をとのことだった。また，
このマンションの管理会社は，ミュー
ジションズクラブを運営しており，音
楽イベントの開催，セミナー・ワーク
ショップの開催，コンサートやライブ
開催の支援を通して，音楽愛好家の交
流の場や機会を提供している。居住者
は入れ替わっても，交流は持続させる
ための知恵と言える。

**コンセプト型賃貸その2：ペット付
マンション**

猫好きのための「猫付マンション」
という事例もある。仕事で飼い主が日
中留守をしていても，朝夕の散歩なしでも猫なら飼える。猫は一人暮らし向き
のペットだ。このマンションはNPO法人の東京キャットガーディアンが，プ
ロデュースしている（図14-8）。入居後，東京キャットガーディアンの面接を
クリアすると，相性の合う保護猫を"預かりボランティア"として飼うことが
可能だ。初心者で世話の仕方が分からなくても，24時間体制でサポートしてく
れる。居室内には猫の運動不足解消のためのキャットタワーが設けられてい
る。猫好きが集まるので，居住者同士の交流も自然と生まれ，共同体意識のよ
うなものも芽生えるそうだ。何より，「ただいま！」と言えば「お帰りニャー」
と自分を待っていてくれる存在が，孤独を癒してくれる。

マンションを買う

究極のひとり自由空間は，自分のマンションを所有することだ。古い中古マ
ンションをリノベーションして自分流の空間を創造するという事例も増えてい
る。2020年にマンションを買った世帯別の内訳を見るとシングル女性の購入割
合は1割弱を占めている（2020年，リクルート住まいカンパニー「首都圏新築マン
ション契約者調査」）。

定年前に住宅ローンを完済しようとすると，逆算して40代にマンション購入
を考える女性が増えてくる。買う理由は，「家賃を払い続けるのはもったいな
い」「家は資産になる」「老後の安心」だ。マンション購入は，一人暮らしの女

性が大都市を生き抜くための生活防衛策として，定着した観がある。

図14-9で紹介するのは中古マンションを買ってリノベーションした事例だ。バルコニーのない中古マンションにあえてバルコニー風の空間を創り，室内にアウトドア感を取り込むという，自由奔放な自分だけの一人暮らし空間だ。

図14-9　バルコニー風の空間を設けたリビング

ブルースタジオ　シングル×都心でインナーテラスのある暮らしより

出所：https://www.bluestudio.jp/service/casestudy/A01_parquet.html

会社，自宅以外に第三の空間を持つ

いかに，自由な空間を手に入れたとしても，間取りとしては30m² 未満の1Kやワンルームが中心で，45m² を超える1LDKなどは，一部の高収入女性でなければ住むことは難しい。一人暮らしは，いつでも好きな時にひとりになれる。半面，仕事や職場の人間関係のストレスや悩みを抱えたまま，狭くて逃げ場のないワンルームに閉じこもってしまえば，気を変えることもできず，うっぷんは溜まる一方だ。嵩じると，精神に変調をきたすこともある。そうならないために，住まい以外にもう1つ，自分を解放できる居場所を持ち，孤立化しがちな大都市の一人暮らしに風穴を空ける必要がある。

磯村英一は「都市の人間は，毎日3つの空間のなかで生活する。都市の人間は動くことが特徴で，その動きはこの3つの空間の動きを意味するのである。3つの空間とは，住居を中心とした家庭（第一空間），仕事を中心にした職場（第二空間），そしてレクレーションのための空間（第三空間）である」と述べた（磯村 1968）。きわめて都市的な第三の空間は，一人暮らしにとって，不可欠な空間と言える。

馴染みの店主が「いらっしゃい！」と声をかけてくれる行きつけのカフェ，常連客との会話が弾む小さな居酒屋，同年代の女性たちと時に悩みを語り合うヨガ教室，切磋琢磨し合う異業種交流会等々，職場と自宅の間にもう1つの居場所を持つことで都市生活のバランスが良い具合に保てそうだ。

『吉祥寺だけが住みたい街ですか？』（マキヒロチ，2015〜17年）は，まさにこれまで述べてきた一人暮らしならではの住まい方や第三の空間を，双子の独身

女性不動産屋さんが，恋や仕事，将来に悩む女性客に紹介する漫画で，人気を博した。

5　これからの女性の一人暮らし

さらに増加する
女性の一人暮らし

ここまで，現在の一人暮らし女性の住まいについて見てきたが，最後に，将来の姿についても考えてみたい。

　若い未婚女性の将来のライフコースは，結婚と出産を分岐点として多様化する。「出生動向基本調査」（国立社会保障・人口問題研究所，2015年）では，18〜34歳の女性の理想のライフコースは，「結婚して子供を持つが，結婚あるいは出産の機会にいったん退職し，子育て後に再び仕事を持つ」再就職コースが34.6％と最も高く，「結婚し子供を持つが，仕事を一生続ける」両立コースが32.3％となっている。しかし，実際になりそうな予定コースでは両立コース（28.2％），や「結婚せず，仕事を一生続ける」という非婚就業（21.0％）を選択する人が増加している。また，結婚希望年齢も上昇し続けている。

　こうした意識の変化を背景に，2040年には，女性の約5人に1人，男性の約3人に1人が一生結婚しないと予測されている。その結果，全世帯に占める単身世帯の割合は5割を超えることになる。また，単身世帯のうちの5割弱を女性が占める。東京は男女を問わず，ほぼ2人に1人が一人暮らしとなるのだ。

人生100年時代の一人暮
し女性の新住宅すごろく

そこで，一人暮らし女性の住宅すごろくを新たに考えてみたい。ただし，一人暮らしの女性は多様である。ここでは，本書の主な読者に近い，大学卒で専門的・技術的職業や事務に正規雇用で就職する女性を対象とした，すごろくを検討することにする。実はこのような女性こそ，非婚化の傾向が強い，という事実もある（「特別区における小地域人口・世帯分析および壮年期単身者の現状と課題《基礎調査》2020年度」第三章）。

　人生100年時代の一人暮らし女性のすごろくは，ゴールまでの道程がそうとう長い。独り身ゆえ家族に左右されることはないが，前半の40年間，20〜50代までは就職，転職，定年といった「仕事」が，暮らしの変化の引き金となる。また，一人で生きるにしても，30代に入ると，結婚・出産はどうする？という生き方の選択は避けて通れない。

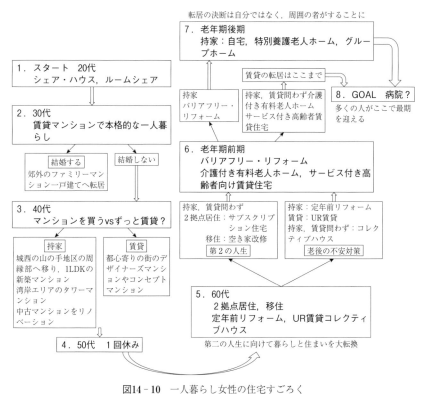

図14-10 一人暮らし女性の住宅すごろく

出所：筆者作成。

　人生折り返し点の60代は第二の人生の選択とともに住まいも大転換の時期となる。

　後半の30〜40年間，70代以降のすごろくは，老化の進行による影響が大である。徐々に低下していく身体機能への対応が暮らしの主軸をなす。70代からは本格的な老年期に入るが，老化は年齢とともに誰もが一様に進むのではなく，個人差が激しい。70代でも50代の若さを保つ女性もいれば，80代の体力年齢の人も。したがって70代以降は身体機能の状態をもとに，自立して暮らせる前期と足腰が弱り介助が必要になる後期に分けたすごろくとなる。

　約80年に及ぶ一人暮らし女性の住宅すごろくは，次のような展開になる（図14-10）。

1．スタート　20代　シェア・ハウス，ルームシェア

　　就職し，初めての一人暮らしが始まる。友人らとの共同生活で，心細さと家賃の高さを解消しつつ，緩やかに船出する。

2．30代　賃貸マンションで本格的な一人暮らし　結婚する・しないの悩みも

　　徐々に仕事のスキル，経験を積み，初めての転職に挑戦。共同生活を卒業し，本格的な一人暮らしが始まる。通勤に便利で，駅徒歩5分，オートロック，トイレ独立，収納スペースの広い都心部の賃貸マンションを選ぶ。一方，この先のライフコースの選択に悩むのもこの時期。非婚就業コースを選んだ女性は都心賃貸マンションでの一人暮らしを継続。結婚・出産後に再就職コースは郊外の住宅へと，居住地の選択肢は広がっていく。

3．40代　一人で生きるならマンションを買う？ずっと賃貸？

　　結婚しないまま，仕事を優先して2度目の転職で管理職に。地位も収入も安定したが，一人の老後への備えとして，「マンションを買うのが安心？賃貸の方が気楽？」という悩ましい問題に直面する。買うなら，これまで住んでいた城西の山の手地区の周縁部へ移り，1LDKの新築マンションや中古マンションをリノベーションして住む。我が家を持つことで，生きる自信や安定感が増し，より仕事に精を出すようになる。賃貸を続けるなら，都心寄りのしゃれたカフェやレストラン，劇場など文化・娯楽施設の充実した街で，デザイナーズマンションやコンセプトマンションに転居する。そして独身の自由を存分に謳歌する。

4．50代　1回休み

　　管理職として部下を指導しつつ，高齢の親の介護，そして自身の更年期という三重苦に見舞われる。自身の住まいについて考える余裕などない。人生の正念場だ。

5．60代　第2の人生：2拠点居住，移住／老後の備え：定年前自宅リフォーム，UR賃貸，コレクティブハウス

　　第二の人生にふさわしい場所へ転居する大転換の時だ。定年は70歳までに延びたが仕事は頭打ちとなる。働き方は週三日などの選択制となり，給与は下がる。身体はまだ元気なので，仕事以外の趣味やボランティア活動の比重が高まる。サブスクリプション住宅で地方との2拠点居住，完全移住し空き家を改修して住む等々，定年後に向けて新たな選択肢が広がる。移住を決断

すれば，持ち家派は，自宅を売るか，賃貸に出すか，という資産の活用も考えなければならない。賃貸派はその点気楽だ。

　一方で，老後の一人暮らしへの不安を前もって解消する動きも出てくる。持ち家派は定年前に自宅の老朽化した設備・仕様を更新するリフォームを検討する。賃貸派は高齢になると住宅を貸してもらえなくなる不安から，UR賃貸住宅などずっと住み続けられる住宅へ転居することを考える。持ち家派，賃貸派問わず，多様な世代と助け合って暮らすことを目的としたコレクティブハウスへの参加も興味を惹かれるようになる。

6．老年期前期　介護付き有料老人ホーム，サービス付き高齢者向け賃貸住宅

　足腰は弱るものの，まだ自立した暮らしができる状況だが，親しい人の訃報が増え始める。この段階で，動けるうちに介護サービスのある住まいへの転居を考える。

　持ち家派は，先を見越して，最期まで自宅で暮せるようにバリアフリーリフォームをする。持ち家派，賃貸派問わず，介護付き有料老人ホームやサービス付き高齢者賃貸住宅への転居もある。その際持ち家派は自宅が空き家にならぬように，売却などで処分する必要がある。賃貸派の転居はひとまず，ここまでとなる。

7．老年期後期　特別養護老人ホーム，グループホーム

　自宅暮らしを頑張って続けてきた持ち家派だが，歩行困難で買い物，家事，入浴・排泄が自力でできなくなる，寝たきり，認知症で，人の介助なしに暮らすことが難しくなると，本人ではなく，家族や福祉関係者などの他者により，転居の判断がなされることになる。要介護度が等級3になると，特別養護老人ホームへ，認知症になればグループホームへの転居となる。老後が不安という理由でマンションを買ってはみたものの，「最期まで自宅で」は思い通りにはいかないのが現実だ。

8．ゴールは病院？

　どこで暮していても，71.3%の人の最期は病院（2019年，厚生労働省「人口動態統計」）という結末を迎えている。

この50年で女性の住まいの選択肢は広がった　50年前，敗戦まもない一人暮らしの女性の住宅すごろくは，働けるうちは日当たりの悪い3畳から，広くてもせいぜい6畳一間の民間アパート，働けなくなったら老人ホームと，き

わめて選択肢が少なかった。当時の義務教育か高等小学校を出て，一般事務や工場労働で親兄弟を養うために，男性に比べ低い賃金に甘んじて黙々と働き続けた戦中世代の女性。単身ゆえに公営・公団住宅に入居できず，家賃の高い都内の民間アパートに住みながら，個人の最大限の頑張りで生き抜いてきた。だが，男性よりも早い定年の先に訪れる老年期は心身ともに限界がある。半生にわたる低賃金は，そのまま厚生年金の算出基準となり，死ぬまで生活を脅かす。高い家賃を払ってきたおかげで貯金もない。働けるうちは働き続けるものの，働けなくなったら老人ホームへ（塩沢・島田 1975）。

　50年の時の流れは，住宅すごろくをより多様で豊かに，そして長いものにした。教育の高度化，仕事や働き方の多様化，結婚観の変化，そして長寿化により，女性の暮らし方，生き方はかつてないほど，自由で多様なものになった。それに伴い，住まいの選択肢も飛躍的に広がった。現代は木賃アパート，公営アパート，ワンルームマンション，シェア・ハウス，分譲マンションや戸建て住宅など，あらゆるタイプの住宅に「ひとり」が住んでいる時代になった（南後 2018）。隔世の感だ。

　本章で示した一人暮らし女性の住宅すごろくは，ほんの一例にすぎない。女性100人の人生には，100通りの住宅すごろくがある。あなた自身が目指す生き方にふさわしいのはどんな住宅すごろくか，これを機に考えてほしい。

参考文献

泉麻人，2001，『新・東京23区物語』新潮文庫。

磯村英一，1968，『人間にとって都市とは何か』NHK ブックス。

大久保恭子，2020，『「最期まで自宅で暮す」60代からの覚悟と準備』主婦の友社。

佐幸信介，2021，『空間と統治の社会学——住宅・郊外・ステイホーム』青弓社。

塩沢美代子・島田とみ子，1975，『ひとり暮らしの戦後史——戦中世代の婦人たち』岩波新書。

南後由和，2018，『ひとり空間の都市論』ちくま新書。

橋本健二，2021，『東京23区×格差と階級』中公新書クラレ。

フロリダ，リチャード（井口典夫訳），2009，『クリエイティブ都市論——創造性は居心地のよい場所を求める』ダイヤモンド社。

若林芳樹・神谷浩夫・木下禮子・油井義通・矢野桂司編著，2002，『シングル女性の都市空間』大明堂。

┏━ ✎ おすすめ文献・映画 ━

都築響一，1997，『東京スタイル』京都書院。
　＊インテリア雑誌やテレビに登場しない，東京のどこにでも，たくさん見つか
　　る，普通の東京人の住まいの実像を紹介する写真集。
祐成保志，2008，『〈住宅〉の歴史社会学——日常生活をめぐる啓蒙・動員・産業
　　化』新曜社。
　＊生活改善運動，都市住宅調査・住宅政策を主導した論理と方法，住宅に関わる
　　産業の展開，といった切り口を通して近代・現代日本の住宅の歴史を掘り下げ
　　ている。
小津安二郎監督，野田高梧・小津安二郎脚本，1953，『東京物語』〈映画〉。
　＊敗戦の焼け跡から高度経済成長へ向かう東京の変貌や田舎から上京し，家督を
　　継がず核家族化していく日本の家族関係の変化が分かる。

┏━ ✿ 調べる・考える ━

・あなた自身の住宅すごろくを想像してみよう。
・そしてあなたの祖母の世代の住宅すごろくと比較して，その違いは何から生じて
　いるのか，探求してみよう。そのことについて可能であれば，直接祖母と話し
　合ってみよう。

第15章　都市の暴力性をサバイブする
——痴漢，「ぶつかり男」，刺傷事件

大 貫 恵 佳

1　世界が変わる一瞬

　女性たちにとって，電車やバスでいわゆる「痴漢」に遭ったり，街中で見知らぬ男性にからかわれたり，怒鳴られたりするのは珍しいことではない。駅構内では，まったく避ける気配なく闊歩してきた男性にドスンとぶつかられることもある。買い物をしたり，通学をしたり，図書館で勉強したり，カフェでくつろいだり…といった日常に，突如，そうした被害がさしはさまれる。恐怖や驚き，無力感におそわれ，それまでの世界の見え方が変わってしまう。

　「#WeToo Japan」が2018年に関東圏に暮らす男女約1万2000人（15〜49歳）を対象に実施した調査によると，女性の70%，男性の32%が電車や道路などの公共空間でなんらかのハラスメント被害に遭っている（伊吹 2019）。男性も被害に遭っているが，性被害は圧倒的に女性に多い。強制性交等罪および強制わいせつ罪の被害者の性別・年齢階層別認知件数[*]を確認すると，被害者は女性，特に20代までの若年女性に多いことが分かる（表15-1）。

　＊認知件数とは，捜査機関に犯罪として受理された件数であるため，実際の被害を反映したものではない。さらに性被害では被害届が出されないことが多いため，実態とは乖離していることに注意しなければならない。

　本章では，こうした女性たちの性被害の経験を通して，女性にとって都市がどのような場所なのかを考えてみたい。

表15‐1　2020年強制性交等罪・強制わいせつ罪認知件数（被害者性別・年齢階層別）

罪　名	総　数	13歳未満	13〜19歳	20〜29歳
強制性交等	1,332 (1,260)	176 (140)	402 (388)	495 (477)
強制わいせつ	4,154 (3,995)	708 (614)	1,151 (1,112)	1,472 (1,455)

罪　名	30〜39歳	40〜49歳	50〜64歳	65歳以上
強制性交等	152 (150)	59 (57)	33 (33)	15 (15)
強制わいせつ	446 (445)	215 (212)	106 (103)	56 (54)

注：カッコ内は女性。
出所：法務省法務総合研究所　2021：263より筆者作成。

2　ミソジニーという視点

フェミサイド
と は 何 か　2021年8月6日夜，東京都世田谷区を走る小田急線の車内で，複数の乗客が刺されたり殴られたりする事件が起きた。後日，36歳の無職の男性が殺人未遂等で逮捕，起訴された。事件後すぐに，被疑者が「大学のサークルや出会い系サイトで知り合った女性に馬鹿にされてきた。華やかな女性や一緒にいる男性の首を日本刀で切りたいと思うようになった」（『朝日新聞』2021年8月9日朝刊），「6年ほど前から幸せそうな女性を見ると殺したいと思うようになった」（『東京新聞』2021年8月8日朝刊）などと供述していると報道された。それを受けてインターネット上では，この事件が「フェミサイド」であるとの指摘が相次いだ。

「フェミサイド（femicide/feminicide）」とは，女性（female）殺し（-cide）のことであるが，特に「女性」という特定の属性を狙ったヘイトクライム（差別や偏見に基づく憎悪犯罪）を問題化するために使われる。この言葉を広めたダイアナ・ラッセルらは，フェミサイドを「ミソジニーに基づく男性による女性の殺人」（Radford and Russell eds. 1992：xi）と定義した（「ミソジニー」とは女性嫌悪や女性蔑視のことである）。のちにラッセル自身も述べるように，加害者は男性であることが多いが，女性であることもある。

WHOの報告によれば，「女性の殺害のうち35％以上が親密なパートナーによる犯行である」（World Health Organization & Pan American Health Organization 2012：1-2）。しかし，被害者と加害者が親密な関係にない場合も多い。た

とえば，2006年にアメリカのコロラド州とペンシルベニア州の学校で起きた銃乱射事件では，加害者は，意図的に少女と女性教師を攻撃している。2016年，韓国・ソウルでは，カラオケ店のトイレで面識のない20代女性を30代男性が包丁で十数回にわたって刺殺したいわゆる「ソウル江南トイレ殺人事件」が起こった。加害者が「女性に無視され犯行に及んだ」などと供述したことから，この事件はフェミサイドであるとされ，韓国のフェミニズム運動に火をつけた（コ・パク　2016）。

　上野千鶴子は，小田急線刺傷事件が江南トイレ殺人事件と酷似していると指摘する（岩下　2021）。事件の翌日から，Twitter は「#StopFemicides」「#フェミサイドを許さない」というハッシュタグで溢れた。本件によって日本でもフェミサイドという言葉が知られるようになり，「無差別殺人」や「通り魔事件」とされてきた過去の事件を，女性を対象としたヘイトクライムと捉える新しい解釈枠組みが共有されたのだった。

経験が言葉と出会う時　　小田急線の事件を女性たちはどう受け止めたのだろう。日常的に小田急を利用する A さん（女性・20歳・学生）は，事件を知って以降，電車に乗る時には「車掌さんとかがいる１両目とかが安心なのかな…と思って，１両目に乗ってました」という。彼女は以前，東京都内の公園を友人と散歩中に中年男性に腕を殴られたことがある。その時には，なぜ自分がそんな目に遭うのか分からなかったが，今，振り返って以下のように話す。

　「去年かなんか，小田急線のあのー，女の人が気にくわなかったとかいうの見て，あ，きっとあれなんだろうなと思いました。〔中略〕それを初めて知って，あ，自分も体験してたんだと思った。…あれだったんだ…って，あーって思いました」

　彼女は，「誰でもいいから女の人が嫌い，になっちゃうのがよく分かんない…ニュースみててもどうしたらこういう考えに至るんだろうって不思議に思ってました」としながらも，自らの被害と重ね合わせ，「そういうことだったんだな」と納得している。彼女と同様，多くの女性たちは，街角で唐突に性被害に遭ったり，男性から罵倒されたりした経験をもつ。その理不尽な経験の数々が，「フェミサイド」という語がSNSを中心に瞬く間に受け入れられた背景にある。

　2018年５月，新宿駅構内で意図的に女性を選んで体をぶつけながら歩行する

男性の動画がTwitterに投稿された。すぐに「ぶつかり男」などと呼ばれ，多くの女性が同種の被害に遭ったことがあると訴えた。被害の瞬間には，わざとぶつかられたような気がするが，その確証はない。恐怖や不快感を覚えながらも，黙ってやり過ごすしかない。そうした経験のある女性たちが，動画をきっかけに，自身の被害を「そういうことだったんだな」と再解釈したのである。

　実際のところ，小田急線刺傷事件についてはいまだ不明なことが多い。一般に，捜査段階の報道は警察・検察の発表やリークに基づいている。被疑者の逮捕をもって事件について断定的な解釈をすることには慎重でなければならない。また，ミソジニーやフェミサイドという言葉が先行することで，複雑な事象の他の側面を見落としてしまうこともあるだろう。それでも確かなことは，この言葉が，バラバラだった女性たちの経験を共通の問題として構造化し，状況を変革するための力をもちうるということだ。

3　監視をめぐる理想と現実

　　プライバシー　　小田急線刺傷事件の直後からSNSなどでは，電車内に監視
　　と「安全」　　　カメラの設置を求める声が広まった。2021年12月，国土交通
省は，各鉄道事業者に求める防犯強化策を発表した。手荷物検査のための環境整備や，新しく製造される車両への防犯カメラ設置の義務化などを盛り込んだものだ。

　しかし，防犯対策の強化には問題も多い。この点，日本弁護士連合会は，「自暴自棄」となった者などに対してはカメラによる抑止力が期待できないとしつつ，防犯カメラの義務化は「不特定多数の市民に対する肖像権侵害」となりうること，また，「格差社会の是正や，孤立対策」といったより重要な対策をなおざりにして「監視社会のインフラが拡大するだけとなりかねない」（日本弁護士連合会 2022）ことを指摘している。

　性暴力加害者の「治療」を行っている斉藤章佳は，痴漢には防犯カメラの効果を期待できないことを示唆する。防犯カメラについて，過去に痴漢行為を行った者が「難易度が上がったことで，さらに燃える痴漢もいるでしょうね」（斉藤 2017：112）と話したという。一部の加害者にとって，痴漢行為はスリル

を求めるゲームのようなものだからだそうだ。性暴力の中でも痴漢は特にゲーム性の高いもののようだが，匿名性の高い都市では，注目を浴びたり，スリルを味わったりすることが目的の犯罪が一定数存在するだろう。

　こうした効果についての検証がなされないまま，監視だけが進んでしまう。しかもそれを進めているのは，日本国憲法から基本的人権の理念を削除しようとしている現政権なのである。国内のこうした動向に照らした時，監視カメラ設置の義務化は，一般の市民にとっても現実的な脅威となりうる。

　それでも，日々身の危険を感じている当事者にとっては，プライバシーの侵害や監視社会の拡大よりも，目前の性被害の方が緊急性の高いものとして認識されている。筆者が女子大学の学生に対して行ったアンケートによると，公の場での監視の強化について，「賛成」「どちらかといえば賛成」が合わせて99％，「どちらかといえば反対」は１％，「反対」は０％であった（東京都内の女子大学で2022年４月実施。回答者103名）。ほぼ全員が賛成なのである。

　理由については，「監視で被害が減るならメリットの方が大きいと思うから」などと，やはり抑止効果を期待したものが多い。しかし「監視されるのがあまり好きではない」「プライバシーの問題がある」「自分が悪いことをしていなくても監視されるというのは少し窮屈」などのように，プライバシーの侵害を懸念したうえで「仕方ないから」と監視を求める声も多かった。彼女たち自身も決して監視を好んでいるわけではないのだが，「安全」のためには監視を受け入れるしかないと感じている。

女性たちの窮状　　しかし，安全のために監視強化を望むしかないのは，やはり絶望的な状況ではある。ミシェル・フーコーは，現代社会では，人々は，無理やり抑え込まれたり，教育によって従うべきだと教わったりしなくても，自分にとっての「安全」を選びとっていくことで，権力によって巧妙にコントロールされているという（Foucault 2004=2008）。

　現代社会を「リスク社会」と捉えたウルリッヒ・ベックもまた，この社会が安全性を目指すことによって動かされていると指摘する（Beck 1986=1998）。たとえば，都市を夜歩くことのリスクは，男性よりも女性の方が被りやすい。リスクは平等なものではなく，社会的に弱い立場に置かれた人々により多く配分されているのだ。つまり，リスクは社会の仕組みによって生じる問題である。しかし，階級社会で見られる貧富の差などに比べて，リスク社会の不平等は社

会問題とは見なされづらく，個々人で対処すべき生活上の問題とされてしまう。個人は安全を目指して対処するのだが，リスクに晒されている集団内部の共通点が（表向きは）「不安」という漠然とした感覚にしか見出せないため，状況を改善すべく連帯する力も弱くなってしまう。

　別の問題もある。監視強化に賛成する理由として，冤罪をなくせるためという意見が複数見られたのだ。Ｂさん（女性・21歳・学生）は，電車内の痴漢防止のための監視について，「痴漢の監視って結局，女の子一人ひとりにカメラつけて，カメラが見てて，それはやばくないですか…でも，本当にめちゃめちゃちゃんとやろうと思ったらそうなる。〔中略〕やばくない？　それは，って感じはちょっとする」と監視カメラの実効性については懐疑的である。一方で，監視があった方が警察や駅員に通報・相談しやすくなるとは感じている。自分の被害が「それ〔通報〕に値するものなのか」自分で判断することに負担を感じているからだ。

　「痴漢していないのにしたっていわれてなんかその後やばくなっちゃったみたいな男の人の話を聞いたことがあったりするから…。〔中略〕なんか人の人生めちゃめちゃにしちゃうかもっていう…気持ちが，まぁ，出てくる。〔中略〕決定権がこっちじゃなくてそっちにある，カメラを…監視してる側にある…っていう状況があった方が助かるなとは思いますね」

　監視に，被害ではなく冤罪を防ぐ効果を期待しているのだ。こうした女性たちの心境の背後には「痴漢冤罪」言説がある。牧野雅子によれば，痴漢は，1990年代までは主として男性誌で「ポルノ」「娯楽」として扱われていたが，2000年代に入ると「痴漢冤罪」問題として取り上げられるようになった。こうして，「さながら痴漢問題は冤罪問題であるかのよう」（牧野 2019：148）に語られ，被害の問題は矮小化された。被害者には，自分の申し出が「人の人生めちゃめちゃにしちゃうかも」というプレッシャーがのしかかり，申告をためらわせることになる。女性向けの記事にも，申告する際には「客観的な証拠」を用意するように呼びかけるものが現れ，被害者にとっては「痴漢だと声をあげることのハードルが上がったように感じただろう」（牧野 2019：164-165）と牧野は指摘する。

　女性は自分が現に感じている恐怖や不快感ではなく，男性の人生に与える影響を考慮して声を上げなければならない。女性専用車両の導入についても，そ

れが女性たちの働きかけによってではなく，冤罪防止のために促進された可能
性が指摘されている（堀井 2009：57-61；牧野 2019：211-213）。監視の強化も同
様に，男性の冤罪防止のために進むかもしれない。ここから見えてくるのは，
公の場で女性の声はそのままでは尊重されず，「男性の問題」と接続されて初
めて社会的に受け止められるという現実である。

4　都市の暴力性

消費者とし
ての女性　ところで，女性を取り巻くリスクは都市部において高まるのだ
ろうか。都市では，互いに素性を知らない異質な他者同士が頻
繁にすれ違う。この匿名性と流動性の高さは，人々に自由を与える代わりに，
いつ，どこで他者からの暴力に曝されるかもしれないという不安を高める。

　しかし，異質な他者との出会いがただちに暴力につながるわけではない。満
員電車での痴漢や通り魔事件などは都市部で発生することが多そうだが，一般
に性暴力は，固定的な人間関係の中で起こることが多い。そうであるとすれ
ば，都市の匿名性と流動性がもたらす自由は，むしろ被害者を暴力から救う可
能性もある。

　しかも，現代日本の都市の多くは，一見すると「女性向き」に作られてい
る。デパートに入れば，化粧品や衣服をはじめ，食品売り場でさえ，明らかに
女性をメインターゲットとしている。カフェにいるのはほぼ女性客である。と
りわけ平日の昼間などは，男性たちが居心地悪そうにしている光景を見るだろ
う。だが，都市は本当に女性向きに設計されているのだろうか。

　武田砂鉄は，漫画家の田房永子が個室ビデオ店について語ったエピソードを
紹介している。駅前などでよく見かける個室ビデオ店は，男性がアダルトビデ
オ等を鑑賞するための場所であるが，仮眠をとったり，仕事をしたりできる
（図15-1）。女性が入店可能な店舗もあるが，男性がビデオ鑑賞しているス
ペースでゆっくりできるわけがない。では女性向けの仮眠スペースなどが別に
あるかといえば，そんな場所は街中にほとんど存在しない。

　この非対称性は街を歩いていてもなかなか浮き上がってこない。街の表層
は，消費の中心を「若者×女性」に設定し，それに合わせたものばかりに

なっている。だが，消費ではなく，休息
や滞在を考えた時，男の優位性が光り始
める。　　　　　　　（武田 2021：70）

　こうした非対称性は，たんに休息の場所
のみの問題ではない。学んだり，働いた
り，子育てをしたり，何もしなかったり
と，生身の人間として生きる女性たちが，
都市においては，消費活動以外の部分を捨
象され，消費者としてのみ表象され続ける
ことの問題である。そこでは女性は，お気
楽な「オンナコドモ」というイメージを背
負わされている。

図15−1　個室ビデオ店（東京・神田）（筆者撮影）

　近代社会は，公的領域（生産）と私的領
域（消費・再生産）を相対的に区分し，前者の担い手を男性，後者の担い手を
女性とすることで成立してきた。この構造は時代とともに変容しつつあるが，
商業機能に特化する現代都市において，私的領域から生活の現実味を剝ぎ取っ
た性別分業現代版とでもいうべきものがつくられている。女性に"優しい"顔
をした消費社会の都市の設計は，生活のために労働にいそしむ男性／自分のた
めに消費を楽しむ女性という，いびつな構図を生み出す。特に若年女性は，生
活や労働の苦労とは無縁と見なされ（もちろん，実際にはそんなことはありえない
のだが），より"お気楽な"存在としてイメージされる。

商品としての女性　この非対称性は，社会に広く蔓延するミソジニーと互い
に支えあいながら，都市に特有の暴力性を構成してい
る。一般に性暴力の被害者は，原因は自分にもあったのではないかと自責の念
を抱きやすい。根強いレイプ神話があるためだ。レイプ神話とは，性暴力に関
する誤った思い込みのことで，様々な形をとりうる。たとえば「肌を露出した
服装では性暴力に遭いやすい」「被害に遭ったのは被害者が"誘った"からで
ある」「被害者は性暴力被害について嘘をついている」等で，責任を被害者に
帰すような言説である。レイプ神話によって，性暴力被害者は被害後にも責め
られ続け，その恐怖から被害を申告しない者も多い。街中での被害に対して

は，「そんな時間に，そんな場所を歩いていたのがいけない」とそこに存在していたこと自体が批判されることもある。都市の非対称性は，被害者の自己責任論を補強するのである。

　レベッカ・ソルニットは，歩行の歴史を辿りながら，20世紀以前には「女性が街をさまようことがそれだけで娼婦とみなされるのに十分な振舞いだった」(Solnit 2001=2017：300) と述べる。19世紀後半までヨーロッパやアメリカに存在していた法は，女性を2種類に分けてきた。すなわち，「〈私有〉（プライベート）の，つまりひとりの男にのみ接近がゆるされ，他人には触れることのできない性」と，誰もが接近可能な「公衆の女（パブリック・ウーマン）（＝売春婦）」(Solnit 2001=2017：398/395) である。こうした社会では，「女性が出歩くこと，さらには彼女たちの存在自体が，いかなるときも避けがたく性的なものであると解された」(Solnit 2001=2017：392)。

　現在の日本でも事態はたいして変わっていない。街の女性たちを性産業の斡旋業者や買春者が容易に搾取する事例は枚挙にいとまがない。ソルニットの次の指摘はさらに示唆ぶかい。

　　19世紀において女性は〔中略〕公明な目的もなしに出歩くことは評判を落とすことにつながった。そのため，女性たちは買い物という行為によって自分が売り物ではないと示し，自分たちの振舞いを正当化した。商店は安心してぶらつくことのできる半公共的な空間を提供していた。(Solnit 2001=2017：399)

　女性たちは自らが商品ではないことを示すために，買い物をしたというのだ。この指摘は極端だろうか。だが，商店が閉まった後の街中での恐怖や，深夜にコンビニを見つけた時の安心感などを考えてみてほしい。今でも女性たちは，公共空間で，商品になるか消費者になるかという現実を生きている。

　女性が目的なく歩くことが性的なものと見なされた一方で，男性がそぞろ歩くことは知的で高尚な営みとされてきた。散歩は文学においても哲学においても，時には主題となり，時には手段となってきた。なかでもヴァルター・ベンヤミンは，19世紀のパリを歩く「遊歩者（フラヌール）」に魅了された (Benjamin 1982=2020-2021)。ベンヤミンのいう遊歩者は，商業文化が花開いた近代都市において，ゆっくりと歩きながら，モノや女性を消費して街を楽しむ人物だ。しかし同時

に，どこか冷静にそれらと距離を取る人物でもあり，そこには資本主義社会を変革する前向きな力も込められていた。だが，そこに想定されている人物像が男性でしかなかったことから，ベンヤミンの遊歩者をめぐる議論は，のちにフェミニズムからの批判を受けた。

ソルニットは，「なぜ女性は遊歩者（フラヌール）になることができなかったのか」（Solnit 2001=2017：399）という問いに次のように答える。「彼女たちは商品として，あるいは消費者として都市の商活動から十分に身を引き離すことができなかったからだ」（Solnit 2001=2017：399）と。現代都市においても，消費する女性たちは，労働する男性たちよりも，無責任で思慮の浅い存在としてイメージされがちである。だがソルニットの議論を踏まえれば，都市の構造それ自体が，女性たちを消費活動へと追いやっているともいえるのだ。

5　性暴力と他者の視線

防犯対策としての外見操作　買い物をすること以外にも，女性たちには都市を生き抜くために様々な負担がかかっている。警視庁の作成する「防犯チェックポイント——女性のための防犯対策」（図15-2）では，被害の種類や場所ごとの対策が紹介されている。たとえば，人通りの多い道を選ぶ，逃げ込める場所を確認しておく，防犯ブザーを手にもつ，混雑した車両の利用を避ける，女性専用車両を利用する等が推奨されている（警視庁生活安全総務課 2022）。

一般に，防犯対策を強調することは，性暴力を加害者や社会構造ではなく，被害者側の問題へとすり替えて非難するレイプ神話と親和性が高い。牧野雅子は，自身が警察官であった時に痴漢被害に遭っているが，「通勤途中の女性警察官ですら，痴漢被害に遭うのである。気をつけさえすれば被害は防げるというものではない」（牧野 2019：151）と断言する。

それでも，現に性暴力が横行し，防犯対策言説がはびこる社会で生きる以上，女性たちも自衛のために種々の実践を行わざるをえない。筆者が女子大学の学生に対して行った調査によると，被害を避けるためになんらかの対策を講じている者が60％に上った。具体的には，特定の場所や時間を避ける，女性専用車両を利用する，イヤホンをしない，不審な人に近寄らない等に加えて，肌

図15-2　警視庁による「防犯チェックポイント──女性のための防犯対策」（抜粋）（警視庁生活安全総務課 2022）

の露出を避ける，おとなしそうに見えないようなメイクやファッションをするなど，自身の外見に関わる対策が多く挙げられた。

　性被害が被害者の外見と関係があるとする言説は，とりわけレイプ神話と結びつきやすいため，少なくとも警視庁などが発信する「公式の」防犯マニュアルからは近年姿を消している。また，外見の中でも特に「肌の露出」は，すでに被害とほぼ無関係であると知られているためか，それを対策として挙げる当事者は多くない。一方で最近では，「おとなしそうに見える」こととの関係が強調され始めている。だが，いずれの場合でも「外見」が問題となっていることに変わりはない。女性たち自身も，公式に推奨される防犯アプリや防犯ブザーの利用ではなく，外見に気をつけることを重視している。女性たちは，自身の外見が性暴力の引き金になりうるという現実感覚の中を生きているのだ。

男性による「女性性」の決定　街中でしばしば男性に体当たりされた経験をもつＣさん（女性・21歳・学生）は，「やっぱおとなしめだと弱そうに見えるというか，言い返しもしないイメージがあると思うので，派手めな方が…されにくいのかなと思う」「見た目って大事なんだなってすごい思います」という。彼女が初めて性被害を受けたのは，高校１年生のある夜だった。帰宅する彼女の後をつけて自宅マンションに入ってきた男性に，エントランス内で後ろから太ももを摑まれたのだ。泣きながら家に帰って，警察に通報した。当時の経験について彼女はいう。

　「〔それが〕女として自覚したじゃないですけど，自分も被害に遭うんだなって思った瞬間〔だった〕…」

　警察の配慮から，男性ではなく女性の警察官が対応してくれた。だがその女

260

性警察官からは，夜遅かったことやスカートが短かったことを指摘された。すでにそれが被害者にいわれやすい「お決まりのフレーズ」であることを SNS などで知っていたから，自分を強く責めるまでには至らなかった。しかしその時にも「女性として」「自分がされる立場」であるのだと感じたという。彼女は，その後も痴漢などの被害に遭っているが，「慣れちゃいけないことですけど，女に生まれた以上そういうものなんだなって，ちょっと割り切ってる部分がある」。C さんは性暴力によって「女として自覚」し，自分が「女性として」被害を受ける「立場」だというアイデンティティを確立したのだった。

　肌を露出していることは男性を性的に挑発することとして，おとなしそうに見えることは従順性や無抵抗性として，私たちの社会において「女性性」と結びつけられ，それらの「女性性」が性暴力の「原因」になりうるという誤った神話がつくられている。だが，C さんの語りからは「女性性」それ自体が性暴力によって形成された可能性が見えてくる。

　ジュディス・バトラーは，女性に対する暴力は「たんにジェンダーに基づいて」行われるのではなく，それ自体が「女性性を確立する 1 つの方法」(Yancy 2019) であるという。それはトランスジェンダーやシスジェンダーの女性など，女性的だと見なされうるすべての人々に対して行われる。そして性暴力を受ける時，女性性は「無くても済むもの」として「男性によって決定される」(Yancy 2019)。性暴力の根源には，この男性＝他者による「女性性」の決定がある。他者の視線をなんとかしてコントロールしなければならないと女性たちが感じているのは，この根源的な性暴力を，意識的にせよ無意識的にせよ，理解しているからではないだろうか。

6　都市の自由と不自由

　都市では，人はその外見によって判断されることが多い。かつて見田宗介は，1960年代の日本の都市を，他者の視線から逃れられない場所として「まなざしの地獄」と表現した（見田 2008）。この知見は，当時の東京を生きた一人の男性に着目することで得られたものだった。

　では，現代の女性たちにとってはどうだろうか。本章で見てきたように，まず，安全に生き抜くためには消費者に見られなければならない。「正当な」消

費者として扱われるためにはいくつかの資格が必要だが，なかでもその場その場にふさわしい「外見」を整えることは重要だ。近所のコンビニに行く時とルミネに行く時ではわけが違うのだ。さらに，「おとなしそう」に見えたり，逆に，男性を「挑発する」ほどに派手に見えたりすることも避けなければならない。こうした複雑でコストのかかる外見操作を女性たちは日頃から行っている。仮にこの操作を拒否したとしても，「自己責任」という謂れのない重圧から逃れることはできない。

　もちろん，女性たちの多くはつねに怯えているわけではない。「かわいい」「かっこいい」「おしゃれな」ファッションを身にまとって都市を楽しんでもいる。しかしその根底には，外見操作に失敗することが，たんに街から浮いてしまったり，後ろ指をさされたりするだけでなく，身の危険と直結するという感覚がある。都市の景色はある一瞬によっていつでも変わってしまうのだ。女性たちにとっての都市は，見田が考えていた以上に「まなざしの地獄」である。

参考文献

伊吹早織，2019，「女性の7割が電車や道路でハラスメントを経験。『実態調査』でわかったこと」BuzzFeed Japan（https://www.buzzfeed.com/jp/saoriibuki/wetoo-zerohara-chosa）。

岩下明日香，2021，「『勝ち組女性』を狙った小田急刺傷事件　韓国ミソジニー殺人と酷似　上野千鶴子氏が分析」アエラドット，朝日新聞出版（https://dot.asahi.com/dot/2021081300043.html）。

警視庁生活安全総務課，2022，「防犯チェックポイント——女性のための防犯対策」警視庁ホームページ（https://www.keishicho.metro.tokyo.lg.jp/kurashi/higai/koramu2/koramu8.files/josei_bohan.pdf）。

コ ハンソル・パク スジ，2016，「女性嫌悪殺人，知らぬフリできない　ソウル江南駅でポストイット追悼の波」ハンギョレ新聞ウェブサイト日本語版（http://japan.hani.co.kr/arti/politics/24187.html）。

斉藤章佳，2017，『男が痴漢になる理由』イースト・プレス。

日本弁護士連合会，2022，「列車内の『防犯カメラ』設置を義務化することに反対する会長声明（2022年3月22日）」日本弁護士連合会ウェブサイト（https://www.nichibenren.or.jp/document/statement/year/2022/220322.html）。

法務省法務総合研究所，2021，『令和3年版　犯罪白書——詐欺事犯者の実態と処遇』。

堀井光俊，2009，『女性専用車両の社会学』秀明出版会。

牧野雅子，2019，『痴漢とはなにか――被害と冤罪をめぐる社会学』エトセトラブックス。

見田宗介，2008，『まなざしの地獄――尽きなく生きることの社会学』河出書房新社。

Beck, Ulrich, 1986, *Risikogesellschaft : Auf dem Weg in eine andere Moderne*, Frankfurt am Main: Suhrkamp Verlag. （東廉・伊藤美登里訳，1998，『危険社会――新しい近代への道』法政大学出版局。）

Benjamin, Walter, 1982, *Das Passagen-Werk*, Rolf Tiedemann (Hrsg.), Frankfurt am Main: Suhrkamp Verlag. （今村仁司・三島憲一他訳，2020-2021，『パサージュ論』(1)～(5)，岩波書店。）

Foucault, Michel, 2004, *Naissance de la biopolitique : cours au Collège de France (1978-1979)*, éd. par Michel Senellart, sous la dir. de François Ewald et Alessandro Fontana, Paris: Seuil/Gallimard. （慎改康之訳，2008，『生政治の誕生――コレージュ・ド・フランス講義 1978-1979年度（ミシェル・フーコー講義集成Ⅷ）』筑摩書房。）

Radford, Jill and Diana E. H. Russell eds., 1992, *Femicide : The Politics of Woman Killing*, New York: Twayne Publishers.

Solnit, Rebecca, 2001, *Wanderlust : A History of Walking*, New York: Penguin Books. （東辻賢治郎訳，2017，『ウォークス――歩くことの精神史』左右社。）

World Health Organization & Pan American Health Organization, 2012, "Understanding and Addressing Violence against Women: Femicide," World Health Organization （https://apps.who.int/iris/bitstream/handle/10665/77421/WHO_RHR_12.38_eng.pdf）.

Yancy, George, 2019, "Judith Butler: When Killing Women Isn't a Crime," NYTimes.com, The New York Times Company （https://www.nytimes.com/2019/07/10/opinion/judith-butler-gender.html）。

🎬 おすすめ文献・映画

武田砂鉄，2021，『マチズモを削り取れ』集英社。
＊男性である筆者が，女性編集者が日常の中で感じた「怒り」を出発点に，社会における男女の非対称性などを掘り下げていく本。本章と特に関連が深いのは冒頭の2つの章だが，どの章も読みやすくて面白い。
レベッカ・ソルニット（東辻賢治郎訳），2017，『ウォークス――歩くことの精神史』左右社（原著は2001年）。
＊歩くことの歴史を辿りながら，社会や文化，思考のあり方について描き出す大著。壮大なテーマを扱いながらも，情景が浮かぶような文章が読みやすく心地

よい。上記『マチズモを削り取れ』の中で，武田砂鉄も言及している。

エメラルド・フェネル監督・脚本，2020，『プロミシング・ヤング・ウーマン』
（*Promising Young Woman*）〈映画〉。

＊将来を期待される男性（プロミシング・ヤング・マン）の陰で無力化されているのは誰か。都市に限らず，社会の中で女性が置かれた位置を問い直す深刻な映画だが，楽しく見られて，鑑賞後は爽快な（？）気分になれる。

🔎 調べる・考える

・都市の中で自分にとって居心地の良い場所とその理由を考えてみよう。そして，そこで居心地の悪い思いをしている人はいないか想像して，その理由も考えてみよう。

・都市には，性差による非対称性の他にどのような非対称性があるか考えよう。

コラム3 都市を生きる知恵と工夫のために
　　　　──本書を使ったワークショップの試み

田中大介

　本書では，女性が都市を楽しみ，つながり，そして生き抜くような場面が，様々な形で書かれています。そのような記述に思い当たるところがあったり，そうだったのかと気づいたりするなかで，都市について理解が深まれば，執筆者の一人としてとても嬉しいです。さらに，このように書かれていたけれど，「これは本当なのかな」「ここは自分の経験とは違うな」「別の事例はどうだろう」などと考え，さらに視野を広げてもらえるなら，本書はより意義のあるものになると思います。

　そうした試みは，都市を「女性」として，あるいは「女性」とともに楽しみ，つながり，生き抜くための知恵や工夫を新たに作り出すことになるはずです。つまり，都市を生きるために本書をなんらかの形で「使って」もらいたいのです。

　たとえば執筆者たちの一部は，本書を作るプロセスで，その内容をモチーフにした「合同ゼミ」というワークショップを開催しました（2022年9月，於八王子・大学セミナーハウス）。参加者は，執筆者たちが勤める相模女子大学，駒沢女子大学，日本女子大学，中央大学，慶應義塾大学の各ゼミの学生たちです。数的なマイノリティになりながら，男性も参加してくれています。ワークショップはこんな形で進めました。

1．学生たちが6〜7人くらいのグループを複数つくる。
2．本書にも含まれる，都市を生きる女性の「外食」「遠征」「通勤通学」という3つのテーマを取り上げ，各執筆者が約15分のミニ講義をする。
3．それぞれのミニ講義の最後に「課題」が出される。
4．各グループは3つのテーマのいずれかの「課題」を選択して，取り組む。
5．最後にその「課題」に取り組むなかで出てきた結果を，全体で報告する。

ここでは上記のテーマに限定して執筆者がミニ講義をしましたが，本書のい

（筆者撮影）

ずれかの章を各グループで事前に読み，章末にある「調べる・考える」に取り組むやりかたもあります。ワークショップにはペン，模造紙，ホワイトボードなどが必要かもしれません。人数・会場・時間も様々でしょうから，都合に合わせてカスタマイズしてもらえればと思います。

　上記のワークショップでは，３つのテーマごとに興味深いディスカッションや報告が行われましたが，ここでは「通勤通学」というテーマを紹介します。

　ミニ講義では「痴漢」という逸脱行為の意味と対応に関する歴史と現在についてお話ししました。そして，その内容をふまえたうえで「痴漢防止ポスター」を作りましょうという課題を出しました。ミニ講義をふまえて，(1)被害者に過剰な自衛を求めない，(2)加害者を安易に免責しない，(3)ジェンダーに偏りのある表現にしない，(4)防止に効き目のありそうな標語・デザイン，といったチェックポイントも挙げています。

　そのなかで出てきたポスターの１つが次頁のものです。

　このポスターが興味深かったのは，QR コード自体をデザインにしたインパクトです。防犯に関する定番の表現は，「逸脱行為を見ているぞ」という意味がある「目」を描くことです。しかし，このポスターはそれを QR コードというデジタル的な表現に代えています。そのため，その時・その場だけの視線だけではなく，その後もトレースしうるぞというユビキタスな視野が加わっています。また，意志の固い男性・女性や責任感の強い警察官・鉄道員の表情や目の表現——「強さ」を具備する人の「まなざし」に頼る必要もありません。つまり，その「視線」が誰のどのようなものかを問うことなく——性別などの社

266

会的属性に関係なく——誰でも使いうるテクノ
ロジーとして表現されています。

　一方で，このような表現は「管理社会化・監
視社会化を進めていてけしからん！」という批
判もありえます。ただし，このポスターは安易
に痴漢防止アプリを使うことを勧めているわけ
ではありません。アプリは電子媒体ですが，ポ
スター自体は紙媒体ですから，デジタルとアナ
ログの間にスキマがあります。アプリをインス
トールしている・いないにかかわらず，そうし
たテクノロジーが存在し，痴漢のような逸脱は
すぐに捕捉されうる，というメッセージになっ
ているのです。被害者はそうしたテクノロジーがあるとの安心を得ることがで
き，加害者は相手がそれを使うかもしれないとの不安を抱くでしょう。

　もちろん時間が経てば，目新しい表現にも慣れて，他の掲示の中に埋もれて
いきます。そもそもポスターというアナログな手段にいつまで頼れるのかも考
える必要があるでしょう。その点，このポスターは，紙媒体から電子媒体とい
う別のメディア形式への接続を「QRコード」というアイコンで表現して，紙
媒体の限界を乗り越えています。なにより重要なことは，都市を生きる工夫と
知恵を試行錯誤していくなかで，こうした興味深いアイデアが生まれたという
ことです。

　他のテーマの報告も含めて印象深かったのは，男性の参加者も真摯に課題に
向き合ってくれたことでした。女性としては自明すぎて気付きにくいところ
や，知識や経験がないところも，（男性を含めた）「別の性」として考えるとい
う視点がなければ，議論は深まらなかったでしょう。逆に，参加者が少なかっ
た男性たちは，いわば社会的な「マイノリティ」の立場におかれることによっ
て，その立場から真剣に考えることになったと思います。身近なところに「異
文化」的な体験がありうること——それを発見できることが都市の面白さも1
つです。そして，そうした「異なるもの」と共にどのように生きていくかを模
索することも都市の醍醐味だと思います。本書が，そうした都市経験を培う媒
質の1つとなることを願っています。

人名索引

執筆者紹介 <small>（執筆順，＊は編者）</small>

①所属・肩書き，②主要著作，③お気に入りの都市空間と，それについてのひと言

＊大貫恵佳 （おおぬき・さとか）　はしがき・序章・第15章

① 駒沢女子大学人間総合学群人間文化学類人間関係専攻准教授（理論社会学）。
② 「パンデミックと剥き出しの生——『生命か経済か』という問いがつきつけるもの」『現代社会学理論研究』15：137-149，2021年。
「アレクシナ B. の奇妙な幸福——フーコーにおける『監禁的なるもの』と『司法的なるもの』」『社会学年誌』55：67-81，2014年。
③ 空港（国際線出発ターミナル）。

＊木村絵里子 （きむら・えりこ）　はしがき・序章・第6章・コラム2

① 日本女子大学人間社会学部現代社会学科助教（文化社会学，メディア文化論，若者文化論）。
② 「大学生のソーシャルメディア利用の規定要因—— Twitter, Instagram, TikTok に着目して」『メディア研究』102号，日本メディア学会，2023年。
『場所から問う若者文化——ポストアーバン化時代の若者論』共編著，晃洋書房，2021年。
③ 近所のカフェ（ここで子の習い事が終わるのを待つ間が週末の貴重なひとり時間になっています）。

＊田中大介 （たなか・だいすけ）　はしがき・序章・第12章・第13章・コラム3

① 日本女子大学人間社会学部現代社会学科教授（社会学〔都市論，モビリティ論，メディア論〕）。
② 『ネットワークシティ——現代インフラの社会学』編著，北樹出版，2017年。
『モール化する都市と社会——巨大商業施設論』共著，NTT 出版，2013年。
③ 国立科学博物館（お気に入りというか，子どもにせがまれて10回以上行っています）。

＊塚田修一 （つかだ・しゅういち）　はしがき・序章・第4章

① 相模女子大学学芸学部メディア情報学科准教授（都市文化研究，メディア文化論）。
② 『国道16号線スタディーズ——二〇〇〇年代の郊外とロードサイドを読む』共編著，青弓社，2018年。
『大学的相模ガイド——こだわりの歩き方』編著，昭和堂，2022年。
③ 東京ビッグサイト（〔私を含む〕オタクたちの汗と涙が染み込んでいる空間です）。

＊中西泰子 （なかにし・やすこ）　はしがき・序章・第7章

① 相模女子大学人間社会学部社会マネジメント学科教授（家族社会学，社会調査）。
② 『若者の介護意識——親子関係とジェンダー不均衡』勁草書房，2009年。
『健康格差の社会学——社会的決定因と帰結』共著，ミネルヴァ書房，2022年。
③ 新宿三丁目 café ユイット ［閉店］ と京都北山の植物園（街中で本と緑とお茶を同時に落ち着いて楽しめる贅沢な空間です・でした）。

楠田恵美（くすだ・えみ）　第1章

① 筑波大学人文社会系特任研究員（社会学〔都市論，消費空間論〕）。
② 『ネットワークシティ――現代インフラの社会学』共著，北樹出版，2017年。
　『モール化する都市と社会――巨大商業施設論』共著，NTT 出版，2013年。
③ 東京日本橋（東京のこと，都市のことを考えるときに指針となる場所です）。

近森高明（ちかもり・たかあき）　第2章

① 慶應義塾大学文学部教授（都市空間論，文化社会学，技術社会史）。
② 『ベンヤミンの迷宮都市――都市のモダニティと陶酔経験』世界思想社，2007年。
　『無印都市の社会学――どこにでもある日常空間をフィールドワークする』共編，法律文化社，
　2013年。
③ 田町駅前のペデストリアンデッキ（田町駅は勤め先の大学の最寄り駅。通勤する中年男性から
　大学教員へと緩やかにシフトチェンジする空間として愛着があります）。

中沢明子（なかざわ・あきこ）　第3章

① ライター／エディター（カルチャー全般，ビジネス，地方再生）。
② 『埼玉化する日本』イースト新書，2014年。
　『遠足型消費の時代――なぜ妻はコストコに行きたがるのか？』（古市憲寿との共著）朝日新
　書，2011年。
③ 横浜ランドマークタワー（「横浜みなとみらい21」という港に出来た人工都市を象徴する超高
　層ビル。ホテルとショッピングモールと企業が入居していて，考え事をしながら，のんびりで
　きる）。

松田美佐（まつだ・みさ）　第5章

① 中央大学文学部社会情報学専攻教授（コミュニケーション論，メディア論）。
② 『うわさとは何か――ネットで変容する「最も古いメディア」』中公新書，2014年。
　『ケータイの2000年代――成熟するモバイル社会』共編著，東京大学出版会，2014年。
③ 日比谷の劇場街（非日常の体験ができる夢の空間！）。

後藤美緒（ごとう・みお）　コラム1

① 東日本国際大学健康福祉学部専任講師（歴史社会学，知識人論，大衆文化論）。
② 「話芸を書き残す――漫才作家秋田実と雑誌」阪本博志編『大宅壮一文庫解体新書――雑誌図
　書館の全貌とその研究活用』勉誠出版，2021年。
③ 駅周辺に広がる地下街（梅田ホワイティの「泉の広場」の噴水，本当に惜しまれます）。

永田夏来（ながた・なつき）　第8章

① 兵庫教育大学大学院学校教育研究科准教授（家族社会学）。
② 『入門家族社会学』共編著，新泉社，2017年。
　『生涯未婚時代』イースト新書，2017年。
③ 新宿末廣亭（伝統を引き継ぎつつ，熱気あふれる「今」の東京がある）。

轡田竜蔵（くつわだ・りゅうぞう）**第9章**

① 同志社大学社会学部社会学科准教授（地域社会学，若者論，グローバリゼーション論）。
② 『地方暮らしの幸福と若者』勁草書房，2017年。
『場所から問う若者文化——ポストアーバン化時代の若者論』共編著，晃洋書房，2021年。
③ 富山県→東京都→岡山県→京都府と転居。留学先は北京。各地に思い入れのある都市空間があり，一つを選べません。

奥貫妃文（おくぬき・ひふみ）**第10章**

① 相模女子大学人間社会学部社会マネジメント学科教授（労働法，社会保障法，社会福祉学）。
② 『リアル労働法』共編著，法律文化社，2022年。
『外国人の生存権保障ガイドブック——Q&Aと国際比較でわかる生活保護と医療』共著，明石書店，2022年。
③ 近鉄京都線・橿原線・大阪線沿線（多感で未熟な青春の思い出がいっぱい。車窓の景色は変わっても，乗ると今も胸がきゅんとします）。

妹尾麻美（せのお・あさみ）**第11章**

① 追手門学院大学社会学部社会学科准教授（社会学）。
② 『就活の社会学——大学生と「やりたいこと」』晃洋書房，2023年。
③ 道頓堀（小学生の頃，習い事で週1回通っていました）。

大久保恭子（おおくぼ・きょうこ）**第14章**

① 株式会社風代表取締役，一般財団法人住まいづくりナビセンター理事。
② 『どうする？親の家の空き家問題』主婦の友社，2015年。
『「最期まで自宅」で暮らす60代からの覚悟と準備』主婦の友社，2019年。
③ 皇居一周ランニングコース（約5キロを走り抜ける間に皇居，丸の内・大手町のオフィス街，桜の名所千鳥ヶ淵公園，最高裁判所，国立劇場等々首都東京の象徴を体感できます）。

Horitsu Bunka Sha

ガールズ・アーバン・スタディーズ
——「女子」たちの遊ぶ・つながる・生き抜く

2023年5月15日　初版第1刷発行

編著者	大貫恵佳・木村絵里子 田中大介・塚田修一 中西泰子
発行者	畑　　光
発行所	株式会社 法律文化社

〒603-8053
京都市北区上賀茂岩ヶ垣内町71
電話 075(791)7131　FAX 075(721)8400
https://www.hou-bun.com/

印刷：共同印刷工業㈱／製本：新生製本㈱
装幀：白沢　正

ISBN978-4-589-04272-9
© 2023 S. Onuki, E. Kimura, D. Tanaka, S. Tsukada,
Y. Nakanishi　Printed in Japan

近森高明・工藤保則編	どこにでもありそうな無印都市からフィールドワークを用いて，豊かな様相を描く。日常の「あるある」を記述しながら，その条件を分析することで，都市空間とその経験様式に対する社会学的反省の手がかりをえる。

無 印 都 市 の 社 会 学
―どこにでもある日常空間をフィールドワークする―

A 5 判・288頁・2860円

岡本健著	聖地巡礼研究の第一人者が国内外で注目を集めるアニメ聖地巡礼の起源・実態・機能を分析。アニメ作品，文献・新聞・雑誌記事，質問紙調査，SNS やウェブサイトのアクセス等の分析を組み合わせ，関連資料も開示。

アニメ聖地巡礼の観光社会学
―コンテンツツーリズムのメディア・コミュニケーション分析―

A 5 判・278頁・3080円

池田太臣・木村至聖・小島伸之編著	アニメ作品の世界と，玩具・ゲーム・観光といったアニメを超えて広がる巨大ロボットについて社会学のアプローチで分析。日本の文化における意味・位置づけ，そしてそれに託して何が描かれてきたのかを明らかにする。

巨 大 ロ ボ ッ ト の 社 会 学
―戦後日本が生んだ想像力のゆくえ―

A 5 判・222頁・2970円

西村大志・松浦雄介編	映画を用いて読者の想像力を刺激し，活性化するなかで，社会学における古典ともいうべき20の基礎理論を修得するための入門書。映画という創造力に富んだ思考実験から，人間や社会のリアルを社会学的につかみとる。

映 画 は 社 会 学 す る

A 5 判・272頁・2420円

景山佳代子・白石真生編	はじめて社会学を学ぶ人のための実践的テキスト。考えながら学ぶことを目的に，「問い」→「考える」・「共有」→「発見」→「新たな問い」の 3 つのステップを設け，少しずつ学びを深められ，"社会学する"ことのおもしろさを実感できる。

自 分 で す る
Ｄ Ｉ Ｙ 社 会 学

A 5 判・198頁・2750円

河合塁・奥貫妃文編	日々の労働現場で起こるリアルな出来事を題材に就活から退職までライフステージにそって労働者の権利を身につけることができる入門書。ネットゲームで知り合った若者を主人公にしたストーリー仕立てで楽しく学べる。

リ ア ル 労 働 法

A 5 判・186頁・2310円

―――――――― 法律文化社 ――――――――

表示価格は消費税10％を含んだ価格です